COLLAGE

COLLAGE 5ᵉ
ÉDITION

LECTURES LITTÉRAIRES

LUCIA F. BAKER
Professor Emeritus/University of Colorado, Boulder

RUTH ALLEN BLEUZÉ
Prudential Relocation Intercultural Services

LAURA L. B. BORDER
University of Colorado, Boulder

CARMEN GRACE
University of Colorado, Boulder

JANICE BERTRAND OWEN
University of Colorado, Boulder

ANN WILLIAMS-GASCON
Metropolitan State College, Denver

Boston   Burr Ridge, IL   Dubuque, IA   Madison, WI   New York   San Francisco   St. Louis
Bangkok   Bogotá   Caracas   Lisbon   London   Madrid
Mexico City   Milan   New Delhi   Seoul   Singapore   Sydney   Taipei   Toronto

McGraw-Hill Higher Education

*A Division of The **McGraw-Hill** Companies*

This is an ⌐Bⁱⅅ book.

Collage: Lectures littéraires

Published by McGraw-Hill Higher Education, an imprint of The McGraw-Hill Companies, Inc., 1221 Avenue of the Americas, New York, NY 10020. Copyright © 2001, 1996, 1990, 1985, 1981 by The McGraw-Hill Companies, Inc. All rights reserved. No part of this publication may be reproduced or distributed in any form or by any means, or stored in a database or retrieval system, without the prior written consent of The McGraw-Hill Companies, Inc., including, but not limited to, in any network or other electronic storage or transmission, or broadcast for distance learning.

This book is printed on acid-free paper.

8 9 0 DOC/DOC 0 9 8

ISBN-13: 978-0-07-234400-4
ISBN-10: 0-07-234400-8

Editor-in-chief: *Thalia Dorwick*
Senior sponsoring editor: *Leslie Hines*
Development editor: *Eileen LeVan*
Senior marketing manager: *Nick Agnew*
Project manager: *David M. Staloch*
Senior production supervisor: *Pam Augspurger*
Coordinator of freelance design: *Michelle D. Whitaker*
Freelance cover designer: *Amanda Kavanagh/Ark Design*
Freelance interior designer: *Andrew Ogus/Ogus Design*
Cover image: *© 2000 Succession H. Matisse, Paris / Artists Rights Society (ARS), New York*
Art editor: *Nora Agbayani*
Photo researcher: *Judy Mason*
Compositor: *York Graphic Services, Inc.*
Supplements coordinator: *Louis Swaim*
Typeface: *10.75/12 Adobe Garamond*
Printer and binder: *RR Donnelly & Sons*

Because this page cannot legibly accommodate all the copyright notices, credits are listed after the *Lexique* section and constitute an extension of the copyright page.

Library of Congress Cataloging-in-Publication Data

Collage: Lectures littéraires / Lucia F. Baker ... [et al.].—5th ed.
   p. cm
  ISBN 0-07-234400-8
   1. French language—Readers—French literature. 2. French language—Textbooks for foreign speakers. 3. French literature. I. Title: Lectures littéraires. II. Baker, Lucia F.

PC2117.C658 2001
468.6'421—dc21
                                                 00-064752

http://www.mhhe.com

Table des matières

General Preface to the Fifth Edition

THE COLLAGE SERIES

The *Collage* series is intended for use in second-year French programs. The three books of the series—a core grammar textbook, a literary reader, and a cultural reader—share a grammatical and thematic organization. Across all three components, a given chapter emphasizes the same structures and related lexical items and has a similar thematic focus. The component structure of the series offers instructors a program with greater coherence and clarity—and with more flexibility and variety—than are possible with a single textbook (whether or not it is supplemented by a reader).

The *Collage* series aims to help students develop communicative language ability while strengthening their skills in each of the four traditional areas: listening, speaking, reading, and writing. It is sufficiently flexible to allow the instructors to express their individuality and creativity in the classroom. Each book in the series can be used alone; however, used together, the three books give students diverse models of language use, ranging from colloquial to literary, and expose students to varying points of view on culture and civilization.

The series consists of:

Révision de grammaire   The pivotal element of the program, this 12-chapter all-French textbook reviews essential first-year grammar, introduces structures and vocabulary that will be new for second-year students, and encourages students to express their own ideas while using new material. Used with the *Cahier d'exercices oraux et écrits,* it provides many opportunities for speaking and writing in real-life contexts.

Each chapter contains:

- an opening photo or work of art accompanied by a "springboard" communicative activity;
- a list of communicative functions and related grammar structures (**Nous allons...** and **Points de repère**) covered in the chapter;
- intermediate-level vocabulary (**Mots et expressions**), with exercises that help students use the new words quickly and meaningfully. A short student-centered activity/discussion question (**Discutons...**) encourages self-expression and promotes critical thinking in French;

- **Que savez-vous déjà?,** brief activities designed to reactivate knowledge of first-year structures;
- **Structures,** grammar sections that teach students how to form and use grammatical structures according to intermediate-level functions (describing, comparing, evaluating, narrating, etc.);
- **Mise au point,** oral and written single-answer exercises that aim for accuracy and prepare students for communication;
- **Mise en pratique,** open-ended activities that encourage communication and self-expression. Icons identify activities designed for pair or various types of group interaction.

 Pairs/Partners

 Small group

 Sondage Student surveys and discussion

 Jeu d'équipe Skill reinforcement through games

 Trouvez quelqu'un qui... Matching classmates to given criteria;

- **Pour vous aider,** marginal inserts and sidebars that highlight important grammatical details and give tips to increase understanding of intermediate grammar;
- **Reprise,** a variety of review activities designed to reinforce chapter vocabulary and structures;
- **Le français au bout des doigts,** a World Wide Web–based activity at the end of each chapter to guide students in using French and Francophone Websites related to the chapter theme for classroom discussion.

Lectures littéraires Created with the abilities of the intermediate French student in mind, this anthology presents poetry, short stories, and excerpts from dramatic works taken from a variety of periods and both French and Francophone regions. In the fifth edition, six of the readings are new. All were chosen in the hope that students will find them thought-provoking and enjoyable.

Each chapter contains:

- two literary texts (Chapter 12 has a single selection);
- a section devoted to reading skills, called **Lire en français,** in Chapters 1–6; in Chapters 7–12 this section is devoted to understanding literacy conventions and is called **Lire la littérature;**
- a list of key words and expressions from the readings (**Mots et expressions**) with reinforcement activities;

- brief pre-reading tasks (**Mise en route**) designed to link an aspect of the reading to students' own experiences;
- comprehension and discussion questions in **Avez-vous compris?** and **Commentaire du texte;**
- **De la littérature à la vie,** topics to help students discuss or write about the chapter themes and ideas;
- a World Wide Web–based enrichment activity (**Le français au bout des doigts**) that accompanies each literary text.

Variétés culturelles   A rich collection of authentic readings from magazines, newspapers, and books, *Variétés culturelles* invites students to explore the culture, history, and traditions of France and the Francophone world. In the fifth edition, fourteen of the readings are new.

Each chapter contains:

- two authentic culture-based readings of varying levels of difficulty (Chapter 12 contains a single selection); if one reading is challenging, the other will usually be slightly easier;
- pre-reading sections (**Mise en route**) devoted to building the skills students need to read authentic texts;
- a list of key words and expressions for each reading (**Mots et expressions**), with reinforcement activities;
- post-reading activities (**Avez-vous compris?, A discuter, Echos**) designed to promote interaction among students and serve as the basis for written activities;
- a creative World Wide Web–based activity (**Le français au bout des doigts**) that extends the study of culture and provides links to information in the chapter readings.

NEW FEATURES IN THE FIFTH EDITION

- In all texts, three of the 12 chapters have new themes (**L'individu et la société, Les médias et la technologie, Le temps de vivre**).
- In *Révision de grammaire,* in response to suggestions from many instructors, the sequence of grammar structures has been modified, and the presentation of important grammar details has been clarified and enhanced.
- A **Que savez-vous déjà?** activity previews each grammar structure and helps students reactivate knowledge they already have about that structure.
- Fourteen of the selections in *Variétés culturelles* are new.
- Six of the texts in *Lectures littéraires* are new; the anthology now features more poetry, as requested by reviewers. The new authors include Guillaume Apollinaire, Alexandre Dumas, *père,* Anne Hébert, Victor Hugo, and Jean Tardieu.
- In *Révision de grammaire,* helpful tips and additional information about the chapter grammar are presented in marginal **Pour vous aider** boxes.

- In *Lectures littéraires,* **Rappel** boxes help students talk about literature by presenting useful and relevant literary definitions and vocabulary.
- In *Variétés culturelles,* **En savoir plus** boxes provide additional cultural information to help students discuss and write about each text.
- Developed for all three components, guided Internet activities (**Le français au bout des doigts**) in each chapter help students increase their skills in French via the Web. Students are directed to the McGraw-Hill Website (**www.mhhe.com/collage**), where they find questions and activities related to the chapter themes. Each activity is accompanied by links to Websites in the French and Francophone world.
- All-new listening activities (**A l'écoute**) and guided writing exercises (**Pour écrire en français**) have been integrated into each chapter of the workbook/laboratory manual (*Cahier d'exercices oraux et écrits*).

PROGRAM COMPONENTS

Cahier d'exercices oraux et écrits   This combined workbook and laboratory manual is coordinated with the thematic and grammatical content of the grammar textbook. The **exercices écrits** provide practice in vocabulary, grammar, syntax, and guided writing. Most exercises are self-correcting; sketches, realia, and personalized questions enliven the activities. The new edition has been revised to match the revised grammar sequence, and this section includes all-new guided writing activities (**Pour écrire en français**).

The laboratory (oral) section of the *Cahier d'exercices oraux et écrits* promotes the development of speaking and listening comprehension skills, using a variety of exercises and activities. These include focused, single-answer grammar and vocabulary review (coordinated with the presentation in *Révision de grammaire*), pronunciation practice, poetry selections, and dialogue-based activities. New to each chapter are recorded **A l'écoute** dramatizations, based on practical, "slice-of-life" settings. These are preceded by listening strategies and pre-listening tasks.

Audio Program   Available on either audiocassettes or audio CDs, the *Collage* audio program to accompany the *Cahier d'exercices oraux et écrits* is free to adopting institutions. An audioscript for the use of instructors accompanies each set of the audio program. Individual copies of the audio program may be ordered for purchase by students through university and college bookstores.

Instructor's Manual   This manual offers instructors suggestions for using the *Collage* series in a variety of teaching situations. Coordinated with each of the three main volumes in the series, it provides general background information about language learning, a set of guidelines for developing a syllabus, guidance for helping students build discrete language skills, a revised section on evaluation and testing, a set of chapter-by-chapter comments on using the materials in the classroom, and an answer key to the majority of the questions and exercises in the student texts. (The *Cahier d'exercices oraux et écrits* has its own answer key.)

McGraw-Hill Electronic Language Tutor (MHELT 2.0)   A computer-based tutorial containing all the single-answer exercises from the grammar textbook is available on a dual platform CD-ROM for use with *Collage: Révision de grammaire.*

Sans-faute   An interactive writing environment that offers students a high-performance search engine (on a dual platform CD-ROM), a simple word processor, a comprehensive French-English dictionary (*Ultra Lingua*), and convenient grammar resources to help them create accurate, meaningful French compositions in beginning or intermediate French courses, *Sans-faute* can be purchased as a stand-alone product or packaged with any components of the *Collage* series.

Ultra Lingua   A thorough, yet compact French-English dictionary available on a dual platform CD-ROM, *Ultra Lingua* contains nearly 250,000 indexed terms, complete with hints for usage, thousands of sample phrases, technical terms, slang words and phrases, and proverbs. It also contains complete on-line references for French and English grammar, sample letters for correspondence in French and English, and a reference for the expression of numbers, dates, etc. Designed to serve the needs of writers at varying levels of proficiency, *Ultra Lingua* provides a quick and complete reference for beginners and advanced writers alike.

Videos   A variety of McGraw-Hill videotapes are available to instructors who wish to offer their students additional perspectives on the French language and French-speaking cultures and civilization. Instructors may request a list of the videos and order the tapes through their McGraw-Hill sales representative.

Collage Website   Designed to bring France and the Francophone world to your students, this text-specific Website offers exercises and activities based on chapter themes.

ACKNOWLEDGMENTS

The authors would like to thank all of the instructors who participated in the development of previous editions of *Collage*. We are also indebted to the following instructors who completed a number of surveys that were indispensable to the development of the fifth edition. (The appearance of their names here does not constitute endorsement of these texts and their methodology.)

Marie-Jo Arey
Gettysburg College

Renée Arnold
Kapiolani Community
College

Ed Benson
University of Connecticut

Carolyn P. Bilby
Bellevue Community
College

Sarah Bonnefoi
Chestnut Hill College

Ruth L. Caldwell
Luther College

Evelyne Charvier-Berman
El Camino College

Martha Christians
Iowa Central Community
College

Robert L. A. Clark
Kansas State University

Peter V. Conroy, Jr.
University of Illinois at
Chicago

Marie-José Fassiotto
University of Hawaii

Scott Fish
Augustana College

Jeffrey H. Fox
College of DuPage

Judith Gabriele
The Evergreen State College

Hollie Harder
Brandeis University

Michele H. Jones
St. John's University

Paschal Kyoore
Gustavus Adolphus College

Amanda Leamon
Union College

Bénédicte Mauguière
University of Southwest
Louisiana

David Orlando
University of California,
Santa Cruz

Wayne Reingold
Lee College

Bianca Rosenthal
California Polytechnic State
University, San Luis Obispo

Françoise Santore
University of California,
San Diego

Carole Verhelle
Wayne State University

Thomas Vosteen
Eastern Michigan University

Elizabeth Dolly Weber
University of Illinois at
Chicago

Lisa Wolffe
Northwestern State
University

The authors extend their warmest thanks to Nicole Dicop-Hineline, Marilyne Baboux, Christian Roche, Melissa Gruzs, Marie Deer, and Maria Del Cioppo, our native-speaking readers and our copyeditors, and to Judy Mason, our creative photo researcher. We are grateful to the indispensable McGraw-Hill production department, with our project manager David Staloch, and editors and designers Nora Agbayani, Michelle Whitaker, Veronica Oliva, Pam Augspurger, Louis Swaim, and Darcy Steinfeld.

The McGraw-Hill editorial department has offered us continued support and encouragement. Special thanks to Rachèle Lamontagne, Lindsay Eufusia, and Jennifer Chow.

We sincerely thank Leslie Hines for her excellent direction of *Collage* and Thalia Dorwick for her longtime support of this project. We also wish to remember fondly the late Gregory Trauth, whose guidance in the early stages of this edition can be seen in the final product. He is sorely missed.

Finally, it is difficult to express in words our gratitude to two exceptional editors, Eileen LeVan and Myrna Bell Rochester, for their tireless support and skilled professionalism. For their patience and insight, their questions and answers, and especially their kindness, we offer our most profound thanks.

Lectures littéraires: To the Student

READING IN FRENCH

In your native language, you are so used to reading that the process seems automatic. As your eyes scan the page, you make sense of it by establishing relationships between words, between the words and their contexts, and between the whole text and your experience in the world. In French, however, this process may seem more difficult, at least at first. The flow of your reading may be interrupted by unfamiliar words or sentence structures, or even cultural references. Because you are still learning French, each text you encounter will present new challenges, both to your skills and to your imagination.

To help you develop reading skills in French, in this book you will find a "reading strategy" in each chapter through Chapter 6. These techniques are found in the section called **Lire en français,** which includes activities to help you practice them.

READING FRENCH LITERATURE

Reading literature from France and other French-speaking countries in the original can be exciting and enriching, but also challenging. Novels, plays, poetry, and short stories take you to places and times that you would probably otherwise never know. They broaden your view of the world and help you see French-speaking cultures from an insider's perspective.

Literary texts also call on you to use a different set of reading skills. Chapters 7 through 12 include a section called **Lire la littérature,** to help you read and understand the conventions at work in a literary text. You may already know something about the topics treated here, such as characterization, setting, and imagery. As you read in French, you can use what you have learned from reading literature or watching films in your native language. Literary conventions often transcend national and linguistic boundaries.

In any language, even advanced students of literature must read a text thoroughly several times, and you should not be surprised if you understand only a small portion of a text after the first reading. Each successive reading will be clearer to you, even if you avoid consulting the **Lexique** (French-English glossary) at the back of the book. The **Lexique** contains most noncognate words and expressions found in this reader, together with meanings appropriate to their contexts.

READING SUCCESSFULLY

The reading method outlined here may appear time-consuming, but it will help enhance your understanding and reading pleasure, and give you skills you will be able to use in the future. To get the most out of the readings in this book, follow these steps:

- Work through the **Lire en français** reading strategy (in Chapters 1–6) or the **Lire la littérature** section (in Chapters 7–12).
- Read the introduction to the author and the summary of the work from which the reading was taken.
- Do the **Mise en route** to prepare you for the reading and help you relate it to your own experience.
- Learn the **Mots et expressions,** and reinforce your understanding of the vocabulary by completing the exercises.
- Read the text straight through once without stopping. Try to form a general idea of what it is about. Ask yourself what the title means. Read poetry aloud.
- Read the text again, more carefully this time. When you find unfamiliar words, try to guess their meaning from the context. Look up only those words you still find totally incomprehensible; look them up only if their meaning seems essential for understanding the passage as a whole. Resist the temptation to write English definitions in your book; they will prevent you from learning their French counterparts. Write the meanings of new French words or expressions on a separate sheet of paper or on cards if you find such notes helpful.
- Read the **Avez-vous compris?** questions to see how much you have understood. They will help you focus on the main points.
- Read the text again to tie any loose ends together.
- Close your book. Summarize what you have read in your own words, in French, orally or in writing.
- Talk and/or write about what you have read, using the **Commentaire du texte** and **De la littérature à la vie** sections. Once you have understood the text, you can go on to interpret it. There are often several ways to interpret a literary work; keep in mind, however, that you must be able to support your interpretation with examples from the text itself.

One of the most important ways of making literature meaningful is by discussing our reactions to it with others and by relating its messages to our own lives. Coming to understand a literary work means learning more about ourselves.

LITERARY TERMS

Here is a list of useful terms for talking or writing about literature.

un auteur	an author
un écrivain	a writer
un(e) dramaturge	a playwright
un poète	a poet
un(e) romancier/ière	a novelist
un(e) critique	a literary critic
une critique	a work of literary criticism
un exposé	an oral presentation
un compte-rendu	a book review, book report
une lecture	a reading
une ligne	a line (*in prose*)
une œuvre	a literary or artistic work
un chef-d'œuvre	a masterpiece
un conte de fées	a fairy tale
une nouvelle, un conte	a short story
une pièce de théâtre	a play
un poème	a poem
la poésie	poetry
un récit	a narrative
un roman	a novel
un personnage	a literary character
le héros	hero
l'héroïne	heroine
le personnage principal	main character
une image	an image
une métaphore	a metaphor
la rime	rhyme
le rythme	rhythm
une strophe	a stanza
un vers	a line of poetry

WRITING COMPOSITIONS

You will soon be writing in French about subjects related to the *Collage* readings. The following suggestions will help you write clearly and correctly.

Analyze the Topic Carefully

Be sure you understand what the topic is before you begin to write. If the topic appears complex, restate it for yourself first in simpler terms and break it down into parts.

Make an Outline Before You Write

An outline will help you focus on the main points, give you direction as you write, and structure your composition so that a reader can follow your ideas.

Include an Introduction, Development, and a Conclusion

The *introduction* defines the topic and prepares the reader for what is to follow by presenting a clear thesis statement that argues the main idea of the paper. *Development* is elaboration of the topic. Each point you make must be expanded and supported by logical arguments or by examples from the text you are discussing. The *conclusion* of your composition should focus the reader's attention once more on the general topic. You may want to suggest new points of departure for studying the same topic, or indicate related topics to explore.

Write Simply and Clearly

Your writing style in your native language may be sophisticated, but you must be content in the beginning with simpler sentences in French. If an idea is too complex for you to express in French, break it down. Use the vocabulary and grammar you've been studying in class, and your French will grow at a steady rate, chapter by chapter.

Make a Rough Draft

Do not try to produce a finished composition in one sitting. Put your rough draft aside and come back to it later to correct and revise. You will find that this will make many wording and development problems easier to resolve, and that you will be able to approach your work from a fresh perspective.

Check Your Paper for Errors

Many errors stem from carelessness and are avoidable. Take the time to check your paper for mistakes in these areas.

- All words are spelled correctly; all accents are correct.
- Each sentence contains a verb conjugated to agree with its subject.
- Every noun agrees in number and gender with its articles and adjectives.
- The paper has a title, an introduction, a body, and a conclusion.
- Use these tips and any strategies you've developed on your own to make your French the best it can be. *Et maintenant, bon courage et bon travail!*

COLLAGE

CHAPITRE 1

LA VIE DE TOUS LES JOURS

Gustave Caillebotte: Rue de Paris — temps de pluie *(1876 – 1877)*

For most of us, the notion of "daily life" implies routine, things we do each day, often without thinking. Routine patterns allow us to structure our lives, but they can also lead to complacency and a sense of going nowhere. The two readings in this chapter look at the conventions that govern daily life, the first to highlight their emptiness and absurdity, the second to emphasize their fragility.

Lire en français

Recognizing Related Words

English and French have many words in common, called cognates. Some of these are spelled in the same way, but more commonly there are spelling differences. In this very paragraph, for example, you can find English words or expressions that correspond to the French words that follow. Circle the English words in the paragraph.

1. en commun
2. exemple
3. paragraphe
4. différences

Now look at the italicized word in the following sentence.

    Il avait les pieds si *sensibles* qu'il ne pouvait pas mettre de chaussures.

Although **sensible** looks like an English word, do you think it means *sensible* in English? What do you think it means?

If you are not sure, check your dictionary. As you can see, you need to be on guard against **faux amis** (*false friends*), words in French and English that resemble each other but have different meanings: **assister à,** for example, means *to attend,* not *to help;* **rester** means *to remain,* not *to rest.*

One way to recognize related words is to look at patterns of spelling differences between French and English. What conclusions can you draw from the following word pairs? Write a statement to describe what you've found.

EXEMPLE: école/*school* écossais/*Scottish* écarlate/*scarlet* écran/*screen*

    Rule: French words beginning with **éc** sometimes correspond to English words beginning with *sc*.

1. ancêtre/*ancestor* hôpital/*hospital* forêt/*forest* île/*isle*

    Rule: _____

2. ambitieux/*ambitious* courageux/*courageous*
   délicieux/*delicious* victorieux/*victorious*

    Rule: _____

3. rapidement/*rapidly* calmement/*calmly* sérieusement/*seriously*
   rarement/*rarely* directement/*directly*

    Rule: _____

Now use your rules and what you learned earlier about recognizing cognates to read the following paragraph. Circle all words that resemble English words.

Pour la grande soirée du 14 juillet, Marie va inviter des collègues chez elle.

Elle va engager un orchestre célèbre qui joue de la musique classique et elle va

servir des hors-d'œuvre délicieux. Le champagne va certainement être

excellent. Elle va préparer une fête splendide pour l'Ambassadeur de France.

Did you find at least 15 words that are similar in French and in English?

In general, as you read, rely on what you already know, look for word patterns, and avoid using a dictionary too often. Reading will be faster, smoother, and far more enjoyable!

Deuxième Conte pour enfants de moins de trois ans

EUGÈNE IONESCO

Eugène Ionesco (1912–1994) was born in Romania to a French mother and a Romanian father. He began his career as a teacher of French at the Lycée of Bucharest. In 1938, he moved to Paris. After World War II, he began to write plays, which were performed in a small theater before hardly more than a dozen people. He finally attracted the attention of the critics, and several of his plays— *La Cantatrice chauve, La Leçon, Le Nouveau Locataire, Rhinocéros*—are now considered among the most representative works of the Theater of the Absurd.

Ionesco's *Deuxième Conte pour enfants de moins de trois ans* calls attention to the ways people get caught up in the routine of daily living. Ionesco also shows how we sometimes let that routine help us to hide from what we don't want to see or do. Although the author often uses childish language in the dialogue (**tu laves ton dos, tu laves ton «dérère»**), careful reading reveals complex overtones behind the silly games of father and daughter.

Mise en route

Beaucoup de gens font la même chose à la même heure tous les jours, surtout du lundi au vendredi. Les Parisiens se plaignent de cette routine en parlant de «métro, boulot, dodo». Ils prennent le métro pour aller au travail, ils font leur «boulot» (leur travail) et ils rentrent pour faire «dodo» (pour dormir).

Mettez-vous à la place des personnes suivantes. Que font-elles tous les jours? Nommez au moins deux choses par personne.

1. un garçon de six ans
2. une dame de 70 ans à la retraite
3. un joueur de tennis
4. votre professeur

Mots et expressions

autre part somewhere else
avoir mal à to have a pain, ache
(*in some part of the body*)
le canapé sofa
le couloir corridor
se débarrasser de to get rid of;
to rid oneself of
**empêcher (quelqu'un de faire
quelque chose)** to prevent
(someone from doing something)

l'endroit (*m.*) place
le fauteuil armchair
le four oven
profiter de to take advantage of
raconter to tell, relate, narrate
tout(e) nu(e) completely naked

A. Trouvez l'équivalent de chaque expression.

1. une chaise confortable
2. là où on fait cuire les gâteaux
3. un lieu
4. un lieu différent
5. faire le récit de
6. sans vêtements

B. Complétez les phrases avec les mots qui conviennent.

1. Pour _____ de ses invités ennuyeux, Gertrude dit qu'elle a très _____ à la tête.
2. Maman m'_____ de jouer dans le salon. Je _____ de son absence pour m'amuser.
3. Papa s'endort sur _____ en regardant la télévision.
4. _____ entre les chambres et le salon est très long.

Deuxième Conte pour enfants de moins de trois ans

Ce matin, comme d'habitude, Josette frappe à la porte de la chambre à coucher de ses parents. Papa n'a pas très bien dormi. Maman est partie à la campagne pour quelques jours. Alors papa a profité de cette absence pour manger beaucoup de saucisson, pour boire de la bière, pour manger du pâté de

*Eugène Ionesco,
écrivain du Théâtre
de l'Absurde*

5 cochon,[1] et beaucoup d'autres choses que maman l'empêche de manger parce que
c'est pas bon pour la santé. Alors, voilà, papa a mal au foie,[2] il a mal à l'estomac,
il a mal à la tête, et ne voudrait pas se réveiller. Mais Josette frappe toujours[3] à la
porte. Alors papa lui dit d'entrer. Elle entre, elle va chez[4] son papa. Il n'y a pas
maman. Josette demande: —Où elle est maman?*

10 Papa répond: Ta maman est allée se reposer à la campagne chez sa maman à
elle.

Josette répond: Chez Mémée?

Papa répond: Oui, chez Mémée.

—Ecris à maman, dit Josette. Téléphone à maman, dit Josette.

15 Papa dit: Faut pas téléphoner. Et puis papa dit pour lui-même: parce qu'elle
est peut-être autre part...

Josette dit: Raconte une histoire avec maman et toi, et moi.

—Non, dit papa, je vais aller au travail. Je me lève, je vais m'habiller.

Et papa se lève. Il met sa robe de chambre rouge, par-dessus son pyjama, il met
20 dans les pieds ses «poutouffles».[5] Il va dans la salle de bains. Il ferme la porte de la

---

[1]porc [2]*liver* (mal au foie *is used to describe many ailments*) [3]encore [4]vers [5]pantoufles (*slippers*)

---

*Note: Quotation marks are usually not used in dialogue in French; a dash introducing a paragraph denotes a
new speaker.

salle de bains. Josette est à la porte de la salle de bains. Elle frappe avec ses petits poings,[6] elle pleure.

Josette dit: Ouvre-moi la porte.

Papa répond: Je ne peux pas. Je suis tout nu, je me lave, après je me rase.

25 Josette dit: Et tu fais pipi-caca.

—Je me lave, dit papa.

Josette dit: Tu laves ta figure, tu laves tes épaules, tu laves tes bras, tu laves ton dos, tu laves ton «dérère»,[7] tu laves tes pieds.

—Je rase ma barbe, dit papa.

30 —Tu rases ta barbe avec du savon, dit Josette. Je veux entrer. Je veux voir.

Papa dit: Tu ne peux pas me voir, parce que je ne suis plus dans la salle de bains.

Josette dit (*derrière la porte*): Alors, où tu es?

Papa répond: Je ne sais pas, va voir. Je suis peut-être dans la salle à manger, va me chercher.

35 Josette court dans la salle à manger, et papa commence sa toilette. Josette court avec ses petites jambes, elle va dans la salle à manger. Papa est tranquille, mais pas longtemps. Josette arrive de nouveau devant la porte de la salle de bains, elle crie à travers la porte:

Josette: Je t'ai cherché. Tu n'es pas dans la salle à manger.

40 Papa dit: Tu n'as pas bien cherché. Regarde sous la table.

Josette retourne dans la salle à manger. Elle revient.

Elle dit: Tu n'es pas sous la table.

Papa dit: Alors va voir dans le salon. Regarde bien si je suis sur le fauteuil, sur le canapé, derrière les livres, à la fenêtre.

45 Josette s'en va. Papa est tranquille, mais pas pour longtemps.

Josette revient.

Elle dit: Non, tu n'es pas dans le fauteuil, tu n'es pas à la fenêtre, tu n'es pas sur le canapé, tu n'es pas derrière les livres, tu n'es pas dans la télévision, tu n'es pas dans le salon.

50 Papa dit: Alors, va voir si je suis dans la cuisine.

Josette court à la cuisine. Papa est tranquille, mais pas pour longtemps.

Josette revient.

Elle dit: Tu n'es pas dans la cuisine.

Papa dit: Regarde bien, sous la table de la cuisine, regarde bien si je suis dans
55 le buffet, regarde bien si je suis dans les casseroles, regarde bien si je suis dans le four avec le poulet.

[6]*fists* [7]derrière

Josette va et vient. Papa n'est pas dans le four, papa n'est pas dans les casseroles, papa n'est pas dans le buffet, papa n'est pas sous le paillasson,[8] papa n'est pas dans la poche de son pantalon, dans la poche du pantalon, il y a
60 seulement le mouchoir.[9]

Josette revient devant la porte de la salle de bains.

Josette dit: J'ai cherché partout. Je ne t'ai pas trouvé. Où tu es?

Papa dit: Je suis là. Et papa, qui a eu le temps de faire sa toilette, qui s'est rasé, qui s'est habillé, ouvre la porte.

65 Il dit: Je suis là. Il prend Josette dans ses bras, et voilà aussi la porte de la maison qui s'ouvre, au fond du couloir, et c'est maman qui arrive. Josette saute des bras de son papa, elle se jette dans les bras de sa maman, elle l'embrasse, elle dit:

—Maman, j'ai cherché papa sous la table, dans l'armoire, sous le tapis,[10]
70 derrière la glace,[11] dans la cuisine, dans la poubelle,[12] il n'était pas là.

Papa dit à maman: Je suis content que tu sois revenue.[13] Il faisait beau à la campagne? Comment va ta mère?

Josette dit: Et Mémée, elle va bien? On va chez elle?

[8]*doormat* [9]*handkerchief* [10]*carpet* [11]*miroir* [12]*trash can* [13]tu... *you came back home*

AVEZ-VOUS COMPRIS?

1. Que fait papa quand maman n'est pas à la maison?
2. Pourquoi ne veut-il pas se réveiller?
3. Pourquoi ne veut-il pas téléphoner à Mémée? Comment interprétez-vous ce qu'il dit?
4. Quel jeu invente-t-il pour se débarrasser de Josette? Dans quels endroits Josette doit-elle chercher son père?
5. Pourquoi ne peut-il pas rester longtemps tranquille?
6. Comment le jeu se termine-t-il?
7. Décrivez le retour de maman. Comment Josette réagit-elle? Et son père?

COMMENTAIRE DU TEXTE

1. Notez que quand papa dit à Josette où aller le chercher, elle va le chercher dans les endroits les plus curieux. Quels endroits semblent raisonnables pour la petite et absurdes pour l'adulte?
2. Trouvez quelques exemples de langage enfantin. Pourquoi Ionesco utilise-t-il ce langage?
3. A votre avis, quels sont les rapports entre père et mère? Citez les mots ou passages dans le texte qui justifient vos conclusions.
4. Quels détails indiquent que le conte n'est pas vraiment pour enfants? Quel est l'objectif d'Ionesco? A quoi veut-il que nous pensions?

Les sujets abordés dans **De la littérature à la vie** conviennent à la discussion en classe ou en petits groupes. Ils peuvent aussi servir comme point de départ pour une rédaction.

1. Avez-vous une routine comme le papa de Josette? Parlez de votre routine quotidienne. Faites-vous la même chose tous les jours? Etes-vous content(e) quand quelqu'un dérange vos habitudes? Pourquoi (pas)?

2. Dans le texte, Josette veut tout savoir en ce qui concerne l'absence de sa maman. Le père de Josette, par contre, semble vouloir éviter le sujet, et refuse d'en parler. Dans quelles circonstances est-ce qu'il est préférable de garder le silence, ne pas parler de ses sentiments ou de ses problèmes? Quand est-ce qu'il vaut mieux en parler?

3. Quand papa dit à maman «Je suis content que tu sois revenue. Il faisait beau à la campagne?» est-ce qu'il s'intéresse vraiment à la réponse? Le fait-il simplement pour avoir quelque chose à dire? Quand est-ce que nous utilisons des clichés pour parler aux autres? Quand nous sommes à l'aise? Quand la situation est difficile? Donnez quelques exemples. Pourquoi est-ce que nous en utilisons?

Le français au bout des doigts

Cette section va vous faire connaître des sites Internet de différents pays francophones. Allez directement au site Web de *Collage*. Vous y trouverez des liens utiles, ainsi que des questions de recherche et de discussion. Les liens et les activités se trouvent à **www.mhhe.com/collage**.

Histoires pour enfants?

Les comptines et les chansons pour enfants indiquent souvent des priorités culturelles de leur pays d'origine. Que savez-vous des chansons et comptines françaises?

Chez la fleuriste

Jacques **P**revert

One of the most widely read French poets of the twentieth century, Jacques Prévert (1900–1977) uses a mixture of tenderness and biting wit to speak of such traditional themes as war, love, and the passage of time. His poetry looks at a broad spectrum of everyday human experiences, ranging from childhood fantasies and dreams to adult disappointments and realities. His use of simple terms to show the close relationship between the commonplace and the poignant makes his work rich in meaning and emotion. In "Chez la fleuriste," the simple scene of a man buying flowers leads quickly to a matter of infinitely greater importance.

Mise en route

Parfois, au cours d'une journée tout à fait normale, quelque chose d'étrange se passe. Nous nous arrêtons. Nous réfléchissons. Nous réagissons. Parfois même, cet événement change notre perception de la vie.

Voici une liste d'incidents qui peuvent interrompre le train-train de la vie quotidienne. Pour chaque événement, imaginez votre réaction.

EXEMPLE: Il y a un hold-up dans une banque. →
Je téléphone à la police.

1. Il y a un chien qui court sur l'autoroute.

   Je _____

2. Une vedette de cinéma passe à côté de vous.

   Je _____

3. Quelqu'un vous regarde de façon bizarre.

   Je _____

4. Une personne tombe inconsciente dans la rue.

   Je _____

5. Il y a un petit accident de voiture. Les conducteurs sont très fâchés et vont se battre.

   Je _____

Comparez vos réactions avec celles d'un(e) partenaire. Réagissez-vous de la même manière? Parlez de toutes les réactions qui sont différentes.

Mots et expressions

s'abîmer to become damaged
envelopper to wrap
évidemment obviously
la poche pocket
savoir comment s'y prendre to know what to do (*often used in the negative*)

savoir par quel bout commencer to know where to begin (*something*) (*often used in the negative*)
subitement suddenly
tant de so many; so much

A. Choisissez la réponse qui convient.

1. Parfois quand j'ai un devoir très difficile à faire, je _____.

   a. ne sait pas par quel bout commencer
   b. ne savent pas par quel bout commencer
   c. ne sais pas par quel bout commencer

2. En général, pour consoler une personne très triste, il est difficile de _____.

   a. savoir comment m'y prendre
   b. savoir comment nous prendre
   c. savoir comment s'y prendre

3. Si on laisse un livre dehors sous la pluie, _____.

   a. elle s'abîme
   b. il s'abîme
   c. il nous abîme

B. Complétez les phrases avec les mots ou les expressions qui conviennent.

Pour l'anniversaire de sa femme, Paul achète un bracelet chez le bijoutier. Il y a _____¹ belles choses qu'il a du mal à se décider. Le bijoutier met le bracelet dans une boîte et l'_____² d'un très joli papier. A la maison, Paul sort le petit paquet de la _____³ de son manteau, et _____⁴ sa femme commence à pleurer. Pauvre Paul! Il ne comprend pas tout de suite. _____⁵ sa femme est heureuse, et elle pleure de joie!

Chez la fleuriste

Un homme entre chez une fleuriste
et choisit des fleurs
la fleuriste enveloppe les fleurs
l'homme met la main à sa poche
5   pour chercher l'argent
l'argent pour payer les fleurs
mais il met en même temps
subitement
la main sur son cœur
10   et il tombe

En même temps qu'il tombe
l'argent roule à terre
et puis les fleurs tombent
en même temps que l'homme

15   en même temps que l'argent
      et la fleuriste reste là
      avec l'argent qui roule
      avec les fleurs qui s'abîment
      avec l'homme qui meurt
20   évidemment tout cela est très triste
      et il faut qu'elle fasse quelque chose[1]
      la fleuriste
      mais elle ne sait pas comment s'y prendre
      elle ne sait pas
25   par quel bout commencer

      Il y a tant de choses à faire
      avec cet homme qui meurt
      ces fleurs qui s'abîment
      et cet argent
30   cet argent qui roule
      qui n'arrête pas de rouler. ❧

[1]il... *she must do something*

AVEZ-VOUS COMPRIS?

Rappel:
Un poème se divise en strophes. **Une strophe** a plusieurs **vers.** «Chez la fleuriste» a trois strophes et 31 vers.

1. Au début de la première strophe, que font les personnages? Jusqu'à quel vers ne se passe-t-il rien de surprenant?
2. Quels sont les deux gestes de l'homme? Qu'est-ce qui se passe à ce moment-là?
3. Quelles sont les trois choses qui tombent par terre en même temps? Qu'est-ce qui leur arrive, une fois par terre?
4. Quelle est la réaction de la fleuriste face à ce qui se passe dans son magasin? Comment fait-elle face à la situation?
5. Quelle est la seule chose qui bouge à la fin du poème?

Chez la fleuriste

1. Quel est l'importance du titre dans ce poème? Quel rôle la fleuriste joue-t-elle dans ce poème? Un rôle principal? secondaire? Expliquez.
2. A partir du vers 15, quels verbes s'associent avec l'homme? avec les fleurs? avec l'argent? avec la fleuriste? Que pensez-vous du fait que la seule chose qui bouge n'est pas (et n'a jamais été) vivante?
3. A quoi attribuez-vous l'immobilité de la fleuriste?
4. Est-il important que l'homme meure en achetant des fleurs (et pas autre chose)? Commentez.

Les sujets abordés dans **De la littérature à la vie** conviennent à la discussion en classe ou en petits groupes. Ils peuvent aussi servir comme point de départ pour une rédaction.

1. La fleuriste ne sait pas comment réagir à ce qui se passe dans son magasin. Imaginez que vous êtes à sa place et décrivez votre réaction. Pourquoi réagissez-vous de cette manière?
2. Dans ce poème, un homme est mort. Quelle est votre réaction? Est-ce que cette mort vous rend mal à l'aise? Faut-il penser à la mort? Faut-il en parler? Pourquoi ou pourquoi pas?
3. En suivant le modèle de «Chez la fleuriste», écrivez un poème basé sur une activité normale interrompue par un événement inattendu. Vous pouvez vous inspirer de vos discussions de la section **Mise en route.**

Le français au bout des doigts

Cette section va vous faire connaître des sites Internet de différents pays francophones. Allez directement au site Web de *Collage*. Vous y trouverez des liens utiles, ainsi que des questions de recherche et de discussion. Les liens et les activités se trouvent à **www.mhhe.com/collage**.

Poésie et vie

Les poèmes de Jacques Prévert parlent souvent de sujets complexes en utilisant un contexte simple, comme nous l'avons vu dans «Chez la fleuriste». Connaissez-vous d'autres poèmes de Prévert?

CHAPITRE 2

LA FAMILLE ET LES AMIS

Pierre-Auguste Renoir: Jeunes filles au piano

In France, as in many countries, the family is the primary social unit. The French concept of family is broad; it includes not only parents and children, but also grandparents, aunts and uncles, cousins, and in-laws. In fact, the word **parents** in French means *relatives* as well as *parents.*

The two readings in this chapter present a variety of interpersonal relationships. The first is told from a child's point of view; in the selection from *Le Petit Nicolas,* stereotypical gender roles are whimsically undermined. The second reading, Emile Zola's "Voyage circulaire," depicts the seemingly universal conflict between a young married couple and the bride's hard-to-please mother.

Lire en français

Recognizing Word Families

Just as human families are made up of people with a common ancestor, word families are groups of words with a common root. If you can recognize one of the words in the "family," familiarity with prefixes and suffixes will often allow you to deduce the meaning of a related word.

Take the verb **punir,** for example. If you know that it means *to punish,* and that the ending **-tion** turns a verb into a noun, you can guess the meaning of **la punition.** And because the prefix **im-** often corresponds to the English *un-,* you can deduce that **une personne impunie** is one who did not receive punishment.

Here are some common French prefixes and suffixes.

PREFIXES		
French	*Meaning*	*Example*
dé-	implies the opposite	caféiné → décaféiné (*decaffeinated*)
im-	" "	puissant → impuissant (*powerless*)
in-	" "	variable → invariable
ir-	" "	régularité → irrégularité
pré-	precedes	dire → prédire (*to predict*)
re-	to do again	commencer → recommencer

SUFFIXES		
French	*Meaning*	*Example*
-et, -ette	implies small size	fille → fillette
-tion	verb to noun	exagérer → exagération
-eur	verb to noun/adjective	travailler → travailleur
-euse	" "	chanter → chanteuse
-té	adjective to noun	beau → beauté
-ité	" "	féroce → férocité

Look at the following group of words. Can you find the related ones? Put the word families together.

la pêche	bon	pêcher
lever	l'assurance	enrichir
assurer	le bonheur	élevé
le pêcheur	riche	la richesse
la bonté	la levure	assureur

Here are a few definitions:

la pêche fishing
lever to raise
bien élevé(e) well brought up
riche wealthy
l'assurance insurance

With a partner, try to figure out the meanings of the other words in each family. Jot them down next to each word.

Le Petit Nicolas: Louisette

RENE GOSCINNY ET JEAN-JACQUES SEMPE

Jean-Jacques Sempé (1932–   ) became a successful professional cartoonist at the age of eighteen. Besides appearing in newspapers and magazines all over Europe, his work has been exhibited in galleries in France and abroad.

René Goscinny (1926–1977) worked in New York as an editor of children's books in 1949 and in 1953. He is known to millions of French children as the author of *Astérix*, the series of illustrated storybooks. He was a member of the Académie de l'humour. *Le Petit Nicolas* might be considered the French equivalent of Charlie Brown in Charles Schulz's *Peanuts*.

Mise en route

Même à notre époque, nous considérons encore certaines activités typiquement «masculines» et d'autres typiquement «féminines», surtout en ce qui concerne les petites filles et les petits garçons. Parfois injustes, ces stéréotypes peuvent influencer toute la vie d'une jeune personne.

Pourtant, c'est en reconnaissant ces idées restrictives des rôles des deux sexes que l'on peut les corriger. Pour cette activité, imaginez un petit garçon et une petite fille typiques. Imaginez lequel des deux est plus apte à dire les phrases suivantes. (N'oubliez pas que ce sont des stéréotypes!)

	LE GARÇON	LA FILLE
1. Je porte la couleur rose.	☐	☐
2. J'aime jouer dehors.	☐	☐
3. J'aime les maths.	☐	☐
4. Je joue à la poupée (*doll*).	☐	☐
5. Je me bats avec mes amis.	☐	☐
6. Je veux être médecin.	☐	☐
7. J'adore jouer au football.	☐	☐
8. Je fais du piano.	☐	☐

Maintenant, regardez votre liste de stéréotypes. Lesquels vous semblent absurdes? Y en a-t-il qui vous paraissent justifiables? Pourquoi? Parlez-en avec un(e) partenaire.

Mots et expressions

casser to break
emmener to take away, take along
essayer (de + *inf.*) to try
  (*to do something*)
fâché(e) angry
un garçon manqué a tomboy
la gifle slap
le goûter snack; afternoon tea
le jouet toy
se mettre à to begin to (*do something*)
pleurer to cry

la poupée doll
ramasser to pick up
rire to laugh
le sourire smile
tirer to pull

VOCABULAIRE FAMILIER

chouette = gentil(le)
embêté(e) = ennuyé(e)
rigolo = amusant(e)
terrible = extraordinaire

APPLICATIONS

A. Trouvez l'équivalent de chaque expression.

1. mettre en morceaux
2. un petit repas dans l'après-midi
3. commencer
4. mécontent, en colère
5. une fille qui se comporte comme un garçon

B. Complétez les phrases avec les mots qui conviennent.

1. A Noël, on offre des _____ aux enfants.
2. Pourquoi est-ce que les petites filles aiment jouer à la _____?
3. Je vais _____ finir mon travail avant midi.
4. Les enfants _____ beaucoup quand ils voient des clowns.
5. Nicolas _____ Louisette dans le jardin.
6. J'aime _____ les fruits quand ils tombent de l'arbre.
7. Est-ce que vous _____ quand on vous donne une _____?
8. Le cheval _____ la charrette.
9. Elle reçoit ses invités avec un grand _____.

Le Petit Nicolas: Louisette

Je n'étais pas content quand maman m'a dit qu'une de ses amies viendrait prendre le thé avec sa petite fille. Moi, je n'aime pas les filles. C'est bête,[1] ça ne sait pas jouer à autre chose qu'à la poupée et à la marchande et ça pleure tout le temps. [...]

5 «Tu seras bien gentil avec Louisette, m'a dit maman, c'est une charmante petite fille et je veux que tu lui montres que tu es bien élevé.[2]»

Quand maman veut montrer que je suis bien élevé, elle m'habille avec le costume bleu et la chemise blanche et j'ai l'air d'un guignol.[3] [...]

«Et je te prie de ne pas être brutal avec cette petite fille, sinon, tu auras affaire 10 à moi,[4] a dit maman, compris?» A quatre heures, l'amie de maman est venue avec sa petite fille. L'amie de maman m'a embrassé, elle m'a dit, comme tout le monde, que j'étais un grand garçon, elle m'a dit aussi: «Voilà Louisette.» Louisette et moi, on s'est regardés. Elle avait des cheveux jaunes, avec des nattes,[5] des yeux bleus, un nez et une robe rouges. On s'est donné les doigts,[6] très vite. Maman a servi le 15 thé, et ça, c'était très bien, parce que, quand il y a du monde[7] pour le thé, il y a des gâteaux au chocolat et on peut en reprendre deux fois.[8] Pendant le goûter, Louisette et moi on n'a rien dit. [...]

Maman a dit: «Maintenant, les enfants, allez vous amuser. Nicolas, emmène Louisette dans ta chambre et montre-lui tes beaux jouets.» Maman elle a dit ça 20 avec un grand sourire, mais en même temps elle m'a fait des yeux,[9] ceux avec lesquels il vaut mieux ne pas rigoler.[10] Louisette et moi on est allés dans ma chambre, et là, je ne savais pas quoi lui dire. C'est Louisette qui a dit, elle a dit: «Tu as l'air d'un singe.[11]» Ça ne m'a pas plu, ça, alors je lui ai répondu: «Et toi, tu n'es qu'une fille!» et elle m'a donné une gifle. J'avais bien envie de me mettre à 25 pleurer, mais je me suis retenu, parce que maman voulait que je sois bien élevé, alors, j'ai tiré une des nattes de Louisette et elle m'a donné un coup de pied à la cheville.[12] [...] J'allais lui donner une gifle, quand Louisette a changé de conversation, elle m'a dit: «Alors, ces jouets, tu me les montres?» J'allais lui dire que c'était des jouets de garçon, quand elle a vu mon ours en peluche,[13] celui 30 que[14] j'avais rasé à moitié une fois avec le rasoir de papa. Je l'avais rasé à moitié seulement, parce que le rasoir de papa n'avait pas tenu le coup.[15] «Tu joues à la poupée?» elle m'a demandé Louisette, et puis elle s'est mise à rire. J'allais lui tirer une natte et Louisette levait la main pour me la mettre sur la figure,[16] quand la porte s'est ouverte et nos deux mamans sont entrées. «Alors, les enfants, a dit 35 maman, vous vous amusez bien? —Oh, oui madame!» a dit Louisette avec des

---

[1]C'est... *They are silly*   [2]bien... *well brought up*   [3]j'ai... je parais ridicule   [4]tu... tu devras m'expliquer pourquoi   [5]*braids*   [6]On... *We barely shook hands*   [7]du... (ici) des invités   [8]on... *it's okay to have second and third helpings*   [9]elle... *she gave me one of those looks*   [10]ceux... *which meant she wasn't kidding*   [11]*monkey*   [12]m'a... *kicked me in the ankle*   [13]ours... *teddy bear*   [14]celui... *the one that*   [15]n'avait... *gave out*   [16]pour... pour me donner une gifle

yeux tout ouverts et puis elle a fait bouger ses paupières[17] très vite et maman l'a
embrassée en disant: «Adorable, elle est adorable! C'est un vrai petit poussin[18]!» et
Louisette travaillait dur avec les paupières. «Montre tes beaux livres d'images à
Louisette», m'a dit ma maman, et l'autre maman a dit que nous étions deux petits
40 poussins et elles sont parties.

[…] «Ça ne m'intéresse pas tes livres, elle m'a dit, Louisette, t'as pas
quelque chose de plus rigolo?» et puis elle a regardé dans le placard et elle a vu
mon avion, le chouette, celui qui[19] a un élastique, qui est rouge et qui vole.
«Laisse ça, j'ai dit, c'est pas pour les filles, c'est mon avion!» […] «Je suis
45 l'invitée, elle a dit, j'ai le droit de jouer avec tous tes jouets, et si tu n'es pas
d'accord, j'appelle ma maman et on verra qui a raison!» Moi, je ne savais pas
quoi faire, je ne voulais pas qu'elle le casse, mon avion, mais je n'avais pas
envie qu'elle appelle sa maman, parce que ça ferait des histoires.[20] Pendant que
j'étais là, à penser, Louisette a fait tourner l'hélice[21] pour remonter l'élastique
50 et puis elle a lâché l'avion. Elle l'a lâché par la fenêtre de ma chambre qui était
ouverte, et l'avion est parti. «Regarde ce que tu as fait, j'ai crié. Mon avion est
perdu!» et je me suis mis à pleurer. «Il n'est pas perdu, ton avion, bêta,[22] m'a
dit Louisette, regarde, il est tombé dans le jardin, on n'a qu'à aller le
chercher.[23]» […]

55 Dans le jardin, j'ai ramassé l'avion, qui n'avait rien,[24] heureusement, et
Louisette m'a dit: «Qu'est-ce qu'on fait?» […] «Je n'ai pas de jouets, ici, sauf le
ballon de football, dans le garage.» Louisette m'a dit que ça, c'était une bonne
idée. On est allés chercher le ballon et moi j'étais très embêté, j'avais peur que les
copains me voient jouer avec une fille. «Tu te mets entre les arbres, m'a dit
60 Louisette, et tu essaies d'arrêter le ballon.»

[17]a… *batted her eyelashes* [18]petit… *little chick* [19]celui… *the one that* [20]ça… *that would cause problems*
[21]*propeller* [22]*idiot* [23]on… *we just have to go get it* [24]qui… *which was fine*

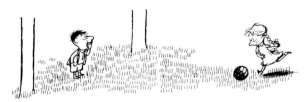

Là, elle m'a fait rire, Louisette, et puis, elle a pris de l'élan[25] et, boum! un shoot terrible[26]! La balle, je n'ai pas pu l'arrêter, elle a cassé la vitre de la fenêtre du garage.

Les mamans sont sorties de la maison en courant. Ma maman a vu la fenêtre
65 du garage et elle a compris tout de suite. «Nicolas! elle m'a dit, au lieu de jouer à des jeux brutaux, tu ferais mieux de[27] t'occuper de tes invités, surtout quand ils sont aussi gentils que Louisette!» Moi, j'ai regardé Louisette, elle était plus loin, dans le jardin, en train de sentir les bégonias.

Le soir, j'ai été privé[28] de dessert, mais ça ne fait rien, elle est chouette,
70 Louisette, et quand on sera grands, on se mariera.

Elle a un shoot terrible! ◼

[25]a… *took a running start*   [26]un… *a sensational kick*   [27]ferais… devrais   [28]j'ai… *I wasn't allowed to have*

1. Pourquoi Nicolas n'aime-t-il pas les petites filles?
2. Quelles recommandations sa maman lui fait-elle avant l'arrivée de leurs invitées?
3. Comment les enfants se comportent-ils quand ils se rencontrent? Comment Nicolas décrit-il Louisette?
4. Une fois seule avec Nicolas, comment Louisette se comporte-t-elle? Donnez-en plusieurs exemples.
5. Comment Louisette fait-elle bonne impression sur la maman de Nicolas?
6. Quels jouets Louisette préfère-t-elle? Que se passe-t-il quand elle trouve l'avion de Nicolas?
7. Pourquoi Nicolas n'a-t-il pas envie de jouer au ballon avec Louisette? Que fait-elle du ballon?
8. Pourquoi la maman de Nicolas est-elle fâchée contre lui et non contre Louisette?
9. Pourquoi Nicolas décide-t-il que Louisette est chouette?

1. D'après ce texte, quelle est la définition de l'enfant bien élevé?
2. Comment Nicolas voit-il les adultes?
3. Quels sont les préjugés de Nicolas à l'égard des petites filles? Croyez-vous que ses préjugés représentent l'attitude typique des garçons de nos jours?
4. Louisette change de comportement quand les adultes sont là. Qu'en pensez-vous? Est-ce que vous la trouvez gentille? hypocrite? intelligente? Pourquoi?
5. Relevez des phrases ou paragraphes que vous trouvez drôles. Pourquoi les trouvez-vous drôles?

1. Analysez les rôles des garçons et des filles dans le monde moderne. Ces rôles ont-ils changé depuis l'enfance de vos parents? Dans quel sens?
2. Nicolas pense épouser Louisette parce qu'elle a «un shoot terrible». A votre avis, pourquoi arrive-t-on à la décision de se marier? Parce qu'on s'aime beaucoup? Parce qu'on est amis d'enfance? Parce qu'on se connaît bien et qu'on n'aura pas de mauvaises surprises? Parce qu'on veut avoir des enfants? Parce que la vie à deux offre des avantages économiques?
3. Qu'est-ce qui rend un homme (une femme) intéressant(e)? Quelles qualités considérez-vous importantes? La personnalité? L'intelligence? L'ambition? Du goût pour le sport? Des intérêts intellectuels ou culturels? Un bon caractère? Le sens de l'humour? La douceur? L'esprit d'initiative? Le calme?

Le français au bout des doigts

Les BD

Les bandes dessinées (BD) sont très populaires en Europe et il y a souvent de grandes séries basées sur un personnage. Desquels de ces personnages de BD avez-vous entendu parler? Astérix? Lucky Luke? Tintin? Décrivez leur caractère.

Les liens et les activités se trouvent à **www.mhhe.com/collage**.

Voyage circulaire

Pour la première fois, les
Rougon-Macquart
d'**Emile Zola**
en édition d'art reliée plein cuir, décor à l'or véritable. Illustrations de l'époque à toutes les pages.

Les Rougon-Macquart : 1200 personnages d'un réalisme hallucinant pétris d'amour, de haine, de vanité, d'angoisse, de noblesse et d'espoir.

EMILE ZOLA

Emile Zola (1840–1902) is the acknowledged master of the Naturalist movement in European literature. As a theory of fiction, Naturalism emphasizes faithful representation of everyday life, insisting on a scientific analysis of human behavior as the result of basic drives, such as sex and hunger. Naturalists attempt to document a character's social environment thoroughly. Zola's major work, *Les Rougon-Macquart,* is a series of some twenty novels dealing with, as he put it, "the natural and social history of a family under the Second Empire." He focuses his attention on the working class and the rising bourgeoisie as they struggle against decadent social structures under Napoleon III.

   In the following short story, Zola moves away from his frequently pessimistic outlook on life and shows a young couple rejecting family and social pressures to enjoy a few moments of freedom and happiness.*

---

*The story has been slightly abridged; it has also been divided into two sections in this text, with questions following each section.

Mise en route

Les conflits entre parents et enfants rendent souvent la vie difficile pour toute la famille, même quand les «enfants» sont de jeunes adultes. Mais à propos de quoi est-ce qu'on se dispute? (Des sorties le soir? Des devoirs? D'autre chose?) En pensant à vos parents ou aux parents d'un(e) ami(e), trouvez trois ou quatre sujets de dispute typiques.

1. _____
2. _____
3. _____
4. _____

Comparez ces sujets de dispute avec ceux d'un(e) partenaire, et discutez ensemble du rôle des parents dans la vie de jeunes adultes. A quel point les parents ont-ils le droit (ou la responsabilité) d'intervenir? Dans quels aspects de la vie?

En lisant «Voyage circulaire», pensez au rôle de Mme Larivière dans la vie du jeune couple.

Mots et expressions

l'auberge (*f.*) inn
le beau-père father-in-law
la belle-mère mother-in-law
le bonheur happiness
le chemin de fer railroad
le coin corner
le comptoir counter
de bonne heure early
s'écrier to cry out; to exclaim
le fond background; end; bottom

le lendemain the next day
loger to lodge; to quarter
la lune de miel honeymoon
se mêler de to meddle in
ne... point (*litt.*) not at all
oser to dare
le quartier neighborhood
réagir to react
se sentir to feel
la voix voice

A. Trouvez l'équivalent de chaque expression.

1. la joie de vivre
2. une partie de la ville
3. tôt le matin
4. le jour suivant
5. dire d'une voix forte
6. avoir une réaction

B. Complétez les phrases avec les mots qui conviennent.

1. Comment te _____-tu aujourd'hui?
2. Cette chanteuse a une _____ merveilleuse.
3. A quelle adresse _____-vous?
4. Mon _____ est le père de mon mari.
5. Les enfants n'_____ pas parler pendant le repas.
6. La boutique se trouve au _____ de la rue.
7. Une boutiquière passe sa vie derrière le _____.

8. Nous touchons ici au _____ du problème.
9. Yvonne est discrète. Elle ne _____ jamais des affaires de ses amis.
10. Mme Leduc _____ est _____ discrète. Elle se mêle de toutes les affaires de ses amis.

6. Définissez les mots suivants.

1. une auberge
2. un chemin de fer
3. une lune de miel
4. une belle-mère

Voyage circulaire

Partie I

Il y a huit jours que Lucien Bérard et Hortense Larivière sont mariés. Mme veuve Larivière, la mère, tient,[1] depuis trente ans, un commerce de bimbeloterie,[2] rue de la Chaussée-D'Antin. C'est une femme sèche et pointue, de caractère despotique, qui n'a pu refuser sa fille à Lucien, le fils unique d'un
5 quincaillier[3] du quartier, mais qui entend surveiller de près[4] le jeune ménage. Dans le contrat,* elle a cédé la boutique de bimbeloterie à Hortense, tout en se réservant une chambre dans l'appartement; et en réalité, c'est elle qui continue à diriger la maison, sous le prétexte de mettre les enfants au courant de la vente.[5]

On est au mois d'août, la chaleur est intense, les affaires vont fort mal. Aussi[6]
10 Mme Larivière est-elle plus aigre[7] que jamais. Elle ne tolère point que Lucien s'oublie une seule minute près d'Hortense. Ne les a-t-elle pas surpris, un matin, en train de s'embrasser dans la boutique! Et cela, huit jours après la noce[8]! Voilà qui est propre[9] et qui donne tout de suite une bonne renommée[10] à une maison! Jamais elle n'a permis à M. Larivière de la toucher du bout des doigts dans la
15 boutique. Il n'y pensait guère, d'ailleurs. Et c'était ainsi qu'ils avaient fondé leur établissement.

Lucien, n'osant encore se révolter, envoie des baisers à sa femme, quand sa belle-mère a le dos tourné. Un jour, pourtant, il se permet de rappeler[11] que les familles, avant la noce, ont promis de leur payer un voyage, pour leur lune de
20 miel. Mme Larivière pince ses lèvres minces.

—Eh bien! leur dit-elle, allez vous promener un après-midi au bois de Vincennes.

---

[1]possède [2]knickknacks [3]hardware merchant [4]entend… *intends to keep a close watch on* [5]mettre… *telling the children about the business* [6]Donc [7]plus… de plus mauvaise humeur [8]le mariage [9]Voilà… *There's a fine thing* [10]reputation [11]il… *he takes the liberty of reminding (her)*

---

*Le contrat** refers to the marriage contract listing the property and personal assets of the spouses.

Les nouveaux mariés se regardent d'un air consterné. Hortense commence à trouver sa mère vraiment ridicule. C'est à peine, si, la nuit, elle est seule[12] avec son mari. Au moindre[13] bruit, Mme Larivière vient, pieds nus, frapper à leur porte, pour leur demander s'ils ne sont pas malades. Et lorsqu'ils répondent qu'ils se portent très bien, elle leur crie:

—Vous feriez mieux de dormir, alors… Demain, vous dormirez encore dans le comptoir.

Ce n'est plus tolérable. Lucien cite tous les boutiquiers du quartier qui se permettent de petits voyages, tandis que[14] des parents ou des commis[15] fidèles tiennent les magasins. Il y a le marchand de gants du coin de la rue La Fayette qui est à Dieppe, le coutelier[16] de la rue Saint-Nicolas qui vient de partir pour Luchon, le bijoutier près du boulevard qui a emmené sa femme en Suisse. Maintenant, tous les gens à leur aise[17] s'accordent[18] un mois de villégiature.[19]

—C'est la mort du commerce, monsieur, entendez-vous! crie Mme Larivière. Du temps de M. Larivière, nous allions à Vincennes une fois par an, le lundi de Pâques, et nous ne nous en portions pas plus mal[20]… Voulez-vous que je vous dise une chose? eh bien! vous perdrez la maison, avec ces goûts de courir le monde.[21] Oui, la maison[22] est perdue.

—Pourtant, il était bien convenu[23] que nous ferions un voyage, ose dire Hortense. Souviens-toi, maman, tu avais consenti.

—Peut-être, mais c'était avant la noce. Avant la noce, on dit comme ça toutes sortes de bêtises… Hein? Soyons sérieux, maintenant!

Lucien est sorti pour éviter une querelle. Il se sent une envie féroce d'étrangler sa belle-mère. Mais quand il rentre, au bout de[24] deux heures, il est tout changé, il parle d'une voix douce à Mme Larivière, avec un petit sourire au coin des lèvres.

Le soir, il demande à sa femme:

—Est-ce que tu connais la Normandie?

—Tu sais bien que non, répond Hortense. Je ne suis jamais allée qu'au bois de Vincennes.

Le lendemain, un coup de tonnerre éclate[25] dans la boutique de bimbeloterie. Le père de Lucien, le père Bérard, comme on le nomme dans le quartier, où il est connu pour un bon vivant[26] menant rondement les affaires,[27] vient s'inviter à déjeuner. Au café, il s'écrie:

—J'apporte un cadeau à nos enfants. Et il tire triomphalement deux tickets de chemin de fer.

---

[12]C'est… *Even at night she is rarely alone* [13]Au… *Au plus petit* [14]tandis… *while* [15]assistants [16]*cutler* [17]à… *well-off* [18]se permettent [19]*vacances* [20]nous… *we weren't any the worse for it* [21]ces… *these ideas of gadding about* [22]le commerce [23]*agreed* [24]au… *après* [25]coup… *thunderclap bursts* [26]bon… *someone who enjoys life* [27]menant… *conducting business briskly*

—Qu'est-ce que c'est que ça? demande la belle-mère d'une voix étranglée.

60 —Ça, ce sont deux places de première classe pour un voyage circulaire en Normandie… Hein? mes petits, un mois au grand air[28]! Vous allez revenir frais comme des roses.

Mme Larivière est atterrée.[29] Elle veut protester; mais au fond, elle ne se soucie pas d'une[30] querelle avec le père Bérard qui a toujours le dernier mot.
65 Ce qui achève de l'ahurir,[31] c'est que le quincaillier[32] parle de mener tout de suite les voyageurs à la gare. Il ne les lâchera[33] que lorsqu'il les verra dans le wagon.

—C'est bien, déclare-t-elle avec une rage sourde,[34] enlevez-moi ma fille. J'aime mieux ça, ils ne s'embrasseront plus dans la boutique, et je veillerai à[35]
70 l'honneur de la maison!

Enfin, les mariés sont à la gare Saint-Lazare, accompagnés du beau-père, qui leur a laissé le temps tout juste de jeter un peu de linge et quelques vêtements au fond d'une malle.[36] Il leur pose sur les joues des baisers sonores, en leur recommandant de bien tout regarder, pour lui raconter ensuite ce qu'ils auront
75 vu. Ça l'amusera!

---

[28]au… en plein air   [29]stunned   [30]ne… doesn't look forward to a   [31]Ce… What really flabbergasts her
[32]Bérard   [33]quittera   [34]veiled   [35]je… je m'occuperai de   [36]trunk

AVEZ-VOUS COMPRIS?

1. Décrivez le caractère de Mme Larivière, puis parlez de son apparence. Quel rôle joue-t-elle dans le mariage de sa fille et dans les affaires de la boutique?
2. Lucien et Hortense viennent de se marier. Que font-ils après la noce? Qu'est-ce qu'ils ont envie de faire?
3. Qu'est-ce que Mme Larivière pense de la lune de miel traditionnelle?
4. Comment Mme Larivière se mêle-t-elle de l'intimité du jeune couple? A votre avis, pourquoi le fait-elle?
5. Comment les autres commerçants du quartier organisent-ils leurs vacances?
6. Quelle est l'opinion de Mme Larivière à ce sujet?
7. Comment Lucien réagit-il aux idées de sa belle-mère?
8. De quelle façon le père Bérard devient-il l'allié de son fils? Que fait-il pour le jeune couple?
9. A votre avis, pourquoi Lucien et Hortense doivent-ils partir en voyage le jour même où ils reçoivent les tickets?
10. Quelle recommandation le père Bérard fait-il aux époux quand il les accompagne à la gare?

Voyage circulaire

Partie II

Sur le quai du départ, Lucien et Hortense se hâtent[1] le long du[2] train, cherchant un compartiment vide. Ils ont l'heureuse chance d'en trouver un, ils s'y précipitent[3] et s'arrangent déjà pour un tête-à-tête, lorsqu'ils ont la douleur[4] de voir monter avec eux un monsieur à lunettes qui, aussitôt assis, les regarde
5 d'un air sévère.

[…] On arrive à Rouen.

Lucien, en quittant Paris, a acheté un Guide. Ils descendent dans un hôtel recommandé, et ils sont aussitôt la proie[5] des garçons. A la table d'hôte, c'est à peine s'ils[6] osent échanger une parole,[7] devant tout ce monde[8] qui les regarde.
10 Enfin, ils se couchent de bonne heure; mais les cloisons[9] sont si minces, que leurs voisins, à droite et à gauche, ne peuvent faire un mouvement sans qu'ils l'entendent. Alors, ils n'osent plus remuer, ni même tousser dans leur lit.

—Visitons la ville, dit Lucien, le matin, en se levant, et partons vite pour Le Havre.

15 Toute la journée, ils restent sur pied. […] Hortense surtout s'ennuie à mourir, et elle est tellement lasse,[10] qu'elle dort le lendemain en chemin de fer.

Au Havre, une autre contrariété les attend. Les lits de l'hôtel où ils descendent sont si étroits, qu'on les loge dans une chambre à deux lits. Hortense voit là une insulte et se met à pleurer. Il faut que Lucien la console, en lui jurant[11] qu'ils ne
20 resteront au Havre que le temps de voir la ville. Et les courses folles[12] recommencent.

---

[1]se… se dépêchent [2]le… à côté du [3]s'y… *rush into it* [4]*distress* [5]*prey, at the mercy* [6]c'est… *they hardly*
[7]*word; remark* [8]tout… tous ces gens [9]murs [10]fatiguée [11]en… *promising her* [12]courses… *mad rushing about*

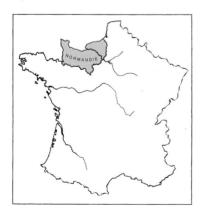

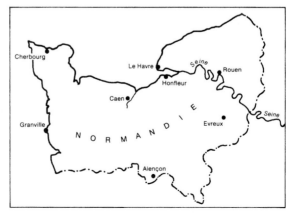

[...] Nulle part,[13] ils n'ont encore trouvé un coin de paix et de bonheur, où ils pourraient s'embrasser loin des oreilles indiscrètes. Ils en sont venus à[14] ne plus rien regarder, continuant strictement leur voyage, ainsi qu'une corvée[15] dont ils ne savent comment se débarrasser. Puisqu'ils sont partis, il faut bien qu'ils reviennent. Un soir, à Cherbourg, Lucien laisse échapper[16] cette parole grave:—«Je crois que je préfère ta mère.» Le lendemain, ils partent pour Granville. Mais Lucien reste sombre et jette des regards farouches[17] sur la campagne, dont les champs se déploient en éventail,[18] aux deux côtés de la voie.[19] Tout d'un coup, comme le train s'arrête à une petite station, dont le nom ne leur arrive même pas aux oreilles,[20] un trou adorable de verdure[21] perdu dans les arbres, Lucien s'écrie:

—Descendons, ma chère, descendons vite!

—Mais cette station n'est pas sur le Guide, dit Hortense stupéfaite.

—Le Guide! le Guide! reprend-il,[22] tu vas voir ce que je vais en faire du Guide! Allons, vite, descends!

—Mais nos bagages?

—Je me moque bien de[23] nos bagages!

Et Hortense descend, le train file[24] et les laisse tous les deux dans le trou adorable de verdure. Ils se trouvent en pleine campagne,[25] au sortir de la petite gare. Pas un bruit. Des oiseaux chantent dans les arbres, un clair ruisseau coule[26] au fond d'un vallon. Le premier soin[27] de Lucien est de lancer le Guide au milieu d'une mare.[28] Enfin, c'est fini, ils sont libres!

A trois cents pas, il y a une auberge isolée, dont l'hôtesse leur donne une chambre blanchie à la chaux,[29] d'une gaîté printanière.[30] Les murs ont un mètre d'épaisseur. D'ailleurs, il n'y a pas un voyageur dans cette auberge, et seules, les poules les regardent d'un air curieux.

—Nos billets sont encore valables[31] pour huit jours, dit Lucien; eh bien! nous passerons nos huit jours ici.

Quelle délicieuse semaine! Ils s'en vont dès le matin par les sentiers perdus, ils s'enfoncent dans[32] un bois, sur la pente d'une colline,[33] et là ils vivent leurs journées, cachés au fond des herbes qui abritent[34] leurs jeunes amours. D'autres fois, ils suivent le ruisseau, Hortense court comme une écolière échappée; puis, elle ôte ses bottines[35] et prend des bains de pieds, tandis que Lucien lui fait pousser[36] de petits cris, en lui posant sur la nuque de brusques baisers.

[...] Leur chambre est si gaie. Ils s'y enferment dès huit heures,[37] lorsque la campagne noire et silencieuse ne les tente[38] plus. Surtout, ils recommandent qu'on ne les réveille pas. Lucien descend parfois en pantoufles, remonte[39]

---

[13]Nulle... *Nowhere*   [14]en... *have reached the point of*   [15]obligation désagréable   [16]laisse... exprime   [17]*fierce, grim*   [18]dont... *whose fields spread out like a fan*   [19]*track*   [20]dont... *whose name they don't even hear*   [21]trou... *lovely green hideaway*   [22]répond-il   [23]Je... *I couldn't care less about*   [24]*part*   [25]en... *in the open (country)*   [26]ruisseau... *brook flows*   [27]*concern*   [28]*pond*   [29]blanchie... *whitewashed*   [30]*springlike*   [31]*valid*   [32]s'enfoncent... *plunge into*   [33]sur... *on the side of a hill*   [34]*shelter*   [35]ôte... *takes off her boots, high shoes*   [36]lui... *makes her utter*   [37]Ils... *They lock themselves in from 8:00 on*   [38]*tempts*   [39]*carries up*

*Le village de
Camembert en
Normandie.*

lui-même le déjeuner, des œufs et des côtelettes, sans permettre à personne
d'entrer dans la chambre. Et ce sont des déjeuners exquis, mangés au bord du lit,
60 et qui n'en finissent pas,[40] grâce aux baisers plus nombreux que les bouchées[41] de
pain.

Le septième jour, ils restent surpris et désolés d'avoir vécu si vite. Et ils partent
sans même vouloir connaître le nom du pays[42] où ils se sont aimés. Au moins, ils
auront eu[43] un quartier[44] de leur lune de miel. C'est à Paris seulement qu'ils
65 rattrapent[45] leurs bagages.

Quand le père Bérard les interroge, ils s'embrouillent.[46] Ils ont vu la mer à
Caen, et ils placent la tour de Beurre au Havre.

—Mais que diable! s'écrie le quincaillier, vous ne me parlez pas de
Cherbourg… et l'arsenal[47]?

70 —Oh! un tout petit arsenal, répond tranquillement Lucien. Ça manque[48]
d'arbres.

Alors, Mme Larivière, toujours sévère, hausse les épaules[49] en murmurant:

—Si ça vaut la peine de voyager[50]! Ils ne connaissent seulement[51] pas les
monuments… Allons, Hortense, assez de folies, mets-toi au comptoir. 🌿

[40]n'en… *go on and on*   [41]*mouthfuls*   [42](forme paysanne) village   [43]auront… *will have had*   [44]*quarter*
[45]*catch up with*   [46]*get mixed up*   [47]*navy shipyard*   [48]Ça… *It lacks*   [49]hausse… *shrugs her shoulders*   [50]Si…
What's the use of traveling?   [51]même

AVEZ-VOUS COMPRIS?

1. Pourquoi Lucien et Hortense sont-ils déçus (*disappointed*) quand le monsieur entre dans leur compartiment?
2. Décrivez le début du voyage (à Rouen, au Havre, à Cherbourg). S'amusent-ils? Pourquoi (pas)?
3. Quelle décision Lucien prend-il enfin?
4. Pourquoi le premier soin de Lucien est-il de se débarrasser du Guide?
5. Comparez la petite auberge de campagne avec les hôtels des grandes villes.
6. Qu'est-ce qui rend la dernière semaine de leur voyage si heureuse? Comment passent-ils le temps?
7. Quand Lucien et Hortense rentrent à Paris, le père Bérard leur pose toutes sortes de questions sur le voyage. Sont-ils capables de bien répondre? Expliquez.
8. Comment la mère d'Hortense voit-elle les voyages?

COMMENTAIRE DU TEXTE

1. Pourquoi Lucien et Hortense ne parlent-ils pas à leurs parents de la dernière semaine de leur voyage?
2. Pourquoi le nom du lieu où ils ont passé la dernière semaine n'est-il pas important?
3. Lucien et Hortense appartiennent à la petite bourgeoisie parisienne. D'après ce conte, quelle idée vous faites-vous des valeurs de cette classe sociale? Est-elle traditionnelle? matérialiste? ouverte? conservatrice? stable? économe? travailleuse? intellectuelle? Contre quelles attitudes le jeune couple essaie-t-il de se révolter?
4. Emile Zola réussit à créer des personnages réels avec bien peu de description. Il nous donne par exemple une peinture très précise de la mère d'Hortense: ses traits physiques—«une femme sèche et pointue»—reflètent ses traits moraux. Elle a, en effet, un «caractère despotique». Par quels autres détails son caractère se révèle-t-il? Essayez maintenant de faire le portrait d'Hortense, de Lucien et du père Bérard en ajoutant ce que l'auteur a laissé à votre imagination.

DE LA LITTERATURE A LA VIE

1. Lucien et Hortense s'aiment et se marient. Est-ce que la plupart des jeunes gens qui s'aiment se marient de nos jours? Quelles sont les différentes possibilités de vie de couple aujourd'hui? Qu'est-ce que vous en pensez?
2. Comparez les relations entre Hortense et Lucien et leurs familles avec les relations entre un jeune couple et les beaux-parents de nos jours. Quels sont les avantages et les inconvénients des deux situations?
3. Dans ce conte, le voyage de noces est très important. Est-ce une tradition qui se perpétue dans votre pays? Expliquez. Quels sont les endroits populaires pour les nouveaux mariés? Pourquoi choisit-on ces endroits?

Le français au bout des doigts

Provinces françaises

Chaque région en France a ses lieux historiques et ses spécialités. Comme Zola nous explique, en Normandie, il y a des villes à visiter: Rouen, Le Havre, Cherbourg, Caen. Mais qu'est-ce qui distingue la Normandie du reste de la France?

Les liens et les activités se trouvent à **www.mhhe.com/collage**.

CHAPITRE 3

LA FRANCE D'AUTREFOIS

Des mousquetaires. Scène d'une pièce montée par la Max Beerbohm Company

Literature and history are two closely entwined aspects of French culture. Whereas history often provides the background for works of literature, fiction and poetry can, in turn, shed new light on historical moments, interpreting them and making them come alive.

In "La Dernière Classe," the first reading in the chapter, Alphonse Daudet tells of the difficult period in 1871 when the Prussians took over the border region of Alsace, next to Germany, as spoils of war.

In his novel *Le Vicomte de Bragelonne*, Alexandre Dumas imagines court life and political intrigue during the reign of Louis XIV, the despotic Sun King. One incident in the novel, about a mysterious man in an iron mask, shows the dangerous side of political power and the injustice that sometimes accompanies it.

Lire en français

Recognizing the *passé simple*

In spoken French and in much written French, we express completed actions in the past by using the **passé composé**. In literary and historical writing, however, the **passé simple**, a tense consisting of one word, is often used in place of the **passé composé** for the narration of past events. In order to read most French literature, you need to be able to recognize the **passé simple** by identifying the stems of the verbs and the verb endings. You only need to recognize verbs in the **passé simple**; you do not need to use them. Note in particular the difference between two common verbs: the third-person singular of **faire (fit)** and of **être (fut).** Following is a brief summary of the forms of this literary past tense.

Regular Verbs

parler				
je	parl**ai**	nous	parl**âmes**
tu	parl**as**	vous	parl**âtes**
il/elle/on	parl**a**	ils/elles	parl**èrent**

choisir				
je	chois**is**	nous	chois**îmes**
tu	chois**is**	vous	chois**îtes**
il/elle/on	chois**it**	ils/elles	chois**irent**

attendre				
j'	attend**is**	nous	attend**îmes**
tu	attend**is**	vous	attend**îtes**
il/elle/on	attend**it**	ils/elles	attend**irent**

Some Irregular Verbs

avoir			
j' eus	nous		eûmes
tu eus	vous		eûtes
il/elle/on eut	ils/elles		eurent

être			
je fus	nous		fûmes
tu fus	vous		fûtes
il/elle/on fut	ils/elles		furent

devoir			
je dus	nous		dûmes
tu dus	vous		dûtes
il/elle/on dut	ils/elles		durent

faire			
je fis	nous		fîmes
tu fis	vous		fîtes
il/elle/on fit	ils/elles		firent

mettre			
je mis	nous		mîmes
tu mis	vous		mîtes
il/elle/on mit	ils/elles		mirent

pouvoir			
je pus	nous		pûmes
tu pus	vous		pûtes
il/elle/on put	ils/elles		purent

prendre			
je pris	nous		prîmes
tu pris	vous		prîtes
il/elle/on prit	ils/elles		prirent

savoir			
je sus	nous		sûmes
tu sus	vous		sûtes
il/elle/on sut	ils/elles		surent

venir			
je vins	nous		vînmes
tu vins	vous		vîntes
il/elle/on vint	ils/elles		vinrent

vivre			
je vécus	nous		vécûmes
tu vécus	vous		vécûtes
il/elle/on vécut	ils/elles		vécurent

voir			
je vis		nous	vîmes
tu vis		vous	vîtes
il/elle/on vit		ils/elles	virent

In the following paragraph, replace the verbs in the **passé simple** with the **passé composé.** Note that this short history lesson will give you some background for the first reading in this chapter, "La Dernière Classe."

En 1870, la Prusse contrôlait une bonne partie de l'Europe. En France, les gens refusèrent _____[1] d'accepter cette domination étrangère. L'empereur Napoléon III comprit _____[2] le danger et les Français déclarèrent _____[3] la guerre contre les Prussiens. Malheureusement, les généraux français ne préparèrent pas _____[4] leurs soldats pour la guerre «moderne». Les Prussiens battirent _____[5] les armées françaises et Napoléon III devint _____[6] le prisonnier de Bismarck. Les Prussiens prirent _____[7] la ville de Paris. Les Parisiens demandèrent _____[8] de l'aide, mais personne ne vint _____,[9] et enfin le gouvernement français signa _____[10] une armistice. Le traité de Francfort en 1871 donna _____[11] l'Alsace et une partie de la Lorraine à la Prusse. Une période très triste commença _____[12] pour les deux provinces coupées de la France.

La Dernière Classe

ALPHONSE DAUDET

Alphonse Daudet (1840–1897) gives readers a glimpse of French life during the second half of the nineteenth century through careful use of historical details. At this time of great political and social upheaval, a particularly sorrowful issue preoccupied Daudet. In 1871, his beloved France failed to stop the Prussian invasion of Paris. Daudet's indignation at the loss of the war and at the Prussian annexation of the two provinces of Alsace and Lorraine is at the heart of a group of short stories, the *Contes du lundi*. The first of these tales, excerpted here, takes place in a small Alsatian village just after the Prussians won the war. Alsace was no longer to be French, and French no longer the language spoken in school.

Mise en route

Pour certaines familles en France, et dans d'autres pays du monde, la langue que les enfants parlent à la maison n'est pas la langue utilisée à l'école. Cela vient du fait que ces familles essaient de préserver leurs traditions. Selon vous, quelle est la relation entre la langue et l'identité culturelle?

Quelle est votre réaction aux phrases suivantes?

1. On peut comprendre une culture sans parler la langue utilisée par ses membres.
2. Il est important de parler la langue maternelle de ses parents.
3. Il est important de parler la langue maternelle de ses grands-parents.
4. Il est préférable d'avoir une seule langue nationale.
5. Il est nécessaire de bien parler la langue du pays où on habite.

Maintenant, comparez vos réponses avec celles d'un(e) partenaire. Pourquoi avez-vous répondu de cette manière?

Mots et expressions

achever to complete, finish (*a task*)
afficher to post, stick up (*on a wall*)
appuyer to push (press) against
au fond (de) (at) the back, the bottom (of)
le banc bench
bouleverser to overwhelm

éclater to explode, burst out
étouffer to smother, stifle
faire signe to gesture
fixer to stare at
le maître primary school teacher
le pupitre student desk
le savoir knowledge

A. Complétez les paragraphes avec les mots qui conviennent. Utilisez le passé composé pour les verbes.

Un jour quand j'avais huit ans, le jeune _____[1] qui enseignait le français a décidé de changer la salle de classe. Sur le mur _____[2] la salle, il _____[3] les meilleurs devoirs des élèves. Ensuite, il a mis tous les _____[4] des élèves dans un grand cercle. Quand il _____[5] ce travail, il était tout content de ses efforts.

    Il nous a expliqué la raison de ce changement. Il a dit que comme ça nous pourrions nous parler plus facilement. Evidemment, cette nouvelle situation _____[6] certains élèves qui avaient l'habitude d'une salle de classe très structurée. Lorsqu'ils se sont regardés, ils _____[7] de rire. Mais le maître _____[8] ces jeunes gens d'un œil très sévère et leur _____[9] de se calmer. A partir de ce jour-là, la classe a semblé moins froide et plus humaine.

achever
afficher
au fond de
maître
pupitre

bouleverser
éclater
faire signe
fixer

B. Trouvez l'équivalent de chaque expression.

1. un endroit où l'on s'assied
2. l'ensemble des connaissances d'une personne
3. pousser
4. empêcher de parler, de respirer

La Dernière Classe

Dans ce conte, le jeune narrateur est, comme d'habitude, en retard pour l'école. En traversant le village, il passe devant les soldats prussiens qui l'occupent et il voit de nouveaux ordres venus de Berlin affichés sur le mur. Quand il arrive à l'école, juste au début de la leçon de français, il aperçoit certaines choses étranges...

— Va vite à ta place, mon petit Franz; nous allions commencer sans toi. J'enjambai[1] le banc et je m'assis tout de suite à mon pupitre. Alors seulement, un peu remis de ma frayeur,[2] je remarquai que notre maître avait sa belle redingote[3] verte, son jabot plissé fin et la calotte de soie noire brodée[4] qu'il
5 ne mettait que les jours d'inspection ou de distribution de prix.[5] Du reste, toute la classe avait quelque chose d'extraordinaire et de solennel. Mais ce qui me surprit le plus, ce fut de voir au fond de la salle, sur les bancs qui restaient vides d'habitude, des gens du village assis et silencieux comme nous, le vieux Hauser

---

[1]*climbed over*   [2]peur   [3]*frock coat*   [4]son... *his neatly pleated neck ruffle and the embroidered black silk skullcap*   [5]*prizes*

avec son tricorne,[6] l'ancien maire,[7] l'ancien facteur,[8] et puis d'autres personnes

10 encore. Tout ce monde-là paraissait triste; et Hauser avait apporté un vieil abécédaire mangé aux bords[9] qu'il tenait grand ouvert sur ses genoux, avec ses grosses lunettes posées en travers des pages.

Pendant que je m'étonnais de tout cela, M. Hamel était monté dans sa chaire,[10] et de la même voix douce et grave dont il m'avait reçu, il nous dit:

15 —Mes enfants, c'est la dernière fois que je vous fais la classe.[11] L'ordre est venu de Berlin de ne plus enseigner que l'allemand[12] dans les écoles de l'Alsace et de la Lorraine… Le nouveau maître arrive demain. Aujourd'hui, c'est votre dernière leçon de français. Je vous prie d'être bien attentifs.

Ces quelques paroles me bouleversèrent. Ah! les misérables, voilà ce qu'ils

20 avaient affiché à la mairie.

Ma dernière leçon de français!…

···

Alors, d'une chose à l'autre,[13] M. Hamel se mit à nous parler de la langue française, disant que c'était la plus belle langue du monde, la plus claire, la plus solide; qu'il fallait la garder entre nous et ne jamais l'oublier, parce que, quand un

25 peuple tombe esclave, tant qu'il tient bien sa langue,[14] c'est comme s'il tenait la clé de sa prison…* Puis il prit une grammaire et nous lut notre leçon. J'étais

---

[6]chapeau [7]mayor [8]mailman [9]un vieil… an old, worn-out primary school reader [10]rostrum [11]je vous… I will teach your class [12]ne plus… to teach only German [13]d'une… one thing led to another [14]tant… as long as they hold on carefully to their language

---

*«S'il tient sa langue, il tient la clé qui, de ses chaînes, le délivre.» F. Mistral.

étonné de voir comme je comprenais. Tout ce qu'il disait me semblait facile, facile. Je crois aussi que je n'avais jamais si bien écouté et que lui non plus n'avait jamais mis autant de patience à ses explications. On aurait dit[15] qu'avant de s'en
30 aller le pauvre homme voulait nous donner tout son savoir, nous le faire entrer dans la tête d'un seul coup.

La leçon finie, on passa à l'écriture.[16] Pour ce jour-là, M. Hamel nous avait préparé des exemples[17] tout neufs, sur lesquels était écrit en belle ronde: *France, Alsace, France, Alsace.* Cela faisait comme des petits drapeaux qui flottaient tout
35 autour de la classe, pendus à la tringle[18] de nos pupitres. Il fallait voir comme chacun s'appliquait, et quel silence! On n'entendait rien que le grincement des plumes sur le papier.[19] Un moment, des hannetons[20] entrèrent; mais personne n'y fit attention, pas même les tout-petits, qui s'appliquaient à tracer leurs *bâtons,*[21] avec un cœur, une conscience, comme si cela encore était du français…[22] Sur la
40 toiture de l'école, des pigeons roucoulaient tout bas, et je me disais en les écoutant: «Est-ce qu'on ne va pas les obliger à chanter en allemand, eux aussi?»

De temps en temps, quand je levais les yeux de dessus ma page, je voyais M. Hamel immobile dans sa chaire et fixant les objets autour de lui, comme s'il avait voulu emporter dans son regard toute sa petite maison d'école… Pensez! depuis
45 quarante ans, il était là à la même place, avec sa cour[23] en face de lui et sa classe toute pareille. Seulement les bancs, les pupitres s'étaient polis, frottés par l'usage;[24] les noyers[25] de la cour avaient grandi, et le houblon[26] qu'il avait planté lui-même enguirlandait[27] maintenant les fenêtres jusqu'au toit. Quel crève-cœur[28] ça devait être pour ce pauvre homme de quitter toutes ces choses, et d'entendre sa
50 sœur qui allait, venait, dans la chambre au-dessus, en train de fermer leurs malles[29]! Car ils devaient partir le lendemain, s'en aller du pays pour toujours.

Tout de même, il eut le courage de nous faire la classe jusqu'au bout. Après l'écriture, nous eûmes la leçon d'histoire; ensuite les petits chantèrent tous ensemble le *ba be bi bo bu.*[30] Là-bas, au fond de la salle, le vieux Hauser avait mis
55 ses lunettes, et, tenant son abécédaire à deux mains, il épelait les lettres avec eux. On voyait qu'il s'appliquait lui aussi; sa voix tremblait d'émotion, et c'était si drôle de l'entendre que nous avions tous envie de rire et de pleurer. Ah! je m'en souviendrai de[31] cette dernière classe…

Tout à coup, l'horloge de l'église sonna midi, puis l'angélus.[32] Au même
60 moment, les trompettes des Prussiens qui revenaient de l'exercice éclatèrent sous nos fenêtres… M. Hamel se leva, tout pâle, dans sa chaire. Jamais il ne m'avait paru si grand.

—Mes amis, dit-il, mes… je… je…

Mais quelque chose l'étouffait. Il ne pouvait pas achever sa phrase.

---

[15]*aurait… might have said* [16]*penmanship* [17]*models* [18]pendus… *hung from rods* [19]le grincement… *the scratching of pens on paper* [20]*maybugs* [21]*straight lines* [22]comme si… *as though that too were part of the French lesson* [23]*courtyard* [24]s'étaient… *had become polished, worn with use* [25]*walnut trees* [26]*hops plant* [27]*wreathed* [28]*heartbreak* [29]*travel trunks* [30]*vowel sounds* [31]*will remember* [32]*noon call to prayer*

65   Alors il se tourna vers le tableau, prit un morceau de craie[33] et, en appuyant de toutes ses forces, il écrivit aussi gros qu'il put:

Vive la France!

Puis il resta là, la tête appuyée au mur, et, sans parler, avec sa main, il nous faisait signe: «C'est fini… allez-vous-en.»

[33]un morceau… *a piece of chalk*

1. Quand le narrateur, Franz, arrive en classe, que remarque-t-il d'étrange? Est-ce que son maître est comme d'habitude? Et qui est assis au fond de la classe? Quelle est leur attitude?
2. Qu'est-ce que M. Hamel annonce à la classe? Qu'est-ce qui va être différent le lendemain? En quel sens est-ce «la dernière classe»?
3. Qu'est-ce que M. Hamel dit à propos de la langue française? Pourquoi, selon lui, faut-il garder sa langue?

4. Qu'est-ce que M. Hamel fait après avoir parlé de la langue française? Comment est-ce que le petit Franz réagit à cela? Est-ce qu'il comprend la leçon? Pourquoi?

5. Pendant la leçon d'écriture, quel est le modèle que M. Hamel leur donne à copier?

6. Est-ce que les enfants jouent et rient pendant la leçon d'écriture? Que font-ils?

7. Quand les pigeons roucoulent (ligne 40), quelle est la question que le narrateur se pose?

8. Qu'est-ce que M. Hamel va faire le lendemain?

9. Que se passe-t-il à midi? Comment est-ce que M. Hamel réagit?

COMMENTAIRE DU TEXTE

1. Quels sont les détails qui rendent le début de ce passage réaliste? Quelles sont les différences entre la description de cette salle de classe et une salle de classe moderne?

2. Qu'est-ce que Franz pense de l'ordre de Berlin? Quels mots en particulier vous indiquent ses sentiments?

3. Comment imaginez-vous la leçon de français et la leçon d'écriture ce jour-là? En quoi sont-elles différentes des sessions habituelles? Pourquoi?

4. Comment Daudet montre-t-il les sentiments des différents personnages et groupes? de Franz? du vieux Hauser? de M. Hamel? des petits?

5. Commentez la fin de l'histoire. Pourquoi M. Hamel réagit-il de cette manière? Comment imaginez-vous les minutes qui suivent sa dernière phrase?

6. Quelles actions de M. Hamel montrent sa dignité et son patriotisme? Quel autre personnage partage cet amour pour la France et pour la langue française? Expliquez.

DE LA LITTERATURE A LA VIE

1. Les Américains vivent dans un melting-pot, où sont réunies un grand nombre de cultures différentes. Dans quelle mesure doivent-ils rester conscients de la culture de leurs ancêtres? Est-ce qu'il faut plutôt essayer de se conformer à une culture unifiée?

2. Quel est le rôle de l'école dans l'enseignement des différences culturelles? Qu'est-ce que les professeurs doivent faire pour favoriser cette prise de conscience?

3. M. Hamel avait des opinions politiques très fortes, et il les communiquait à sa classe. De nos jours, comment doit-on traiter de politique et de questions sociales délicates en classe? Est-ce que le professeur a le droit de faire part de ses opinions à la classe? Comment faut-il le faire? Y a-t-il des dangers? Lesquels?

Le *Vicomte de Bragelonne:* L'Homme au masque de fer

ALEXANDRE DUMAS

Known throughout the world for his novels *Les Trois Mousquetaires* and *Le Comte de Monte Cristo*, Alexandre Dumas (1802–1870) also wrote *Le Vicomte de Bragelonne*, which includes the story of the "man in the iron mask." As an author of historical adventure serials subsequently published as novels, Dumas has often been criticized for historical inaccuracy and second-class writing, yet his books have always found appreciative readers. Dumas is a first-class storyteller, who successfully weaves his own fantasies into well-known historical events, as we see in this excerpt.

The historical background onto which Dumas paints his fiction is real and well documented. Louis XIV, King of France from 1643 to 1715, reigned with an iron fist, never forgetting the rebellion that threatened him when, still a child, he came to the throne. The brutal wars and poverty that plagued the French people stood in stark contrast to the richness and splendor of Louis's court at Versailles, and political unrest was never far from the surface. Onto this canvas, Dumas adds another historical fact, this one shrouded in mystery. There was, in the time of Louis XIV, a mysterious prisoner whose face was covered with a strange mask. No one knows who he really was, but in Dumas's fertile imagination, he becomes Louis XIV's twin brother, hidden even from the king himself to prevent anyone from questioning the power of the absolute monarchy. As is often the case with history, it is difficult to tell where fact ends and fiction begins. The two woven together here give insight into the time of Louis XIV and into the literary tastes of Dumas's contemporaries over 100 years later.

Mise en route

Mettez ensemble les éléments de la première partie avec leur contraire de la deuxième partie pour mieux comprendre le contexte historico-fictif du *Vicomte de Bragelonne*.

_____ 1. Louis XIV est tyrannique.
_____ 2. Les nobles sont riches et gâtés.
_____ 3. Aramis, un mousquetaire, veut remplacer Louis XIV.
_____ 4. Aramis renie (*renounces*) ses vœux d'obéissance au roi.
_____ 5. La reine-mère, Anne d'Autriche, sait que Louis XIV a un frère jumeau.

a. D'Artagnan, un mousquetaire, veut protéger Louis XIV.
b. Louis XIV ne sait pas qu'il a un frère jumeau.
c. D'Artagnan obéit au roi, coûte que coûte.
d. Le peuple français est pauvre et souffre.
e. Philippe, le frère jumeau de Louis XIV, est un homme bon et généreux.

Avec un(e) partenaire, parlez d'autres situations historiques où un conflit d'intérêts crée une rupture avec le statu quo, et parlez d'autres solutions possibles (par exemple, la guerre de Sécession aux Etats-Unis, la guerre de l'Indépendance américaine, la Révolution française, la révolution russe, l'assassinat de Jules César par le Sénat romain). Est-ce que les révolutions sont parfois nécessaires? Faites ensemble une liste des *pour* et des *contre* des changements radicaux; ensuite discutez des deux côtés de la controverse.

Mots et expressions

à la hâte in haste
l'âme (*f.*) soul
baisser to lower; to put down
bouger to move
déchirer to tear up
le fauteuil armchair
froisser to crumple up, wrinkle

la lumière light
le parquet wood floor
reculer to back up
le remords remorse, guilt
le rideau curtain
supporter to bear, tolerate

A. Identifiez en français les éléments indiqués sur la photo.

La chambre de Louis XIV à Versailles

1. _____   3. _____
2. _____

B. Complétez le paragraphe avec les mots qui conviennent.

froisser   à la hâte   supporter   remords   baisser   déchirer

Cet étudiant n'a pas étudié pour l'examen et il regarde la copie de son voisin.
Il écrit quelques réponses _____,[1] mais le professeur le voit. Le professeur,
fâché, _____[2] l'examen et ensuite il le _____.[3] L'étudiant a beaucoup de
_____[4] et il _____[5] les yeux. Il ne peut pas _____[6] le regard sévère du
professeur et il quitte la salle de classe.

C. Trouvez le contraire de chaque expression.

1. avancer   3. le noir
2. rester tranquille   4. le corps

Le Vicomte de Bragelonne: L'Homme au masque de fer

Le roman Le Vicomte de Bragelonne *relate des intrigues politiques et des
scandales dans cette cour de Louis XIV quasi-fictive quasi-réelle. L'une des histoires
est celle d'un jeune homme, Philippe, enfermé dans la Bastille sans avoir commis*

de crime. Son seul défaut: il ressemble à Louis XIV. Ceci n'est pas étonnant puisque c'est son frère jumeau, caché du monde pour éviter toute confusion sur la succession.

Cependant, Louis XIV n'est pas aimé de tout le monde et la tyrannie de son règne met en question sa capacité à bien gouverner la France. Trois de ses chevaliers les plus dévoués, les mousquetaires, cherchent à remplacer le roi par son frère Philippe. Ils enlèvent Louis, le mettent dans la Bastille et donnent le pouvoir royal à son frère jumeau. Mais un ministre de Louis le sauve de la prison et, dans la scène qui suit, les deux frères se trouvent face-à-face pour la première fois de leur vie.

Soudain Louis XIV, plus impatient et plus habitué à commander, courut à un des volets, qu'il ouvrit en déchirant les rideaux. Un flot de vive[1] lumière entra dans la chambre et fit reculer Philippe jusqu'à l'alcôve.

Ce mouvement, Louis le saisit avec ardeur, et, s'adressant à la reine:

5 —Ma mère, dit-il, ne reconnaissez-vous pas votre fils, puisque chacun ici a méconnu[2] son roi?

Anne d'Autriche* tressaillit[3] et leva les bras au ciel sans pouvoir articuler un mot.

—Ma mère, dit Philippe avec une voix calme, ne reconnaissez-vous pas votre fils?

---

[1]flot… *stream of bright*   [2]a… *did not recognize*   [3]*shuddered*

---

*la mère de Louis XIV et de Philippe

Au cinéma, cette histoire continue à passionner les jeunes.

10   Et, cette fois, Louis recula à son tour.

Quant à Anne d'Autriche, elle perdit l'équilibre,[4] frappée à la tête et au cœur par le remords. Nul[5] ne l'aidant, car tous étaient pétrifiés, elle tomba sur son fauteuil en poussant un faible soupir.[6]

Louis ne put supporter ce spectacle et cet affront.[7] Il bondit vers d'Artagnan,*
15 que le vertige commençait à gagner, et qui chancelait en frôlant[8] la porte, son point d'appui.

—A moi, dit-il, mousquetaire! Regardez-nous au visage, et voyez lequel, de lui ou de moi, est plus pâle.

Ce cri réveilla d'Artagnan et vint remuer[9] en son cœur la fibre de l'obéissance.
20 Il secoua son front,[10] et, sans hésiter désormais, il marcha vers Philippe, sur l'épaule duquel[11] il appuya la main en disant:

—Monsieur, vous êtes mon prisonnier!

Philippe ne leva pas les yeux au ciel, ne bougea pas de la place où il se tenait comme cramponné[12] au parquet, l'œil profondément attaché sur le roi son frère.
25 Il lui reprochait, dans un sublime silence, tous ses malheurs passés, toutes ses tortures de l'avenir. Contre ce langage de l'âme, le roi ne se sentit plus de force; il baissa les yeux, entraîna précipitamment[13] son frère et sa belle-sœur,† oubliant sa mère étendue[14] sans mouvement à trois pas[15] du fils qu'elle laissait une seconde fois condamner à la mort. Philippe s'approcha d'Anne d'Autriche, et lui dit d'une
30 voix douce et noblement émue[16]:

—Si je n'étais pas votre fils, je vous maudirais,[17] ma mère, pour m'avoir rendu si malheureux.

D'Artagnan sentit un frisson[18] passer dans la moelle de ses os.[19] Il salua respectueusement le jeune prince, et lui dit à demi courbé[20]:

35 —Excusez-moi, monseigneur, je ne suis qu'un soldat, et mes serments sont à celui[21] qui sort de cette chambre.

—Merci, monsieur d'Artagnan. Mais qu'est devenu M. d'Herblay?‡

—M. d'Herblay est en sûreté,[22] monseigneur, dit une voix derrière eux, et nul, moi vivant ou libre, ne fera tomber un cheveu de sa tête.

40 —Monsieur Fouquet!§ dit le prince en souriant tristement.

—Pardonnez-moi, monseigneur, dit Fouquet en s'agenouillant[23]; mais celui qui vient de sortir d'ici était mon hôte.[24]

---

[4]*balance* [5]*Personne* [6]*un... a weak sigh* [7]*insulte* [8]*chancelait... stumbled, bumping into*
[9]*to move* [10]*secoua... shook his head* [11]*sur... on whose shoulder* [12]*attached* [13]*entraîna... quickly dragged away* [14]*stretched out* [15]*steps* [16]*moved* [17]*would curse* [18]*shiver* [19]*moelle... marrow of his bones*
[20]*à demi... half bowing* [21]*mes... I vowed to serve the man* [22]*en... safe* [23]*kneeling* [24]*maître*

---

*ami des trois mousquetaires, capitaine des mousquetaires qui protègent Louis XIV
†son frère cadet, Philippe de France, Duc d'Orléans et sa femme, Henriette d'Angleterre
‡Aramis, un des trois mousquetaires
§surintendant des Finances et conseiller de Louis XIV

—Voilà, murmura Philippe avec un soupir, de braves amis et de bons cœurs. Ils me font regretter[25] ce monde. Marchez, monsieur d'Artagnan, je vous suis.[26]

45   Au moment où le capitaine des mousquetaires allait sortir, Colbert* apparut, remit à d'Artagnan un ordre du roi et se retira.

D'Artagnan le lut et froissa le papier avec rage.

—Qu'y a-t-il? demanda le prince.

—Lisez, monseigneur, repartit le mousquetaire.

50   Philippe lut ces mots tracés à la hâte de la main de Louis XIV:

M. d'Artagnan conduira le prisonnier aux îles Sainte-Marguerite. Il lui couvrira le visage d'une visière de fer,[27] que le prisonnier ne pourra lever sous peine de vie.

—C'est juste, dit Philippe avec résignation. Je suis prêt.

—Aramis avait raison, dit Fouquet, bas, au mousquetaire; celui-ci est roi bien

55 autant que l'autre.

—Plus! répliqua d'Artagnan. Il ne lui manque[28] que moi et vous.

Et Philippe est envoyé à Sainte-Marguerite, où plus tard Aramis et son fils le revoient pour une dernière fois, dans la prison dont il ne sort jamais, le visage couvert du masque de fer.

[25]*miss* [26]du verbe **suivre** [27]*une… an iron mask* [28]*is lacking*

AVEZ-VOUS COMPRIS?

Rappel:
Le narrateur est un intermédiaire entre l'œuvre et le lecteur. Il regarde ce qui se passe et il raconte ce qu'il voit. A travers lui, l'auteur peut nous faire ressentir certaines émotions et contrôler nos impressions de ce qui se passe.

1. Identifiez chaque personnage de la première colonne.

   _____ la reine mère   **a.** Louis
   _____ le frère du roi   **b.** d'Artagnan
   _____ le ministre des finances   **c.** Aramis, un mousquetaire
         à cette époque   **d.** Anne d'Autriche
   _____ le roi de France   **e.** Fouquet
   _____ le futur ministre des finances **f.** Colbert
   _____ M. d'Herblay   **g.** Philippe
   _____ le capitaine des mousquetaires

2. Pourquoi Louis ouvre-t-il les rideaux? Quelle question pose-t-il? Comment réagit Philippe? Anne d'Autriche? d'Artagnan?

3. Comment est-ce que Louis espère prouver que c'est lui le vrai roi? Comment d'Artagnan réagit-il d'abord à la question du roi? Et tout de suite après?

4. Que fait Philippe quand on le déclare prisonnier?

5. Selon le narrateur, pourquoi Louis quitte-t-il la salle? Avec qui part-il? Que fait Anne d'Autriche à ce moment-là? Et Philippe? Que dit-il?

6. Pourquoi d'Artagnan ne peut-il pas sauver Philippe? Et M. d'Herblay? Et Monsieur Fouquet?

_____

*un ministre célèbre qui va remplacer Fouquet aux finances

7. Qu'est-ce que Philippe pense des hommes qui refusent de le sauver?
8. Que dit la lettre que d'Artagnan reçoit de Colbert? Comment y réagit-il?
9. Qu'est-ce que Philippe va faire à la fin de cette scène?

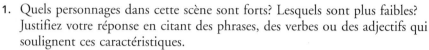

COMMENTAIRE DU TEXTE

1. Quels personnages dans cette scène sont forts? Lesquels sont plus faibles? Justifiez votre réponse en citant des phrases, des verbes ou des adjectifs qui soulignent ces caractéristiques.
2. Anne d'Autriche ne parle jamais, mais sa présence rend cette scène plus émouvante. Analysez les moments où on lui parle et où le narrateur parle d'elle.
3. Comparez les deux frères. Citez des exemples pour expliquer les différences entre eux.
4. Que veulent dire les trois dernières répliques (celle de Philippe, celle de Fouquet et celle de d'Artagnan)?
5. Dans une petite description (lignes 23–26), Dumas nous montre les pensées de Philippe. Imaginez qu'au lieu de ce «sublime silence», Philippe parle. Qu'est-ce qu'il dit? Selon vous, pourquoi est-ce que Dumas a choisi le silence au lieu d'un dialogue?

DE LA LITTERATURE A LA VIE

1. Plusieurs films ont présenté différentes versions de cette histoire. Deux versions américaines, celle avec Richard Chamberlain des années 70 et celle avec Leonardo di Caprio de 1998, se terminent différemment du roman. Dans les deux cas, c'est le méchant Louis qui se trouve enfermé pour le restant de ses jours et Philippe qui prend sa place sur le trône. Pourquoi, à votre avis, est-ce qu'on a fait ce changement? Qu'en pensez-vous?
2. Dans ce roman, le masque est imposé, mais il y a d'autres masques que l'on choisit soi-même librement. Quand porte-t-on un vrai masque? Y a-t-il des masques qui ne sont pas physiques? Quand est-ce qu'on porte ceux-ci? Pourquoi?

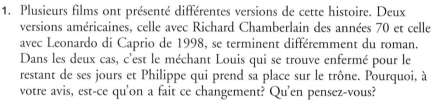

Le français au bout des doigts

Romancier du XIXe siècle

Alexandre Dumas, père, menait une vie fascinante. Que savez-vous de cet homme qui a signé plus de 300 œuvres?

Les liens et les activités se trouvent à **www.mhhe.com/collage**.

CHAPITRE 4
L'INDIVIDU ET LA SOCIETE

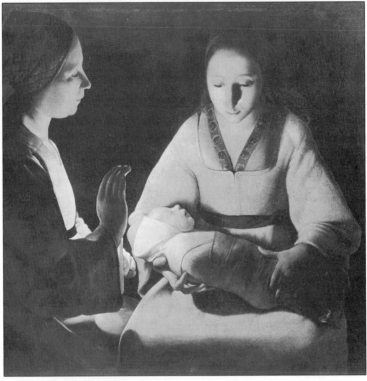

Georges de la Tour: Le Nouveau-né (c. 1645)

As individuals living within the structures of society, we are confronted with choices every day. When we make them, they demonstrate who we are and dictate who we will become. In literature, too, choices are often the pivots around which an entire work turns.

In the first chapter reading, an excerpt from Colette's novel *Le Blé en herbe*, we witness the coming of age of two adolescents, Phil and Vinca, who are struggling through the difficult passage from childhood to adulthood. Phil is impatient to seek his own way in the world, but Vinca is the voice of reason as she attempts to show him that all things come in their time.

In the second reading, the young woman Antigone is the main character in Jean Anouilh's play of the same name. She, like most of us at one time or another in our lives, is facing a moral dilemma. Should she be true to her beliefs about what is right and what is wrong, or should she obey her uncle? Her choice will mean life or death for her.

The universal questions raised by these two texts show how important it is to decide consciously how to lead one's life. When should we push forward whatever the cost? When should we compromise? Can we afford to wait for the "right" time to act? What effect do our choices have on our lives and on the lives of those around us?

Lire en français

Using Sentence Structure to Derive Meaning

To help you discover the meaning of an unfamiliar word, one strategy is to determine its grammatical function in the sentence. Is it a noun? an adjective? a verb? You know that an article (**le, la, les, un, une, des**) signals the presence of a noun, and you are already familiar with most verb tenses and their endings. You know that adjectives are found near the nouns they modify, and that they agree with those nouns in gender and number. Once you have determined the type of word you're looking at, you can guess possible meanings from context.

Read the following passage from the beginning of the play *Antigone* without your dictionary. Don't worry if there are a few words you don't understand.

Voilà. Ces personnages vont vous jouer l'histoire d'Antigone. Antigone, c'est la petite maigre qui est assise là-bas et qui ne dit rien. Elle regarde droit devant elle. Elle pense. Elle pense qu'elle va être Antigone tout à l'heure, qu'elle va surgir de la maigre jeune fille noiraude et renfermée que personne ne prenait au sérieux dans la famille.

Now go back and circle all the verbs. Did you find all ten actions or states of being (with **aller** + *infinitive* counting as one action)? How did you know that they were verbs?

Go through the paragraph again and this time underline the nouns and pronouns. Write "s" above each noun or pronoun that is the subject of a verb. Compare your findings with those of a partner.

Here's the paragraph again. This time, look at the underlined expressions and write the part of speech for each item (noun? verb? adjective?) above the word. Let the structure help you.

> Voilà. Ces <u>personnages</u> vont vous jouer l'histoire d'Antigone. Antigone, c'est la petite <u>maigre</u> qui est assise là-bas et qui ne dit rien. Elle regarde droit devant elle. Elle pense. Elle pense qu'elle va être Antigone tout à l'heure, qu'elle <u>va surgir</u> de la maigre jeune fille <u>noiraude</u> et <u>renfermée</u> que personne ne prenait au sérieux dans la famille.

Once you have determined the type of word you're looking at, you can guess possible meanings. Is the word related to an English word you know? Is it part of a word family you have seen? Can the context help you? Read the paragraph once again and then look at the following expressions. Circle the one you think could best be substituted for each of the underlined words.

1. personnages (*noun, m. pl.*) auteurs acteurs musiciens
2. maigre (*noun, f. sing.*) idée Mexicaine femme mince
3. va surgir (*verb, near future*) va sourire va sortir va parler
4. noiraude (*adj., f. sing.*) sombre heureuse gentille
5. renfermée (*adj., f. sing.*) silencieuse active courageuse

Now, if there are still unfamiliar words that you believe are important to understanding the passage, consult the dictionary. Discuss your interpretation of the whole passage with another student. What is it telling you about Antigone?

 Le Blé en herbe

COLETTE

Sidonie Gabrielle Colette (1873–1954), now best known by her pen name Colette, is recognized as one of the outstanding writers of the early twentieth century. Of particular interest to her are people's psychological reactions to the world around them, both to the natural world and to the morality society imposes on its members. She looks carefully at the relationships between men and women, and although she portrays women as having more depth and generosity, her harsher view of men is tempered with sympathy. Underlying each of her works, including *Le Blé en herbe*, is a tenderness for all human beings.

La jeune Colette

Mise en route

Dans le texte que vous allez lire, Phil, qui a seize ans, veut en avoir vingt-cinq. Il veut que sa vie avance plus vite. Et vous? Que vouliez-vous à l'âge de seize ans? Quelles décisions avez-vous prises?

Regardez les décisions suivantes. Quand vous aviez seize ans, est-ce que vous les considériez: 4 = très importantes, 3 = importantes, 2 = peu importantes ou 1 = sans importance? Indiquez, en donnant le nombre correspondant, l'importance que vous y accordiez.

Soyez prêt(e) à discuter de vos réponses en groupe.

1. Choisir certains cours au lycée _____
2. Choisir un certain job d'été _____
3. Décider de sortir avec un certain garçon / une certaine fille _____
4. Acheter certains vêtements _____
5. Passer des examens pour entrer à une université _____
6. Passer le permis de conduire _____
7. Choisir certains amis _____

Y a-t-il d'autres décisions qui vous semblent importantes pour les adolescents de nos jours? Lesquelles?

Mots et expressions

s'accommoder (de) to put up with (*something*)
l'attente (*f.*) waiting; expectation
coudre to sew
le désespoir hopelessness
empoisonner to poison
haïr to hate

la larme teardrop
la mépris scorn
moyen(ne) average
mûr(e) mature, ripe
patienter to wait patiently
la taille size; waist
le train-train humdrum routine

A. Trouvez le verbe qui correspond aux noms suivants.

1. la patience
2. la couture

3. le poison
4. la haine

B. Utilisez les mots suivants dans une phrase complète et logique.

1. la taille
2. moyen(ne)

3. le désespoir
4. mûr(e)

C. Complétez le paragraphe avec les mots qui conviennent.

Quand on est jeune, l'_____¹ est une chose très difficile. On veut tout faire, et immédiatement! On _____² des règles des parents, mais parfois c'est pénible. Le _____³ de la vie de tous les jours devient insupportable. Parfois les jeunes ressentent de la colère et du _____⁴ pour leurs parents quand ils ne les comprennent pas. Quand les jeunes pleurent, leurs _____⁵ semblent plus tragiques que celles des adultes.

s'accommoder
attente
larmes
mépris
train-train

*Phil et Vinca:
«Patienter! Vous
n'avez que ce mot-là
à la bouche, tous,
toi, mon père, mes
«profs»...»*

Le Blé en herbe

*Dans ce roman écrit en 1923, Colette parle de deux jeunes amis, Phil et Vinca (la
Pervenche) qui se retrouvent tous les étés avec leurs familles au bord de la mer. Cette
année-ci, pourtant, il y a quelque chose de différent. Ils ne sont plus des enfants, mais
ils ne sont pas encore des adultes. Dans l'extrait que vous allez lire, qui se situe au
début du roman, Phil et Vinca essaient de comprendre les changements dans leurs vies,
leurs nouveaux sentiments et leurs désirs naissants. Quels choix vont-ils faire? Juste
avant ce passage, Vinca essaie de calmer son ami, en lui disant d'être patient. Il
répond avec un cri...*

— Patienter! Vous n'avez que ce mot-là à la bouche, tous, toi, mon père, mes
«profs»... Ah! bon Dieu...

Vinca cessa* de coudre, pour admirer son compagnon harmonieux que
l'adolescence ne déformait pas. Brun, blanc, de moyenne taille, il croissait[1]

5   lentement et ressemblait, depuis l'âge de quatorze ans, à un petit homme bien
fait, un peu plus grand chaque année.

— Et que faire d'autre, Phil? Il faut bien. Tu crois toujours que de tendre tes
deux bras[2] et de jurer: «Ah! bon Dieu», ça y changera quelque chose. Tu ne seras
pas plus malin[3] que les autres. Tu te représenteras à ton bachot[4] et, si tu as de la

10 chance, tu seras reçu...[5]

— Tais-toi! cria-t-il. Tu parles comme ma mère!

— Et toi comme un enfant! Qu'est-ce que tu espères donc, mon pauvre petit,
avec ton impatience?

Les yeux noirs de Philippe la haïssaient, parce qu'elle l'avait appelé «mon

15 pauvre petit».

— Je n'espère rien! dit-il tragiquement. Je n'espère surtout pas que tu me
comprennes![6] Tu es là, avec ton feston rose,[7] ta rentrée, ton cours, ton petit train-
train... Moi, rien que l'idée que j'ai seize ans et demi bientôt...[8]

Les yeux de la Pervenche, étincelants[9] de larmes d'humiliation, réussirent à rire:

20 — Ah! oui? tu te sens le roi du monde, parce que tu as seize ans, n'est-ce pas?
C'est le cinéma qui te fait cet effet-là?

Phil la prit par l'épaule, la secoua en maître[10]:

---

[1] *was growing up* [2] tendre... *to raise your arms to the sky* [3] *clever* [4] baccalauréat (l'examen à la fin du
lycée) [5] seras... réussiras [6] Je... ! *I don't have the slightest hope that you'll understand me!* [7] feston... *pink
needlework* [8] rien... *just the idea that I'll soon be sixteen and a half...* [9] *sparkling* [10] la secoua... *shook her as
though he were her master*

---

*Voir *Lire en français*, chapitre 3, pour une explication du passé simple.

—Je te dis de te taire! Tu n'ouvres la bouche que pour dire une bêtise... Je crève,[11] entends-tu, je crève à l'idée que je n'ai que seize ans! Ces années qui viennent, ces années de bachot, d'examens, d'institut professionnel,[12] ces années de tâtonnements,[13] de bégaiements, où il faut recommencer ce qu'on rate, où on remâche deux fois ce qu'on n'a pas digéré,[14] si on échoue... Ces années où il faut avoir l'air, devant papa et maman, d'aimer une carrière pour ne pas les désoler, et sentir qu'eux-mêmes[15] se battent les flancs pour[16] paraître infaillibles, quand ils n'en savent pas plus que moi sur moi... Oh! Vinca, Vinca, je déteste ce moment de ma vie! Pourquoi est-ce que je ne peux pas tout de suite avoir vingt-cinq ans?

Il rayonnait[17] d'intolérance et d'une sorte de désespoir traditionnel. La hâte de vieillir, le mépris d'un temps où le corps et l'âme fleurissent, changeaient en héros romantique cet enfant d'un petit industriel parisien. Il tomba assis aux pieds de Vinca et continua à se lamenter:

—Tant d'années encore, Vinca, pendant lesquelles je ne serai qu'à peu près[18] homme, à peu près libre, à peu près amoureux!

Et pendant le reste de l'été, Phil et Vinca, parfois ensemble et parfois seuls, cherchent à comprendre les changements dans leurs vies et dans leurs sentiments. Phil rencontre une dame plus âgée qui le séduit, et sa liaison avec elle le bouleverse. Même s'il se sent plus comme un homme, il ne comprend pas tout à fait, car il aime encore Vinca. Vinca, de son côté, devine que quelque chose a changé chez son ami, et à la fin elle comprend qu'il a aimé une autre femme. Elle se donne à lui, mais Colette, avec toute sa délicatesse habituelle, ne nous dit pas à la fin quels seront les résultats de cet été plein de nouvelles expériences.

---

[11] *meurs (fam.)* [12] *d'institut... une école après le lycée* [13] *fumbling* [14] *où... where you go back over things you didn't get the first time* [15] i.e. le père et la mère [16] *se battent... essaient de* [17] *was glowing* [18] *à... almost*

AVEZ-VOUS COMPRIS?

1. Quel est le mot que Phil déteste? Qui le lui dit ici? Qui le lui a dit avant? Quel âge Phil a-t-il?
2. Qu'est-ce que Phil a hâte de faire?
3. Qu'est-ce que Vinca pense du corps de Phil? Est-ce qu'elle le voit comme un adolescent maladroit?
4. Comment est-ce que Vinca réagit à la petite crise de Phil?
5. Comme qui Phil l'accuse-t-il de parler?
6. Comment Phil trouve-t-il Vinca? Indépendante? Compréhensive (*understanding*)? Conservatrice? Qu'est-ce qu'il y a dans le texte qui vous indique cela?
7. A quelle influence est-ce que Vinca attribue les sentiments de Phil?
8. Qu'est-ce qui rend Phil malheureux quand il pense à son avenir?
9. Comment Phil voit-il ses parents? Que veut-il dire par les mots «ils n'en savent pas plus que moi sur moi»?
10. Pourquoi Phil se lamente-t-il?

1. Colette nous fait voir Phil à travers les yeux de Vinca, mais nous le découvrons également sans intermédiaire quand il parle et quand il crie. Comparez l'image qu'a Vinca de son ami et l'image que nous en avons. Y a-t-il des différences? des similitudes? Est-ce que Vinca a de la patience avec son ami? Vinca l'aime-t-elle? Est-ce que vous admirez Phil? Pourquoi ou pourquoi pas?

2. Lequel de ces personnages a envie de vieillir? Lequel est le plus mûr? Pourquoi? Qu'est-ce que Phil veut dire quand il utilise «à peu près» plusieurs fois dans la dernière phrase?

3. Cette scène, comme beaucoup de scènes de ce roman, est chargée d'émotions très fortes. Identifiez les émotions, et expliquez comment Colette nous les présente.

1. Quand vous étiez plus jeune, aviez-vous hâte de grandir? Pourquoi? De toutes les choses que vous ne pouviez pas faire, lesquelles vous faisaient le plus envie? Pourquoi ces choses étaient-elles impossibles? Et aujourd'hui, avec le recul, voyez-vous ces limitations différemment? A quel point de vue?

2. Que veut dire «être un adulte»? Peut-on dire à quel âge on devient adulte? en quelles circonstances? Quelles sortes de décisions les jeunes prennent-ils? Et les adultes? Quel rôle ces décisions jouent-elles dans l'avenir d'une personne?

Le français au bout des doigts

Choix difficiles

Les adolescents de tous les pays sont obligés de prendre un certain nombre de décisions, et chaque culture a ses propres libértés et contraintes. Découvrez directement les sites Internet qu'un jeune Français consulte pour choisir une université, une formation professionnelle ou un métier.

Les liens et les activités se trouvent à **www.mhhe.com/collage**.

Antigone

JEAN ANOUILH

Jean Anouilh, born in 1910 in Bordeaux, was one of France's most prolific playwrights, with over forty plays to his credit. He was highly acclaimed for his dramatic and comic artistry from his earliest works in 1932 until his death in 1987. After his school years, he worked first in advertising and then as secretary to the great actor and director Louis Jouvet.

Anouilh's theater often treats the theme of lost youth and innocence, and the responsibility of adulthood, but he also deals with the social issues of his time. Nowhere is this more apparent than in his play *Antigone*, produced in Paris in 1944.

France in 1944 was in its fourth year of the Nazi Occupation, as World War II raged on. German soldiers were everywhere in Paris, and the French were divided as to what they should do. Should they accept the Nazis' authority and thus go along with the collaboration officially condoned by the French government in Vichy, or should they fight for freedom in the underground Resistance movement? It was during this period that Jean Anouilh decided to adapt an ancient Greek play by Sophocles, the story of the princess Antigone who refuses to sacrifice her beliefs to appease her uncle, the king. Anouilh thus forces his spectators to decide if and when authority should overrule personal conviction.

Mise en route

Dans cette pièce, les spectateurs voient un contraste entre un adulte et une jeune personne. L'adulte, Créon, a certaines caractéristiques qui le distinguent de sa nièce Antigone. Y a-t-il des attitudes qui changent quand les jeunes deviennent plus âgés? Regardez les adjectifs suivants. Lesquels décrivent des adultes? des jeunes? les deux? Ecrivez un «A» pour les adultes, un «J» pour les jeunes (*adolescents*), et les deux si vous trouvez que l'adjectif convient aussi bien aux uns qu'aux autres.

_____ innocent	_____ travailleur	_____ sérieux
_____ puissant	_____ égoïste	_____ pragmatique
_____ idéaliste	_____ responsable	_____ insolent
_____ révolté	_____ naïf	

Comparez vos résponses avec celles d'un(e) partenaire. Discutez de vos différences d'opinion, s'il y en a. Puis, en lisant l'extrait d'*Antigone*, essayez de trouver des exemples de ces caractéristiques.

Mots et expressions

commode convenient
la couronne crown
dégoûter to disgust
ignoble vile, horrible
lâcher to let go
le métier job
muet(te) mute, silent

s'obstiner (à) to persist; to dig in
  one's heels
puissant(e) powerful
régner to reign
sauver to rescue
tuer to kill
le tyran tyrant

A. Complétez chaque paragraphe avec les mots appropriés de la liste correspondante. N'oubliez pas de conjuguer les verbes, si nécessaire.

Quand un roi est très _____,¹ il abuse parfois de son pouvoir et il devient un _____.² Il _____³ sur son royaume sans penser aux besoins du peuple. La _____⁴ du roi devient un symbole de tyrannie.

couronne
puissant
régner
tyran

Si un noble _____⁵ à critiquer le roi, celui-ci peut demander sa tête. Si quelqu'un essaie de _____⁶ une personne condamnée par le roi, il prend des risques aussi. Donc, il est plus _____⁷ de laisser le roi tranquille, même si on n'est pas d'accord avec lui. La situation _____⁸ les pauvres sujets, mais ils ne font rien. Ainsi va la dictature depuis des siècles.

commode
dégoûter
s'obstiner
sauver

B. Trouvez l'équivalent de chaque expression.

1. assassiner
2. horrible
3. abandonner
4. la profession
5. silencieux

Antigone

Nous apprenons au début de la pièce que le frère d'Antigone, Polynice, a essayé de prendre le pouvoir pour régner sur la ville de Thèbes. Il est mort et son oncle Créon, le roi, a décidé de laisser son corps dehors, pour rappeler au peuple qu'il ne tolère pas la révolution. Toute personne qui essaie de couvrir le corps sera mise à mort.

Antigone n'accepte pas ce traitement du corps de son frère. Elle sort pour le couvrir de terre, et des soldats la prennent. Dans la scène que vous allez lire, Créon et Antigone se confrontent. Tous les deux essaient de rester fidèles à leurs principes, malgré le prix à payer.

Créon: «Tu m'amuses!»
Antigone: «Non. Je vous fais peur.»

CREON: *la regarde et la lâche avec un petit sourire. Il murmure:* Dieu sait pourtant
si j'ai autre chose à faire aujourd'hui, mais je vais tout de même perdre
le temps qu'il faudra et te sauver, petite peste. *(Il la fait asseoir sur une
chaise au milieu de la pièce. Il enlève sa veste, il s'avance vers elle, lourd,
puissant, en bras de chemise.[1])* Au lendemain d'une révolution ratée,[2] il y
a du pain sur la planche,[3] je te l'assure. Mais les affaires urgentes
attendront. Je ne veux pas te laisser mourir dans une histoire de
politique. Tu vaux mieux que cela. Parce que ton Polynice, cette ombre
éplorée[4] et ce corps qui se décompose entre ses gardes et tout ce
pathétique[5] qui t'enflamme, ce n'est qu'une histoire de politique.
D'abord, je ne suis pas tendre, mais je suis délicat; j'aime ce qui est
propre, net, bien lavé. Tu crois que cela ne me dégoûte pas autant que
toi, cette viande[6] qui pourrit[7] au soleil? Le soir, quand le vent vient de
la mer, on la sent déjà du palais. Cela me soulève le cœur.[8] Pourtant, je
ne vais même pas fermer ma fenêtre. C'est ignoble, et je peux te le dire
à toi, c'est bête, monstrueusement bête, mais il faut que tout Thèbes
sente cela[9] pendant quelque temps. Tu penses bien que je l'aurais fait
enterrer, ton frère, ne fût-ce que pour l'hygiène[10]! Mais pour que les

---

[1]en bras... *in his shirt sleeves* [2]qui n'a pas réussi [3]il y a... il y a du travail à faire [4]cette... cette âme pour
laquelle on pleure [5]ce... *this sad situation* [6]i.e., le corps de Polynice [7]*rots* [8]Cela... Cela me rend malade.
[9]il faut... *all of Thebes must smell that (odor)* [10]je l'aurais... *I would have had him buried, if only for cleanliness*

20	brutes que je gouverne comprennent, il faut que cela pue[11] le cadavre de Polynice dans toute la ville, pendant un mois.
ANTIGONE:	Vous êtes odieux!
CREON:	Oui, mon petit. C'est le métier qui le veut. Ce qu'on peut discuter, c'est s'il faut le faire ou ne pas le faire. Mais si on le fait, il faut le faire comme cela.
25 ANTIGONE:	Pourquoi le faites-vous?
CREON:	Un matin, je me suis réveillé roi de Thèbes. Et Dieu sait si j'aimais autre chose dans la vie que d'être puissant...[12]
ANTIGONE:	Il fallait dire non, alors!
30 CREON:	Je le pouvais. Seulement, je me suis senti tout d'un coup comme un ouvrier qui refusait un ouvrage.[13] Cela ne m'a pas paru honnête. J'ai dit oui.
ANTIGONE:	Eh bien, tant pis pour vous. Moi, je n'ai pas dit «oui»! Qu'est-ce que vous voulez que cela me fasse, à moi,[14] votre politique, votre nécessité, vos pauvres histoires? Moi, je peux dire «non» encore à tout ce que je n'aime pas et je suis seul juge. Et vous, avec votre couronne, avec vos gardes, avec votre attirail,[15] vous pouvez seulement me faire mourir parce que vous avez dit «oui».
35	
CREON:	Ecoute-moi.
ANTIGONE:	Si je veux, moi, je peux ne pas vous écouter. Vous avez dit «oui». Je n'ai plus rien à apprendre de vous. Pas vous. Vous êtes là à boire mes paroles. Et si vous n'appelez pas vos gardes, c'est pour m'écouter jusqu'au bout.
40	
CREON:	Tu m'amuses!
45 ANTIGONE:	Non. Je vous fais peur. C'est pour cela que vous essayez de me sauver. Ce serait tout de même plus commode de garder une petite Antigone vivante et muette dans ce palais. Vous êtes trop sensible pour faire un bon tyran, voilà tout. Mais vous allez tout de même me faire mourir tout à l'heure, vous le savez, et c'est pour cela que vous avez peur. C'est laid un homme qui a peur.
50 CREON:	(*sourdement*) Eh bien, oui, j'ai peur d'être obligé de te faire tuer si tu t'obstines. Et je ne le voudrais pas.
ANTIGONE:	Moi, je ne suis pas obligée de faire ce que je ne voudrais pas! Vous n'auriez pas voulu non plus, peut-être, refuser[16] une tombe à mon frère? Dites-le donc, que vous ne l'auriez pas voulu?
55 CREON:	Je te l'ai dit.

---

[11]*stinks* [12]*Et Dieu... And God knows I loved other things in life besides power* [13]*du travail* [14]*Qu'est-ce... ? What should that matter to me?* [15]*trappings* [16]*Vous... Could it be that perhaps you didn't want to refuse...*

ANTIGONE: Et vous l'avez fait tout de même. Et maintenant, vous allez me faire tuer sans le vouloir. Et c'est cela, être roi!

CREON: Oui, c'est cela!

ANTIGONE: Pauvre Créon! Avec mes ongles[17] cassés et pleins de terre et les bleus[18] que tes gardes m'ont faits aux bras, avec ma peur qui me tord le ventre, moi je suis reine.

60

CREON: Alors, aie pitié de moi, vis. Le cadavre de ton frère qui pourrit sous mes fenêtres, c'est assez payé pour que l'ordre règne dans Thèbes. Mon fils t'aime. Ne m'oblige pas à payer avec toi encore. J'ai assez payé.

65 ANTIGONE: Non. Vous avez dit «oui». Vous ne vous arrêterez jamais[19] de payer maintenant!

Créon cherche à la convaincre à accepter le compromis. Antigone refuse définitivement et Créon est obligé de la faire mourir. Son fils à lui, qui aimait Antigone, se suicide, et Créon, à la fin de la pièce, est tout seul «à attendre la mort», comme le dit Anouilh.

[17]*fingernails*   [18]*bruises*   [19]*Vous ne... You will never stop*

....

AVEZ-VOUS COMPRIS?

1. Pourquoi est-ce que Créon laisse le corps de Polynice dehors? Veut-il vraiment agir ainsi? Pourquoi parle-t-il d'une «révolution ratée»? Quelle leçon veut-il donner à ses sujets?
2. Créon est-il heureux d'être roi de Thèbes? Pourquoi a-t-il dit «oui»?
3. A quoi est-ce qu'Antigone a dit «non»? Qu'est-ce qu'elle pense du pouvoir politique de Créon?
4. D'après Antigone, pourquoi est-ce que Créon n'appelle pas ses gardes? A-t-il peur? Veut-il lui parler? D'après Créon, pourquoi ne les appelle-t-il pas?
5. Créon a-t-il envie de tuer Antigone? Pourquoi (pas)?
6. Pourquoi Antigone se sent-elle comme une reine?
7. Selon Antigone, pourquoi est-ce que Créon va toujours continuer à payer?

....

COMMENTAIRE DU TEXTE

1. Anouilh met face-à-face un Créon pragmatique et une Antigone idéaliste. Donnez quelques répliques qui indiquent ces caractéristiques. Pensez-vous que ces personnages soient présentés d'une façon réaliste? exagérée? Pourquoi?
2. Comment Créon démontre-t-il son pouvoir royal? Comment est-ce qu'Antigone réagit à cela?
3. En France, **tu** et **vous** permettent une distinction entre les gens qu'on connaît bien (ou les enfants) et les gens avec qui on veut garder ses distances. Dans cette pièce, qui tutoie et qui vouvoie? Qu'est-ce que cela indique sur l'attitude des personnages l'un envers l'autre? Pouvez-vous trouver plus d'une interprétation?

1. Créon accepte de faire des choses qu'il ne veut pas faire pour des raisons politiques et pour la sécurité de sa ville. A votre avis, le compromis est-il toujours négatif? Quand est-ce que l'on peut l'accepter? Pour sauver des vies humaines? Pour gagner aux élections? Pour éviter une guerre? Pour gagner de l'argent? Pour d'autres raisons? Commentez.

2. Antigone préfère mourir plutôt que d'accepter le compromis. Choisissez un personnage historique ou littéraire qui a refusé de se compromettre et qui est mort pour ses convictions (Jeanne d'Arc, Jésus, Martin Luther King, Jr., Socrate, Hitler, Roméo et Juliette). Que pensez-vous de sa décision de mourir pour un idéal? Comparez cet individu à Antigone.

3. Pendant la Deuxième Guerre mondiale, certains Français ont accepté de collaborer avec les Nazis, tandis que d'autres ont refusé. Lequel des personnages dans *Antigone* représente les collaborateurs? Les résistants? Pouvez-vous imaginer des arguments de ces groupes pendant la Deuxième Guerre mondiale? Avec un(e) partenaire, créez un dialogue qui explique les idées de chaque groupe.

4. Dans la vie de tous les jours, nous acceptons souvent des compromis. Donnez-en des exemples tirés de votre expérience personnelle, ou de l'expérience personnelle de quelqu'un que vous connaissez. Quelle sorte de compromis trouvez-vous le plus facile à faire? le plus difficile? Pourquoi?

Le français au bout des doigts

Conflit et conséquences

Aujourd'hui encore, beaucoup de Français regardent la Deuxième Guerre mondiale comme l'un des événements marquants de leur histoire. Les questions soulevées dans la pièce *Antigone,* qui traitent du compromis, de la révolte et du sacrifice, se posent de nouveau à chaque fois que l'on visite des endroits où cette guerre a laissé des traces. Et vous, qu'en savez-vous? Quels endroits associez-vous aux événements de la période entre 1940 et 1945?

Les liens et les activités se trouvent à **www.mhhe.com/collage**.

CHAPITRE 5

A TABLE

Pierre-Auguste Renoir: Déjeuner des canotiers *(1881)*

Dining is considered an art by the French, who take care to ensure that meals are as pleasurable as they are nutritious. It is not surprising that representations of food and wine have found their way into French literature. Be it a great wedding feast or a simple sharing of bread between friends, a meal is a social ritual that establishes relationships, nourishing the spirit as well as the body.

In Guy de Maupassant's "Boule de Suif," social class is a barrier between the passengers in a coach fleeing the 1870 Prussian invasion of France, until one of them takes out a basket of provisions. Hunger wins out over snobbery, and food, for a time, almost makes equals of all.

Victor Hugo gives us another traditional perspective on good food, or rather the lack thereof. In "L'Art d'être grand-père," the narrator clearly sides with his granddaughter, Jeanne, whose punishment for minor misbehavior is being **au pain sec**—deprived of butter, and certainly of jam, on her bread. This strict meting out of justice moves the loving grandfather to risk trouble himself to save poor Jeanne from her fate.

Lire en français

Using a Dictionary

As simple as it may seem, using a French–English dictionary to help you read and write can sometimes be tricky. In the previous chapters, you have learned various ways to avoid using a dictionary. There will be times, however, when you need to look up a word to grasp what you are reading fully or to express your ideas in writing. In a dictionary, it is common to find several English words for the word you are looking up in French. The following steps may make the search for the correct meaning easier and more accurate.

1. Keep a good hardback French–English dictionary and a good all-French dictionary (with example sentences) on hand.
2. Once you've decided to look up a word, read through the entire sentence in which it is found. By checking the context before you look, you gain a general notion of possible meanings.
3. Determine the part of speech of your mystery word. If it is a verb, what is most likely its infinitive? Without the infinitive, it will be much more difficult to find the verb. Be especially cautious when dealing with complex or literary tenses. If your word is an adjective, figure out what it refers to.
4. When you get to the dictionary, familiarize yourself with the "codes" used to help you read the translation. For example, many dictionaries use the symbol ~ to replace the word in a translation. (**Tête** [f.] *head,* **se payer la ~ de quelqu'un** *to make fun of someone.*)
5. As you look up the word, keep the context and the part of speech in mind. Look through all of the translations given before settling on one. Unfortunately, the one you need may be the last in a long series! If you can't

find the word as it is used in your context, check surrounding words. For example, sometimes a word will be represented by another member of its word family (**un café refroidi** from **refroidir**, *to cool off*).

Try these steps as you read the following sentence from this chapter's first reading. In the story "Boule de Suif," just before this, we learn that a young woman is unpacking a picnic basket.

> Elle en sortit d'abord une petite assiette de faïence, une fine timbale en argent, puis une vaste terrine dans laquelle deux poulets entiers, tout découpés, avaient confi sous leur gelée…

Three words that you might choose to look up are **timbale, découpés,** and **avaient confi.** (By contextual guessing, you can hypothesize that **faïence** is the material of which the plate is made, and that the **terrine** is some sort of container. Both of these general definitions are enough for you to understand the objects in question.)

Choose the correct information about each of the three words.

timbale

1. In this context, it might be _____.

   a. an action   **d.** an object

   b. a place   **e.** a description

   c. a person

2. The part of speech is _____.

   a. a verb   **c.** an adjective

   b. a noun   **d.** an adverb

3. Of the following translations, the appropriate one according the context is _____.

   a. a kettledrum   **b.** a metal drinking-cup   **c.** a pie dish

découpés

1. In this context, it might be _____.

   a. an action   **d.** an object

   b. a place   **e.** a description

   c. a person

2. The part of speech is _____.

   a. a verb   **c.** an adjective

   b. a noun   **d.** an adverb

3. Of the following translations (noting that you need to rely on the verb **découper**), the appropriate translation according to the context is _____.

   a. cut out   **b.** carve   **c.** stamped out

---

tilleul [ti'jœl] *m* ♀ linden, lime (-tree); *infusion*: lime-blossom tea.
timbale [tɛ̃'bal] *f* ♪ kettledrum; *cuis.* pie-dish; metal drinking-cup; F *décrocher la ~* carry off the prize; ♪ *les ~s pl. orchestra*: the timpani; **timbalier** ♪ [~ba'lje] *m* kettledrummer; *orchestra*: timpanist.
timbre [tɛ̃:br] *m date, postage, etc.*: stamp; *bicycle, clock, etc.*: bell; *fig. voice etc.*: timbre; *~ fiscal* revenue stamp; *~ humide* rubber stamp; F *avoir le ~ fêlé* be cracked *or* crazy; **timbré, e** [tɛ̃'bre] *m* sonorous (*voice*); *admin.* stamped (*paper*); ⊕ tested (*boiler*); F *fig.* cracked, crazy, daft; **timbre-poste,** *pl.* **timbres-poste** [~brə'pɔst] *m* postage stamp; **timbre-quittance,** *pl.* **timbres-quittance** [~brəki'tɑ̃:s] *m* receipt stamp;

décorum [deko'rɔm] *m* decorum, propriety.
découcher [deku'ʃe] (1a) *v/i.* sleep out; stay out all night.
découdre [de'kudr] (4l) *v/t.* unpick (*a garment*); rip open.
découler [deku'le] (1a) *v/i.*: *~ de* follow *or* result from.
découpage [deku'pa:ʒ] *m* cutting up *or* out; carving; cut-out (figure); **découper** [~'pe] (1a) *v/t.* carve (*a chicken*); cut up; cut out (*a newspaper article, a pattern*); ⊕ stamp out, punch; *fig. se ~* stand out (against, *sur*).
configuration [kɔ̃figyra'sjɔ̃] *f* configuration (*a. astr.*); lie (*of the land*).
confiner [kɔ̃fi'ne] (1a) *v/i.* border (on, *à*); *v/t.* shut (*s.o.*) up (in, *dans*) (*a. fig.*); *se ~* seclude o.s.; **confins** [~'fɛ̃] *m/pl.* confines (*a. fig.*), limits.

avaient confi*

1. In this context, it might be _____.

   a. an action   **d.** an object

   b. a place   **e.** a description

   c. a person

2. The part of speech is _____.

   a. a verb   **c.** an adjective

   b. a noun   **d.** an adverb

3. Under what letter in the dictionary would you look up the word?

   a. a   **b.** c

4. Of the following translations, the appropriate one according to the context is _____.

   a. had become pickled

   b. had become preserved

   c. had become candied

confire [kɔ̃'fiːr] (4i) *v/t.* preserve (*fruit*); candy (*peels*); pickle (*in salt or vinegar*); steep (*skins*).
confirmatif, -ve [kɔ̃firma'tif, ~'tiːv] corroborative; confirmative; **confirmation** [~ma'sjɔ̃] *f* confirmation (*a.* 🕇, *eccl., etc.*); **confirmer** [~'me] (1a) *v/t.* confirm (*a. eccl.*); bear out, corroborate.
confis [kɔ̃'fi] *1st p. sg. pres. and p.s. of confire.*
confiscable [kɔ̃fis'kabl] liable to seizure *or* confiscation; **confiscation** [~ka'sjɔ̃] *f* confiscation; seizure, forfeiture.
confiserie [kɔ̃fiz'ri] *f* confectionery; confectioner's (shop); **confiseur** *m*, **-euse** *f* [~fi'zœːr, ~'zøːz] confectioner; **confisons** [~fi'zɔ̃] *1st p. pl. pres. of confire.*
confisquer [kɔ̃fis'ke] (1m) *v/t.* confiscate, seize.
confit, e [kɔ̃'fi, ~'fit] **1.** *p.p. of confire;* **2.** *adj. cuis.* preserved; candied; *fig.* ~ *dans* (*or en*) steeped in, full of; **confiture** [~fi'tyːr] *f* jam, preserve; F soft soap.
conflagration [kɔ̃flagra'sjɔ̃] *f* conflagration, blaze.

The young woman unpacked, in fact, a plate and a silver cup and carved chicken preserved in aspic.

Boule de Suif

GUY DE MAUPASSANT

Guy de Maupassant (1850–1893) was born in Normandy, a region that figures prominently in many of his stories. Between 1880 and 1891, encouraged by the realist writer Gustave Flaubert, he published about three hundred short

---

Note: The use of **confi** rather than **confit** is archaic but should not affect comprehension.

stories and six novels, but neither success nor wealth gave him happiness. The story "Boule de Suif," whose title comes from the nickname "ball of wax" given to his main character because of her roundish figure, is one of his best-loved works. It is a tale of human interaction at its finest, showing Maupassant's keen talent for observation as well as his scathing criticism of hypocrisy in all its forms.

Mise en route

L'apparence physique d'une personne influence-t-elle notre première impression de cet individu? Et son métier? Imaginez que vous voyez les gens suivants dans la rue. Quelles en sont vos premières impressions?

VOCABULAIRE UTILE

intelligent(e)	triste	révolté(e)
stupide	pauvre	au chômage
motivé(e)	libre	femme d'affaires
paresseux/euse	fou (folle)	professeur
gentil(le)	riche	homme d'affaires
méchant(e)	instruit(e)	espion(ne)
dangereux/euse	responsable	père
heureux/euse	irresponsable	

1. un homme avec les cheveux longs et sales, qui marche sans regarder autour de lui

   Il est _____

2. une femme avec les cheveux orange et violets, un pantalon déchiré et une boucle d'oreille au nez

   Elle est _____

3. un homme qui porte un costume et une cravate, et qui sort d'une BMW

   Il est _____

4. un jeune homme qui descend de l'autobus et qui est accompagné de quatre petits enfants

   Il est _____

5. une femme qui porte des lunettes et un sac plein de livres

   Elle est _____

Comparez vos premières impressions avec celles d'un(e) partenaire. Maintenant imaginez que vous devez vous asseoir à côté d'une de ces personnes. Laquelle choisissez-vous? Laquelle évitez-vous? Pourquoi?

Mots et expressions

avaler to swallow
causer to chat, converse
les crudités (*f. pl.*) raw vegetables
déboucher to uncork, open
enlever to remove, take off (away)
(s')essuyer to wipe off
la friandise sweet, delicacy

mâcher to chew
le panier basket
la reconnaissance gratitude
se répandre to spread
tacher to spot, get a spot on
vider to empty

APPLICATIONS

A. Complétez les phrases avec le verbe qu'il faut. Attention aux temps des verbes.

1. Marcel lave son pantalon parce que Marie l'_____ avec de la sauce tomate.
2. Je mets du vin dans six verres et puis je _____ la bouteille dans le mien.
3. En classe je ne parle pas. Mais quand je suis avec mes amis nous _____ beaucoup.
4. Quand j'ai froid, je mets mon pull, et je l' _____ si j'ai chaud.
5. Quand on fabrique du vin, on met un bouchon pour fermer la bouteille. Pour la boire, il faut la _____.

B. Complétez les phrases avec les mots de la liste suivante qui conviennent. N'oubliez pas de conjuguer les verbes.

reconnaissance	panier	s'essuyer
se répandre	crudités	avaler
mâcher	friandises	

1. Quand un pâtissier fait de bons gâteaux, une odeur délicieuse _____ dans la rue près de son magasin. Les gens qui passent ont envie d'acheter des _____.
2. Quand on fait un pique-nique, on met les provisions dans un _____. On prend des sandwichs, des fruits et des _____ (des carottes, par exemple).
3. Qu'est-ce qu'on fait pour manger poliment? D'abord, on ne dévore pas son repas. On prend le temps de bien _____, et ensuite on _____ sans faire de bruit. Après le repas, on _____ les mains avec sa serviette.
4. Le vieux monsieur sourit avec _____ à la dame qui l'a aidé à traverser la rue.

Boule de Suif

Les Prussiens attaquent Rouen et beaucoup de gens quittent la ville. Boule de Suif, une jeune femme bien douce et gentille mais avec une profession un peu particulière, part en carrosse (carriage) *avec un groupe rassemblé par les circonstances de la guerre. Dans ce microcosme de la société du XIXe siècle se trouvent des marchands de vin, M. et Mme Loiseau, M. Carré-Lamadon et sa femme de la haute bourgeoisie et les nobles,*

Edouard Manet:
Bar aux Folies-
Bergère (1881–
1882)

le comte et la comtesse de Bréville. Avec eux, il y a deux religieuses et Cornudet, un
homme aux mœurs un peu douteuses. Personne ne parle à la jeune prostituée et on
refuse même de reconnaître sa présence, jusqu'au moment où elle ouvre son panier
plein de nourriture. Va-t-on enfin l'accepter?

Enfin, à trois heures, comme on se trouvait au milieu d'une plaine
interminable, sans un seul village en vue, Boule de Suif, se baissant
vivement, retira[1]* de sous la banquette[2] un large panier couvert d'une serviette
blanche.

5   Elle en sortit d'abord une petite assiette de faïence,[3] une fine timbale en
argent, puis une vaste terrine dans laquelle deux poulets entiers, tout découpés,
avaient confi sous leur gelée,[4] et l'on apercevait encore dans le panier d'autres
bonnes choses enveloppées, des pâtés, des fruits, des friandises, les provisions
préparées pour un voyage de trois jours, afin de ne point toucher à la cuisine des
10   auberges. Quatre goulots de bouteilles[5] passaient entre les paquets de nourriture.
Elle prit une aile[6] de poulet et, délicatement, se mit à la manger avec un de ces
petits pains qu'on appelle «Régence» en Normandie.

[1]*took out*   [2]*carriage seat*   [3]*earthenware*   [4]*aspic*   [5]goulots… *bottle necks*   [6]*wing*

*Voir Lire en français, chapitre 3, pour une explication du passé simple.

Tous les regards étaient tendus vers elle. Puis l'odeur se répandit, élargissant les narines,[7] faisant venir aux bouches une salive abondante avec une contraction

15 douloureuse de la mâchoire[8] sous les oreilles. Le mépris des dames pour cette fille devenait féroce, comme une envie de la tuer, ou de la jeter en bas de la voiture,[9] dans la neige, elle, sa timbale, son panier et ses provisions.

Mais Loiseau dévorait des yeux la terrine de poulet. Il dit: «A la bonne heure, madame a eu plus de précaution[10] que nous. Il y a des personnes qui savent

20 toujours penser à tout.» Elle leva la tête vers lui: «Si vous en désirez, monsieur? C'est dur de jeûner[11] depuis le matin.» Il salua: «Ma foi, franchement, je ne refuse pas, je n'en peux plus. A la guerre comme à la guerre,[12] n'est-ce pas, madame?» Et, jetant un regard circulaire, il ajouta: «Dans des moments comme celui-ci, on est bien aise[13] de trouver des gens qui vous obligent.[14]» Il avait un

25 journal, qu'il étendit[15] pour ne point tacher son pantalon, et sur la pointe d'un couteau toujours logé dans sa poche, il enleva une cuisse toute vernie[16] de gelée, la dépeça[17] des dents, puis la mâcha avec une satisfaction si évidente qu'il y eut dans la voiture un grand soupir[18] de détresse.

Mais Boule de Suif, d'une voix humble et douce, proposa aux bonnes sœurs

30 de partager sa collation. Elles acceptèrent toutes les deux instantanément, et, sans lever les yeux, se mirent à manger très vite après avoir balbutié des remerciements.[19] Cornudet ne refusa pas non plus les offres de sa voisine, et l'on forma avec les religieuses une sorte de table en développant des journaux sur les genoux.

35 Les bouches s'ouvraient et se fermaient sans cesse, avalaient, mastiquaient,[20] engloutissaient[21] férocement. Loiseau, dans son coin, travaillait dur,[22] et, à voix basse, il engageait[23] sa femme à l'imiter. Elle résista longtemps, puis, après une crispation[24] qui lui parcourut les entrailles,[25] elle céda. Alors son mari, arrondissant sa phrase, demanda à leur «charmante compagne» si elle lui

40 permettait d'offrir un petit morceau à Mme Loiseau. Elle dit: «Mais oui, certainement, monsieur», avec un sourire aimable, et tendit la terrine.

Un embarras se produisit lorsqu'on eut débouché la première bouteille de bordeaux: il n'y avait qu'une timbale. On se la passa après l'avoir essuyée. Cornudet seul, par galanterie sans doute, posa ses lèvres à la place humide encore

45 des lèvres de sa voisine.

Alors, entourés de gens qui mangeaient, suffoqués par les émanations des nourritures, le comte et la comtesse de Bréville, ainsi que M. et Mme Carré-Lamadon souffrirent ce supplice odieux[26] qui a gardé le nom de Tantale. Tout d'un coup la jeune femme du manufacturier poussa un soupir qui fit retourner les

50 têtes; elle était aussi blanche que la neige du dehors; ses yeux se fermèrent, son front tomba: elle avait perdu connaissance.[27] Son mari, affolé,[28] implorait le

---

[7]*nostrils* [8]*jaw* [9]*la jeter… to throw her from the carriage* [10]*foresight* [11]*ne pas manger* [12]*A… "War is war"*
[13]*content* [14]*gens… people who help you out* [15]*spread out* [16]*une… a thigh covered* [17]*la… took it apart*
[18]*sigh* [19]*avoir… having stuttered thanks* [20]*mâchaient* [21]*avalaient* [22]*travaillait… mangeait vite*
[23]*encourageait* [24]*crampe* [25]*le ventre* [26]*supplice… torture horrible* [27]*elle… she had fainted* [28]*qui avait peur*

secours[29] de tout le monde. Chacun perdait l'esprit, quand la plus âgée des bonnes sœurs, soutenant la tête de la malade, glissa[30] entre ses lèvres la timbale de Boule de Suif et lui fit avaler quelques gouttes de vin. La jolie dame remua,[31] ouvrit les yeux, sourit, et déclara d'une voix mourante qu'elle se sentait fort bien,[32] maintenant. Mais, afin que cela ne se renouvelât plus,[33] la religieuse la contraignit à boire un plein verre de bordeaux, et elle ajouta: «C'est la faim, pas autre chose.»

Alors Boule de Suif, rougissante et embarrassée, balbutia en regardant les quatre voyageurs restés à jeun: «Mon Dieu, si j'osais offrir à ces messieurs et à ces dames... » Elle se tut, craignant un outrage. Loiseau prit la parole: «Eh, parbleu,[34] dans des cas pareils[35] tout le monde est frère et doit s'aider. Allons, mesdames, pas de cérémonie: acceptez, que diable! Savons-nous si nous trouverons[36] seulement une maison où passer la nuit? Du train dont nous allons,[37] nous ne serons pas à Tôtes[38] avant demain midi.» On hésitait, personne n'osant assumer la responsabilité du «oui». Mais le comte trancha la question.[39] Il se tourna vers la grosse fille intimidée, et, prenant son grand air de gentilhomme, il lui dit: «Nous acceptons avec reconnaissance, madame.»

Le premier pas seul coûtait.[40] Une fois le Rubicon passé, on s'en donna carrément.[41] Le panier fut vidé. Il contenait encore un pâté de foie gras, un pâté de mauviettes,[42] un morceau de langue fumée,[43] des poires de Crassane, un pavé de pont-l'évêque,[44] des petits-fours et une tasse pleine de cornichons et d'oignons au vinaigre: Boule de Suif, comme toutes les femmes, adorant les crudités.

On ne pouvait manger les provisions de cette fille sans lui parler. Donc on causa, avec réserve d'abord, puis, comme elle se tenait fort bien, on s'abandonna davantage.[45] Mmes de Bréville et Carré-Lamadon, qui avaient un grand savoir-vivre, se firent gracieuses avec délicatesse. La comtesse surtout montra cette condescendance aimable des très nobles dames qu'aucun contact ne peut salir, et fut charmante. Mais la forte Mme Loiseau, qui avait une âme de gendarme, resta revêche,[46] parlant peu et mangeant beaucoup. 🌿

Après ce grand repas, où tout le monde a bien mangé grâce à Boule de Suif, il semble que tout le monde accepte la jeune prostituée. Plus tard, les voyageurs descendent à l'hôtel dans un petit village déjà occupé par les Prussiens. L'un des Prussiens décide qu'il veut profiter de la prostituée, et refuse de laisser partir la voiture si elle ne couche pas avec lui. Boule de Suif, qui déteste l'ennemi, refuse au début, mais ses «compagnons», qui avaient si facilement mangé sa nourriture, l'obligent à le faire et se montrent extrêmement injustes lorsque plus tard, dans la carrosse, ils refusent de partager leur nourriture avec Boule de Suif, qui reste dans un coin de la voiture, et qui pleure.

[29]aide [30]*slipped* [31]*moved* [32]se sentait... *was feeling quite well* [33]cela ne... *this wouldn't happen again* [34]*heavens* [35]*similar* [36]*will find* [37]Du train... *at the pace we're going* [38]un village [39]trancha... prit une décision [40]Le premier... *Only the first step was difficult.* [41]on s'en... *they really went for it* [42]un petit oiseau [43]langue... *smoked tongue* [44]un fromage [45]s'abandonna... *let themselves go some more* [46]*harsh*

1. Qu'est-ce que Boule de Suif cherche sous la banquette de la voiture? Pourquoi est-ce qu'elle en a besoin? Pourquoi les autres en ont-ils envie?
2. Qu'est-ce que Boule de Suif propose aux autres voyageurs? Indiquez l'ordre dans lequel les autres passagers acceptent son offre.
3. M. Loiseau semble admirer Boule de Suif. Pourquoi l'admire-t-il?
4. Comment Loiseau justifie-t-il le fait d'accepter la générosité de Boule de Suif? Trouvez les deux phrases qui indiquent cette justification (aux paragraphes 4 et 9).
5. Pourquoi est-ce que les passagers sont gênés lorsqu'on ouvre le vin? Comment résolvent-ils le problème? Est-ce que tout le monde réagit de la même manière? Expliquez.
6. Pourquoi donne-t-on de la nourriture à Mme Carré-Lamadon?
7. Qui accepte de manger en dernier?
8. Comment voit-on que les autres passagers acceptent (ou au moins tolèrent) Boule de Suif?

COMMENTAIRE
DU TEXTE

1. Boule de Suif fait partie d'une tradition littéraire de «la prostituée au cœur d'or». Selon la description des actions de Boule de Suif, comment est-ce que vous l'imaginez? Grossière? Délicate? Elégante? Stupide? Pourquoi? Trouvez d'autres adjectifs pour la décrire.
2. Analysez l'ordre dans lequel les gens acceptent de partager le repas de Boule de Suif. Consultez l'introduction à cette lecture, avant de discuter des raisons pour lesquelles Maupassant a peut-être choisi cet ordre.
3. Lequel des personnages (à part Boule de Suif) vous semble le plus gentil? le plus hypocrite? Pourquoi?
4. Maupassant utilise plusieurs fois un vocabulaire qui pourrait s'appliquer à des animaux lorsqu'il parle des compagnons de voyage de Boule de Suif. Trouvez-en des exemples. A votre avis, quel est l'effet recherché?

DE LA
**LITTERATURE
A LA VIE**

1. En France, comme dans beaucoup de pays, même de nos jours, la classe sociale d'une personne joue un rôle important dans ses rapports avec les autres. Est-ce que cela est vrai dans votre pays? Où et comment le voit-on? Qu'en pensez-vous?
2. Comment est-ce que les gens réagissent en période difficile (lors de guerres, de désastres naturels, de conflits sociaux)? Essayez d'imaginer l'attitude des gens dans des cas semblables. Est-ce qu'ils s'aident plus que d'habitude? Est-ce qu'ils respectent moins les lois? Expliquez ce qui se passe.
3. Avec qui aimez-vous dîner? Pourquoi? Que signifie une invitation à dîner avec quelqu'un? Quand refuse-t-on de dîner avec quelqu'un? Pourquoi?

L'Art d'être grand-père

VICTOR HUGO

Victor Hugo (1802–1885) is probably the best known of all nineteenth century French authors, and certainly one of the best loved. One of the leaders of the Romantic literary movement, he was also active in national politics. His refusal to accept the 1851 coup d'état that brought Napoleon III to power sent him into exile from his beloved France for almost twenty years. His plays, such as *Hernani*, so innovative in their time, are still performed, and Hugo's novels (notably *Les Misérables* and *Notre-Dame de Paris*) are read worldwide for the magnificence of their prose and their rich presentation of human strengths and weaknesses. Hugo wrote poetry, too, which deals with the great themes dear to the Romantic poets, including history and religion. His poetry also gives a glimpse into the private world of this larger-than-life public figure. The long poem excerpted here, "L' Art d'être grand-père," shows the love this aging man felt for his grandchildren, Georges and Jeanne.

Mise en route

Etant donné le rôle important de la bonne nourriture dans la vie des Français, il n'est pas très étonnant qu'au XIXe siècle une des punitions pour un enfant qui se

Victor Hugo, poète romancier, dramaturge et grand-père

comportait mal soit de le «mettre au pain sec», c'est-à-dire de lui donner du pain sans beurre ni confiture pour son goûter. Est-ce que c'est trop strict, à votre avis, ou pas assez? Analysez les infractions suivantes et décidez lesquelles des punitions proposées sont appropriées.

1. Un enfant de huit ans frappe (*hits*) un autre enfant à l'école.
2. Une fille maltraite un chat.
3. Une jeune fille de quatorze ans vole (*steals*) des bonbons dans un supermarché.
4. Une fille de sept ans se gratte (*scratches*) le nez.
5. Un(e) élève vient au lycée avec une arme à feu (*firearm*).
6. Un garçon dit un gros mot (*dirty word*) à sa mère.

PUNITIONS POSSIBLES

Il faut le (la) mettre en prison.

Il faut lui donner une gifle.

Il faut lui dire de ne plus le faire.

Il faut l'obliger à s'excuser.

Il faut le (la) renvoyer (*kick out*) de l'école.

Il faut qu'un psychologue professionnel lui parle.

Il faut le (la) mettre au pain sec.

Il faut ne rien faire.

Quelles sont les punitions typiques qu'utilisent les parents de nos jours?

Mots et expressions

démolir to destroy, demolish
le devoir duty
faible weak
glisser to slip, slide; to give
discreetly
griffer to scratch; **se faire griffer**
to get scratched (*usually by an
animal*)

s'indigner to get angry
(indignant)
lâche spineless, cowardly
l'ombre (*f.*) shadow, darkness
la pouce thumb
la règle rule (*of conduct*)

APPLICATIONS

A. Trouvez le mot de la même famille. Ensuite, utilisez l'un des deux mots dans
une phrase.

1. la démolition
2. la faiblesse
3. l'indignation
4. je devrais

B. Trouvez le contraire des mots suivants.

1. courageux
2. la lumière

C. Complétez les phrases avec les mots qui conviennent.

1. Le client _____ vingt euros au maître d'hôtel pour avoir une bonne table.
2. Le chat _____ les personnes qu'il ne connaît pas.
3. Pour se calmer, un enfant suce (*sucks*) son _____.

L'Art d'être grand-père

Dans la partie du poème intitulée «Grand âge et bas âge mêlés», Jeanne est punie pour une bêtise et le grand-père qui l'adore ne peut pas s'empêcher d'intervenir.

Jeanne était au pain sec dans le cabinet[1] noir,

Pour un crime quelconque,[2] et, manquant[3] au devoir,

J'allai voir la proscrite[4] en pleine forfaiture,[5]

Et lui glissai dans l'ombre un pot de confiture

5   Contraire aux lois. Tous ceux sur qui, dans ma cité,[6]

Repose le salut[7] de la société

S'indignèrent, et Jeanne a dit d'une voix douce:

—Je ne toucherai[8] plus mon nez avec mon pouce;

Je ne me ferai plus griffer par le minet.[9]

10   Mais on s'est recrié[10]:—Cette enfant vous connaît;

Elle sait à quel point vous êtes faible et lâche.

Elle vous voit toujours rire quand on se fâche.

Pas de gouvernement possible. A chaque instant

L'ordre est troublé par vous; le pouvoir se détend;

15   Plus de règle. L'enfant n'a plus rien qui l'arrête.

Vous démolissez tout.—Et j'ai baissé la tête,

Et j'ai dit:—Je n'ai rien à répondre à cela,

J'ai tort. Oui, c'est avec ces indulgences-là

Qu'on a toujours conduit les peuples à leur perte.[11]

20   Qu'on me mette[12] au pain sec.—Vous le méritez, certes,

On vous y mettra.—Jeanne alors, dans son coin noir,

M'a dit tout bas, levant ses yeux si beaux à voir,

Pleins de l'autorité des douces créatures:

—Eh bien moi, je t'irai porter[13] des confitures. 🌸

---

[1]*closet*   [2]*crime… some crime or other*   [3]*failing*   [4]*exilée*   [5]*punition*   [6]*(ici)* ma maison   [7]*well-being*
[8]*toucher (au futur)*   [9]*chat*   [10]*s'est… answered back*   [11]*loss*   [12]*Qu'on… So limit me*   [13]*je… I'll bring you*

AVEZ-VOUS COMPRIS?

1. Où se trouve Jeanne? Pourquoi? Qu'est-ce qu'elle va manger?
2. C'est son grand-père qui lui rend visite. Qu'est-ce qu'il lui apporte? Pourquoi?
3. «La cité» dans ce contexte est la maison de Jeanne. Qui sont probablement les personnes qui s'indignent? Pourquoi s'indignent-ils?
4. Qu'est-ce que Jeanne promet de ne plus faire?
5. De quoi est-ce que les parents accusent le grand-père? Et le grand-père, comment réagit-il à ces accusations?
6. Qui dit les phrases suivantes, les parents (P), le grand-père (G) ou Jeanne (J)? Mettez la lettre appropriée.

   _____ Vous démolissez tout.

   _____ J'ai tort.

   _____ Oui, c'est avec ces indulgences-là
   Qu'on a toujours conduit les peuples à leur perte.

   _____ Qu'on me mette au pain sec.

   _____ On vous y mettra.

   _____ Eh bien moi, je t'irai porter des confitures.

COMMENTAIRE DU TEXTE

1. Faites une liste de mots du poème qui s'utilisent plus souvent pour la société en général que pour une famille. Quel est l'effet de ces termes sur le lecteur? Prend-on le narrateur au sérieux? Le trouve-t-on ironique?
2. Comment est-ce qu'Hugo présente les parents de Jeanne? Croyez-vous qu'il approuve leur façon de traiter leur fille? Trouvez des vers dans le poème qui soutiennent votre point de vue.
3. Dans certaines familles, on utilise la forme **vous** pour parler aux parents, et surtout pour parler aux beaux-parents. Quelle contradiction y a-t-il entre la formalité du langage et l'attitude des parents envers le vieux grand-père? A quel point (très, un peu, pas du tout...) est-ce que les parents sont vraiment fâchés contre lui? Justifiez votre réponse.
4. Dans quels vers est-ce qu'Hugo utilise la narration pour faire avancer son histoire? Dans quels vers utilise-t-il le dialogue? Dans quel genre littéraire trouve-t-on beaucoup de narration? beaucoup de dialogue? Quel est l'effet de l'utilisation de ces deux techniques dans ce poème?

DE LA LITTERATURE A LA VIE

1. Mettre un enfant au pain sec est une punition très traditionnelle qui ne se fait presque plus. De quoi est-ce que les parents de nos jours privent (*deprive*) leurs enfants pour les punir? Qu'en pensez-vous?
2. De nos jours, il y a beaucoup de philosophies sur l'éducation des enfants. Comment étaient vos parents quand vous étiez plus jeune? Stricts? Patients? Tolérants des erreurs de jeunesse? Exigeants (*demanding*)? Plutôt

compréhensifs (*understanding*)? Pensez-vous que vous éleverez vos enfants d'une manière similaire? Pourquoi ou pourquoi pas?

3. Quelle critique de la société de son temps peut-on voir dans la façon dont Hugo parle de la nature autoritaire de la famille dans le poème? Comparez cette autorité avec «l'autorité des douces créatures» du vers 23. Lequel des deux types d'autorité est imposé de l'extérieur? Lequel vient de l'intérieur de l'individu? Hugo semble-t-il préférer l'un des deux? Justifiez votre réponse.

4. D'habitude, quel est le rapport entre les grands-parents et leurs petits-enfants? En quoi cette relation est-elle différente de la relation entre les parents et leurs enfants? Comment expliquez-vous cela?

5. Quel est le rôle de la nourriture dans votre pays? Est-ce que les gens mangent pour se nourrir? pour diminuer le stress? pour se distraire? Commentez. En général, est-ce qu'on mange bien dans votre pays? Expliquez.

Le français au bout des doigts

Victor Hugo

Pour beaucoup de Français, Victor Hugo est l'un des plus grands hommes de la littérature française. Son nom est l'un des plus connus et on le voit un peu partout, mais savez-vous où et pourquoi?

Les liens et les activités se trouvent à **www.mhhe.com/collage**.

CHAPITRE 6
VILLES, VILLAGES ET PROVINCES

Le peintre catalan Juan Gris donne sa vision des maisons à Paris.

The French have a strong sense of place; typically, they tend to be strongly attached to the region from which they come, and to treasure its natural beauty and its traditions. City dwellers, too, identify with their neighborhood or *quartier,* and the *quartiers* both reflect and influence characteristics of their inhabitants. This traditional attachment to local places often plays a role in French literature, as is the case in the two texts in this chapter.

In the poem "Le Pont Mirabeau," Guillaume Apollinaire uses a simple bridge over the Seine river in the heart of Paris to suggest the fleeting nature of love. In the second selection, Guy de Maupassant's delightful presentation of human trickery and greed is set in his native Normandy, giving us an insider's view of regional legend, tradition, and social practice.

Lire en français

Understanding Complex Sentences

One of the main challenges you face when reading French literature is making sense of long, complex sentences. Lengthy sentences can sometimes seem quite intimidating. But remember, any sentence, no matter how long, is made up of many smaller components. Learn how to break sentences into clauses and prepositional phrases and you can make sense of even the longest one.

Clauses

A clause is a part of a sentence that contains a subject and a conjugated verb. Clause markers, such as **qui** and **que,** will help you figure out how the clause fits into the sentence.

Read the following sentences.

> **A.** Gérard Depardieu est un homme que tous les Français reconnaissent.
> **B.** Gérard Depardieu est un homme qui reconnaît tous les Français.

Which one of these statements seems more likely to be true, **A** or **B?**

Knowing that **que** refers to a direct object (never a subject), you can deduce that **Gérard Depardieu** is the object of the verb **reconnaissent** in **A.** The subject of the verb, therefore, must be **les Français** (another way to tell this is by noticing that the verb is conjugated in the third person plural). So **A** says that all French people recognize Gérard Depardieu. This seems like a reasonable proposition.

In sentence **B,** on the other hand, knowing that **qui** always refers to a subject (and noticing that the verb is conjugated in the third person singular, this time), you can figure out that **Gérard Depardieu** is the subject of the sentence—this sentence says that Gérard Depardieu recognizes all French people. This seems very unlikely. So, for the preceding question, you most likely chose sentence **A.**

Here is the same information broken down into simpler sentences.

> **A.** Gérard Depardieu est un homme. Tous les Français reconnaissent cet homme.
> **B.** Gérard Depardieu est un homme. Il reconnaît tous les Français.

Other clause markers are **où, dont, quand, parce que, mais,** and other relative pronouns and conjunctions. To practice using these, first read the following sentences and circle the marker that signals the second clause. Then break them down into two simple sentences each (leaving out the marker).

1. Guillaume Apollinaire est un poète qui a beaucoup influencé la poésie moderne.
2. Les étudiants aiment les poèmes où Apollinaire utilise beaucoup d'images intéressantes.
3. Apollinaire est un poète que les Surréalistes ont beaucoup admiré.

Prepositional Phrases

Other markers that can help you are prepositions. Prepositions are words such as **de, à, sur, derrière,** and **à côté de** that introduce a noun or pronoun. A preposition plus the word or words following it make up a prepositional phrase. These prepositional phrases usually give information that goes along with, but is not completely essential to, the main idea of the sentence. By identifying prepositional phrases, you can quickly get to the heart of a sentence or main clause. Look at the underlined prepositional phrases in the following sentence.

> Les problèmes <u>des fermiers</u> <u>aux Etats-Unis</u> sont différents <u>des difficultés</u> <u>des agriculteurs français.</u>

The main clause is thus **Les problèmes sont différents.** With this fact in mind, you can more easily figure out the rest of the information given by the sentence.

Now read these sentences from the beginning of Maupassant's "La Légende du Mont-Saint-Michel." Underline the prepositions and their objects.

A. Je l'avais vu d'abord de Cancale, ce château de fées planté dans la mer.
B. Je le revis d'Avranches, au soleil couchant.

If you eliminate what you underlined in sentence **A,** you should be left with **Je l'avais vu d'abord, ce château** and **planté.** Now you have a very simple basis for figuring out meaning. For sentence **B,** you should be left with **Je le revis;** again a good starting point for understanding.

When you encounter complex sentences, just remember that once you break them down into manageable segments, as we have done here, you can deal with them and comprehend them fully.

Le Pont Mirabeau

GUILLAUME APOLLINAIRE

Born in Rome, Guillaume Apollinaris de Kostrowitzsky (1880–1918) overcame a difficult childhood to become one of the most innovative writers of the early twentieth century. His first works, written in Paris between 1902 and 1912 and published under the pseudonym Guillaume Apollinaire, made his reputation in pre-war Paris. Among these works were the poems in *Alcools,* which includes his most famous poem, "Le Pont Mirabeau." Apollinaire broke with the French poetic tradition by, among other things, eliminating punctuation, a simple change that created a new freedom in poetry. He broadened the notion of appropriate subject matter for poetry to include such modern constructions as bridges, cities, and even the Eiffel Tower.

When World War I broke out, Apollinaire joined the army and spent a year at the front, writing all the while, before he was sent home with an injury. He continued to explore the limits of language and poetry, notably in *Calligrammes,* where poetry and visual art are combined, until his death from illness in 1918.

Apollinaire's works shaped the course of twentieth-century French poetry and they inspired many other writers, in particular the Surrealists.

Mise en route

Une caractéristique de la poésie est l'utilisation inhabituelle du langage. Souvent cela rend la traduction en d'autres langues très difficile, et on accuse parfois le traducteur de trahison! La première strophe du poème «Le Pont Mirabeau» est un excellent exemple.

> Sous le pont Mirabeau coule la Seine
> Et nos amours
> Faut-il qu'il m'en souvienne
> La joie venait toujours après la peine

«Faut-il qu'il m'en souvienne» est une façon poétique de dire «Comment est-ce que je peux oublier cela?» ou peut-être «Il est impossible que j'oublie cela.» (Le «en» fait référence à «nos amours» du vers précédent.)

Mais comment traduire «Faut-il qu'il m'en souvienne» en anglais? D'abord, cette phrase est beaucoup plus impersonnelle que les périphrases que vous venez de lire, ce qui indique une sorte de résignation face au souvenir. Le poète est incapable d'oublier «nos amours». Deuxièmement, Apollinaire n'utilise pas de point d'interrogation, donc malgré l'inversion, on doit se demander si c'est une question.

Voici quelques traductions de ces vers très différentes les unes des autres. Lisez-les, puis répondez aux questions qui suivent.

A.

> Under the Mirabeau Bridge there flows the Seine
> Must I recall
> Our loves recall how then
> After each sorrow joy came back again
>
> TRANSLATED BY *Richard Wilbur*

B.

> Under Mirabeau Bridge flows the Seine
> Why must I be reminded again
> Of our love?
> Doesn't happiness issue from pain?
>
> TRANSLATED BY *William Meredith*

C.

> The Seine runs under the Pont Mirabeau
> And in our loves
> Must I remember so
> Joy always follows on the heels of woe
>
> TRANSLATED BY *Louis Simpson*

D.

Under the Mirabeau Bridge the Seine
    Flows and our love
  Must I be reminded again
How joy came always after pain

TRANSLATED BY *W. S. Merwin*

E.

Under Mirabeau Bridge the river slips away
    And lovers
  Must I be reminded
Joy came always after pain

TRANSLATED BY *Donald Revell*

F.

Under the pont Mirabeau flows the Seine
    Our loves flow too
  Must it recall them so
Joy came to us always after pain

TRANSLATED BY *Roger Shattuck*

1. Lesquelles des traductions respectent l'idée d'Apollinaire en ce qui concerne la ponctuation?
2. Lesquelles des traductions cherchent une rime similaire à celle de l'originale?
3. Lesquelles ne respectent pas l'ordre des vers?
4. Laquelle utilise un terme très différent des autres pour «nos amours»?
5. A votre avis, laquelle de ces traductions respecte le plus les mots choisis par le poète? Laquelle reproduit le plus fidèlement l'essence du poème d'Apollinaire? Choisissez la traduction que vous préférez et justifiez votre décision en discutant avec un(e) partenaire.

Mots et expressions

s'en aller to go away
courant(e) flowing
demeurer to stay
l'espérance (*f.*) hope
la joie joy

las(se) tired, weary
ni... ni neither... nor (usually with **ne**)
la peine emotional pain, grief

Trouvez le contraire de chaque expression.

APPLICATIONS

1. pleine d'énergie
2. la peine
3. la joie
4. partir
5. revenir
6. stagnant(e)
7. le désespoir
8. soit... soit

Le Pont Mirabeau

Sous le pont Mirabeau coule la Seine
Et nos amours
Faut-il qu'il m'en souvienne
La joie venait toujours après la peine

5   Vienne la nuit sonne l'heure[1]
Les jours s'en vont je demeure

Les mains dans les mains restons face à face
Tandis que[2] sous
Le pont de nos bras passe
10   Des éternels regards l'onde[3] si lasse

Vienne la nuit sonne l'heure
Les jours s'en vont je demeure

L'amour s'en va comme cette eau courante
L'amour s'en va
15   Comme la vie est lente
Et comme l'Espérance est violente

Vienne la nuit sonne l'heure
Les jours s'en vont je demeure

Passent les jours et passent les semaines
20   Ni temps passé
Ni les amours reviennent
Sous le pont Mirabeau coule la Seine

Vienne la nuit sonne l'heure
Les jours s'en vont je demeure

---

[1]Vienne… *Let night come let the hour ring out*   [2]Tandis… *While*   [3]*the wave*

AVEZ-VOUS COMPRIS?

1. Qu'est-ce qui coule sous le pont Mirabeau?
2. Quel est le temps du verbe dans le vers 4? Est-ce que l'auteur parle du présent ou du passé dans ce vers?
3. Dans le refrain, de quoi le poète parle-t-il?
   a. la fin de la nuit
   b. l'arrivée de la nuit
4. Dans quel vers est-ce que le poète semble parler directement à une personne? Comment le savez-vous? Qui est-ce?

5. Quel est le sujet du verbe **passe** dans le vers 9? Le pont? Nos bras? Des éternels regards? L'onde? Justifiez votre réponse.

6. Laquelle des interprétations suivantes des vers 9 et 10 préférez-vous? Pourquoi? Pouvez-vous suggérer une autre interprétation?

   a. L'onde est la rivière et c'est elle qui est fatiguée des éternels regards.

   b. L'onde n'est pas la rivière mais les éternels regards, donc les éternels regards passent sous le pont.

7. Nommez au moins trois choses qui s'en vont dans la dernière strophe et le refrain.

COMMENTAIRE DU TEXTE

1. **Combinaisons.** Trouvez les paires d'expressions qui vont ensemble.

   A   B

   la joie   je demeure
   le pont Mirabeau   violente
   la vie   la peine
   les jours s'en vont   la Seine qui coule
   l'Espérance   lente

   Laquelle des paires est la moins habituelle? Qu'est-ce que le poète accomplit en mettant ensemble ces paires?

2. Sur quels thèmes est-ce qu'Apollinaire insiste par la répétition du refrain? L'amour? La beauté de la nature? L'impermanence? La solitude? La violence de l'espoir? Justifiez vos choix.

3. Quelles expressions le poète utilise-t-il pour indiquer la mobilité du temps et des amours?

4. Qu'est-ce qui est permanent dans ce poème? Tracez un dessin simple de ce qui est permanent et de ce qui est mobile dans le poème.

5. Quel est le sentiment que cet endroit semble soulever chez Apollinaire?

6. Que symbolise la Seine dans «Le Pont Mirabeau»? Et le pont? Et l'heure qui sonne? Pouvez-vous imaginer d'autres symboles qui représentent les mêmes idées?

Rappel:
Le thème peut se définir comme l'idée principale développée à travers une œuvre.

DE LA LITTERATURE A LA VIE

1. Faites une liste des choses que vous trouvez permanentes et ensuite une liste de choses qui ne durent pas. Etes-vous d'accord avec Apollinaire en ce qui concerne la mobilité ou la permanence de certaines choses?

2. Dans le vers 16, Apollinaire nous dit que «l'Espérance est violente». Comment interprétez-vous ce vers? Est-ce vrai seulement pour l'amour? Trouvez d'autres situations dans lesquelles on désire tellement quelque chose que ce sentiment d'espoir devient violent.

3. Pensez à un endroit que vous connaissez bien. Essayez d'associer cet endroit avec un sentiment. Expliquez l'association.

4. Pensez à des films d'amour et des histoires d'amour. Est-ce que la plupart des exemples démontrent un amour permanent ou transitoire? Comparez ces exemples avec l'expérience des personnes amoureuses que vous connaissez. Est-ce que la fiction présente une vision réaliste de l'amour? Commentez.

Le français au bout des doigts

La ville lumière

Si peu de touristes visitent le pont Mirabeau pendant leur séjour à Paris, il y a beaucoup d'endroits dans cette ville à ne pas manquer. Lesquels connaissez-vous? Avec un(e) partenaire, nommez au moins cinq sites touristiques parisiens. Pourquoi aime-t-on les visiter?

Les liens et les activités se trouvent à **www.mhhe.com/collage**.

La Légende du Mont-Saint-Michel

GUY DE MAUPASSANT

Nowhere does Guy de Maupassant (see Chapter 5) show his deep understanding of Normandy and its people more clearly than in the short story "La Légende du Mont-Saint-Michel." Not only does he paint the magnificent Mont-Saint-Michel abbey with tenderness and awe, but he brings its very stones alive by making it the site for an unexpected confrontation. "La Légende" presents the conflict between Saint Michael the archangel and the Devil as told to him by a Norman farmer. Rather than characterizing the opponents as lofty spiritual beings, the down-to-earth farmer speaks of them as though they were nineteenth-century

Guy de Maupassant

peasants from southern Normandy, with sneaky tactics for making a profit. Their antics as they try to get the best of each other allow the reader to share in the traditions of the region.

"La Légende du Mont-Saint-Michel,"* although not as well known as his other short stories ("La Parure," "Le Parapluie," "Boule de Suif"), is a fine example of the subtle skill with which Maupassant structured his *Contes*. It also contains all the elements that have made Maupassant one of the most widely read French authors: lyrical descriptions of the northern landscape, unassuming colloquial dialogue, and a keen sense of human foibles.

Mise en route

Les mythes et les légendes sont des aspects de toutes les cultures du monde. Une façon de bien comprendre une culture est d'étudier ces récits traditionnels. Souvent ces traditions tournent autour d'un ou plusieurs personnages, soit des personnages historiques réels (Davy Crockett, Buffalo Bill), soit des figures imaginaires (Rip Van Winkle, Hercule). Les priorités d'un groupe social se trouvent souvent reflétées dans ces histoires, et on peut tirer certaines conclusions à partir d'une étude des légendes.

---

*"La Légende du Mont-Saint-Michel" is divided into five sections in this text, with questions following each section.

Trouvez dans la colonne B quelles actions ont été accomplies par les personnages de la colonne A.

A	B
1. Hercule	**a.** coupait des arbres très vite
2. le père Noël	**b.** a sauvé l'Irlande des serpents
3. le roi Arthur	**c.** a participé à la découverte de l'Ouest américain
4. Sacajawea	**d.** s'est battu contre des monstres
5. Saint Patrick	**e.** donne des cadeaux aux petits
6. Jeanne d'Arc	**f.** a guidé l'expédition de Lewis et Clark dans le Montana
7. Davy Crockett	**g.** a fondé la Table ronde
8. Paul Bunyan	**h.** a sauvé son pays des Anglais

Maintenant, en travaillant à deux, choisissez une priorité culturelle représentée par ces personnages et leurs actes. A votre avis, lequel symbolise les caractéristiques suivantes?

l'amour de la nature
le pouvoir de Dieu
la force de l'homme

l'aventure et le risque
la générosité
l'amour de la patrie

Mots et expressions

l'ange (*m.*) angel
le bijou jewel
la chute fall
le défaut fault
le diable devil
digne worthy
duper to dupe, fool, trick
errer to wander, roam

se plaindre (de) to complain (about)
le pré meadow
la racine root
la rancune resentment; malice, spite
la récolte harvest
le sable sand

APPLICATIONS   **A.** Trouvez l'équivalent de chaque expression.

1. la prairie, le champ
2. tromper
3. flâner sans but
4. la moisson, la vendange
5. une bague, un bracelet

B. Trouvez le contraire de chaque mot.

1. Dieu
2. une qualité
3. indigne

4. le pardon, l'indulgence
5. exprimer son contentement

6. En utilisant les mots de la liste, complétez les paragraphes de façon logique.

1. Quand je traversais les petits villages normands, je voyais des groupes de paysans qui, après la _____¹ des pommes, se reposaient, couchés dans les _____² ou assis sur les _____³ des plus gros arbres. Je me suis approché de la mer. J'_____⁴ sur la plage de _____⁵ fin quand soudain le Mont-Saint-Michel est apparu à l'horizon; il brillait comme un _____⁶ précieux au coucher du soleil. Il était magnifique, _____⁷ d'un château de conte de fées. La beauté tranquille de cette scène campagnarde a apaisé mon esprit troublé.

   bijou
   digne
   errer
   prés
   racines
   récolte
   sable

2. Lucifer était un _____¹ mais il avait beaucoup de _____.² Il aimait _____³ ses collègues; et surtout il voulait devenir l'égal de Dieu. Pour le punir de sa témérité, Dieu l'a chassé du Paradis. Depuis sa _____,⁴ Lucifer est devenu le _____⁵ et il a gardé une si grande _____⁶ contre Dieu qu'il s'efforce de répandre le mal dans l'univers.

   ange
   chute
   défauts
   diable
   duper
   rancune

La Légende du Mont-Saint-Michel

Partie I

Je l'avais vu d'abord de Cancale, ce château de fées planté dans la mer. Je l'avais vu confusément, ombre grise dressée sur le ciel brumeux.¹

Je le revis* d'Avranches, au soleil couchant. L'immensité des sables était rouge, l'horizon était rouge, toute la baie démesurée était rouge; seule, l'abbaye escarpée,²
5 poussée là-bas, loin de la terre, comme un manoir fantastique, stupéfiante comme un palais de rêve, invraisemblablement étrange et belle, restait presque noire dans les pourpres du jour mourant.³

J'allai vers elle le lendemain dès l'aube⁴ à travers les sables, l'œil tendu⁵ sur ce bijou monstrueux, grand comme une montagne, ciselé comme un camée, et
10 vaporeux comme une mousseline.⁶ Plus j'approchais, plus je me sentais soulevé d'admiration, car rien au monde peut-être n'est plus étonnant et plus parfait.

Et j'errai, surpris comme si j'avais découvert l'habitation d'un dieu à travers ces salles portées⁷ par des colonnes légères ou pesantes, à travers ces couloirs percés à jour,⁸ levant mes yeux émerveillés sur ces clochetons⁹ qui semblent des
15 fusées¹⁰ parties vers le ciel et sur tout cet emmêlement¹¹ incroyable de tourelles,¹²

---

¹dressée... *set against the foggy sky* ²*steeply situated* ³dans... *in the purple light of the setting sun* ⁴l'heure avant le lever du soleil ⁵*fixé* ⁶vaporeux... *as light as a veil* ⁷*held up* ⁸couloirs... *open galleries*
⁹*pinnacles* ¹⁰*rockets* ¹¹*tangle* ¹²petites tours

---

*Voir *Lire en français*, chapitre 3, pour une explication du passé simple.

Le Mont-Saint-Michel: «ce château de fées planté dans la mer»

de gargouilles, d'ornements sveltes et charmants, feu d'artifice de pierre, dentelle de granit, chef-d'œuvre d'architecture colossale et délicate.

Comme je restais en extase, un paysan bas-normand[13] m'aborda et me raconta l'histoire de la grande querelle de saint Michel avec le diable.

20   Un sceptique de génie* a dit: «Dieu a fait l'homme à son image, mais l'homme le lui a bien rendu.»

Ce mot est d'une éternelle vérité et il serait fort curieux de faire dans chaque continent l'histoire de la divinité locale, ainsi que l'histoire des saints patrons dans chacune de nos provinces. Le nègre a des idoles féroces, mangeuses d'hommes; le
25   mahométan polygame peuple[14] son paradis de femmes; les Grecs, en gens pratiques, avaient divinisé toutes les passions.

---

[13]de la Normandie du Sud   [14]*populates*

Allusion probable à Voltaire, qui a dit: «Si Dieu nous a fait à son image, nous le lui avons bien rendu» (we really got even with him).

Chaque village de France est placé sous l'invocation d'un saint protecteur, modifié à l'image des habitants.

Or, saint Michel veille sur[15] la Basse-Normandie, saint Michel, l'ange radieux et
30 victorieux, le porte-glaive,[16] le héros du ciel, le triomphant, le dominateur de Satan.

Mais voici comment le Bas-Normand, rusé, cauteleux, sournois et chicanier,[17] comprend et raconte la lutte du grand saint avec le diable.

[15]veille… protège   [16]*sword carrier*   [17]rusé… *sly, cunning, sneaky, and quibbling*

1. A quoi le narrateur compare-t-il le Mont-Saint-Michel? Pourquoi?
2. Quels étaient les sentiments du narrateur en voyant le Mont-Saint-Michel? Qu'est-ce qui a inspiré ces sentiments?
3. Quels sont les détails d'architecture de cette construction de style gothique? Trouvez les mots et les images qui montrent l'admiration de l'auteur pour l'abbaye.
4. Quelle histoire le paysan bas-normand a-t-il racontée à l'auteur?
5. Selon la phrase citée par Maupassant, partout au monde l'homme fait Dieu à son image; c'est-à-dire, chaque peuple se fait une idée différente de la divinité ou des représentations religieuses. Quels exemples Maupassant nous donne-t-il pour illustrer cette constatation? Pensez-vous qu'il ait raison?
6. Comme l'explique l'auteur, chaque village ou région de France a un saint protecteur à qui les habitants de la région attribuent leurs propres qualités. Comment le narrateur décrit-il saint Michel?

La Légende du Mont-Saint-Michel

Partie II

Pour se mettre à l'abri[1] des méchancetés du démon, son voisin, saint Michel construisit lui-même, en plein Océan, cette habitation digne d'un archange; et, seul, en effet, un pareil[2] saint pouvait se créer une semblable résidence.

Mais comme il redoutait[3] encore les approches du Malin,[4] il entoura son
5 domaine de sables mouvants[5] plus perfides que la mer.

Le diable habitait une humble chaumière sur la côte; mais il possédait les prairies baignées d'eau salée,[6] les belles terres grasses[7] où poussent les récoltes lourdes,[8] les riches vallées et les coteaux féconds[9] de tout le pays; tandis que[10] le saint ne régnait que sur les sables. De sorte que Satan était riche, et saint Michel
10 était pauvre comme un gueux.[11]

[1]se… se protéger   [2]un… *such a*   [3]craignait   [4]diable   [5]sables… *quicksand*   [6]baignées… *soaked in salt water*   [7]*fertile*   [8]*abundant*   [9]coteaux… *fertile hillsides*   [10]tandis… *whereas*   [11]*beggar*

Après quelques années de jeûne, le saint s'ennuya[12] de cet état de choses et pensa à passer[13] un compromis avec le diable; mais la chose n'était guère facile, Satan tenant à ses moissons.[14]

Il réfléchit pendant six mois; puis, un matin, il s'achemina[15] vers la terre. Le
15 démon mangeait la soupe devant sa porte quand il aperçut le saint; aussitôt il se précipita à sa rencontre, baisa le bas de sa manche,[16] le fit entrer et lui offrit de se rafraîchir.

Après avoir bu une jatte de lait, saint Michel prit la parole:

«Je suis venu pour te proposer une bonne affaire.[17]»

20 Le diable, candide et sans défiance, répondit:

«Ça me va.

—Voici. Tu me céderas[18] toutes tes terres.»

Satan, inquiet, voulut parler.

«Mais… »

25 Le saint reprit:

«Ecoute d'abord. Tu me céderas toutes tes terres. Je me chargerai de l'entretien,[19] du travail, des labourages, des semences, du fumage,[20] de tout enfin, et nous partagerons la récolte par moitié. Est-ce dit[21]?»

Le diable, naturellement paresseux, accepta.

30 Il demanda seulement en plus quelques-uns de ces délicieux surmulets[22] qu'on pêche autour du mont solitaire.

Saint Michel promit les poissons.

Ils se tapèrent dans la main, crachèrent de côté[23] pour indiquer que l'affaire était faite, et le saint reprit:

35 «Tiens, je ne veux pas que tu aies à te plaindre de moi. Choisis ce que tu préfères: la partie des récoltes qui sera sur terre ou celle qui restera dans la terre.»

Satan s'écria:

«Je prends celle qui sera sur terre.

—C'est entendu», dit le saint.

40 Et il s'en alla.

---

[12]*was tired* [13]*faire* [14]*tenant… being very attached to his crops* [15]*s'est dirigé* [16]*baisa… kissed the edge of his sleeve* [17]*deal* [18]*donneras* [19]*upkeep, maintenance* [20]*labourages… tilling, sowing, fertilizing* [21]*entendu* [22]*surmullets (a fish)* [23]*Ils… They slapped hands and spat to the side*

AVEZ-VOUS COMPRIS?

1. Qu'a fait saint Michel pour se protéger de Satan?
2. Décrivez les différences entre les conditions de vie du diable et celles de saint Michel.

3. Pourquoi saint Michel a-t-il rendu visite au diable? Que lui a proposé le saint?
4. Sur quel défaut du diable saint Michel comptait-il pour réaliser son affaire? Quelle récompense Satan a-t-il demandée?
5. Quel choix saint Michel a-t-il donné à Satan? Expliquez le rapport entre le choix du diable et sa paresse.
6. Du point de vue de Satan, était-ce une bonne affaire? Justifiez votre réponse.

La Légende du Mont-Saint-Michel

Partie III

Or, six mois après dans l'immense domaine du diable, on ne voyait que des carottes, des navets, des oignons, des salsifis,[1] toutes les plantes dont les racines grasses sont bonnes et savoureuses, et dont la feuille inutile sert tout au plus[2] à nourrir les bêtes.

5 Satan n'eut rien et voulut rompre le contrat, traitant saint Michel de[3] «malicieux».

Mais le saint avait pris goût à la culture;[4] il retourna retrouver le diable:

«Je t'assure que je n'y ai point pensé du tout; ça s'est trouvé comme ça; il n'y a point de ma faute. Et, pour te dédommager,[5] je t'offre de prendre, cette année,
10 tout ce qui se trouvera sous terre.

—Ça me va», dit Satan.

Au printemps suivant, toute l'étendue[6] des terres de l'Esprit du mal[7] était couverte de blés épais, d'avoines[8] grosses comme des clochetons, de lins[9], de colzas[10] magnifiques, de trèfles rouges, de pois, de choux, d'artichauts, de tout ce
15 qui s'épanouit[11] au soleil en graines ou en fruits.

Satan n'eut encore rien et se fâcha tout à fait.

Il reprit ses prés et ses labours[12] et resta sourd[13] à toutes les ouvertures nouvelles de son voisin.

[1]un légume (un tubercule) [2]tout… *at the very most* [3]traitant… appelant saint Michel [4]agriculture [5]*make amends* [6]*expanse* [7]l'Esprit… le diable [8]*oats* [9]*linseed* [10]plante à fleurs jaunes [11]*blooms* [12]terres cultivées [13]sans réponse

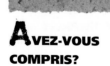
AVEZ-VOUS COMPRIS?

1. Six mois après le premier contrat, quelles plantes voyait-on dans le domaine du diable? Pourquoi n'a-t-il pas reçu une partie de la récolte?
2. Qu'est-ce que Satan a pensé de saint Michel?
3. Comment le saint s'est-il défendu? Qu'a-t-il proposé au diable?

4. Quelles plantes ont poussé au printemps suivant?
5. Qu'est-ce que Satan a eu cette fois-ci? Comment a-t-il réagi aux nouvelles offres de saint Michel?

La Légende du Mont-Saint-Michel

Partie IV

Une année entière s'écoula.[1] Du haut de son manoir isolé, saint Michel regardait la terre lointaine et féconde, et voyait le diable dirigeant les travaux, rentrant les récoltes, battant ses grains.[2] Et il rageait, s'exaspérant de son impuissance. Ne pouvant plus duper Satan, il résolut de s'en venger, et il alla le
5 prier à dîner pour le lundi suivant.

«Tu n'as pas été heureux dans tes affaires avec moi, disait-il, je le sais; mais je ne veux pas qu'il reste de rancune entre nous, et je compte que tu viendras dîner avec moi. Je te ferai manger de bonnes choses.»

Satan, aussi gourmand que paresseux, accepta bien vite. Au jour dit, il revêtit
10 ses plus beaux habits et prit le chemin du Mont.

Saint Michel le fit asseoir à une table magnifique. On servit d'abord un vol-au-vent[3] plein de crêtes et de rognons de coq,[4] avec des boulettes de chair à saucisse,[5] puis deux gros surmulets à la crème, puis une dinde blanche pleine de marrons confits dans du vin, puis un gigot de pré-salé,[6] tendre comme du gâteau;
15 puis des légumes qui fondaient dans la bouche et de la bonne galette[7] chaude, qui fumait en répandant[8] un parfum de beurre.

On but du cidre pur, mousseux[9] et sucré, et du vin rouge et capiteux[10] et, après chaque plat, on faisait un trou[11] avec de la vieille eau-de-vie[12] de pommes.

Le diable but et mangea comme un coffre, tant et si bien qu'il se trouva gêné.[13]

---

[1]*went by* [2]*battant... threshing his wheat* [3]*pastry shell* [4]*plein... filled with kidneys and cockscombs*
[5]*boulettes... sausage meatballs* [6]*de... fed in salt meadows* [7]*broad, thin cake* [8]*en... while exuding* [9]*bubbly*
[10]*heady* [11]*faisait... stopped eating to have a drink (in order to make room for the next course)* [12]*brandy*
[13]*il... he was sick to his stomach*

AVEZ-VOUS COMPRIS?

1. Pourquoi saint Michel est-il de nouveau entré en contact avec le diable?
2. Qu'est-ce que le saint a proposé au diable? Comment justifie-t-il son offre?
3. Pourquoi Satan a-t-il accepté l'invitation?
4. Quel effet ce repas a-t-il eu sur le diable? Pourquoi?
5. Tous les plats du menu sont typiquement français. Lesquels vous semblent étranges?

La Légende du Mont-Saint-Michel

Partie V

Alors saint Michel, se levant formidable, s'écria d'une voix de tonnerre: «Devant moi! devant moi, canaille[1]! Tu oses… devant moi… »

Satan éperdu[2] s'enfuit, et le saint, saisissant un bâton, le poursuivit.

Ils couraient par les salles basses, tournant autour des piliers, montaient les escaliers aériens, galopaient le long des corniches,[3] sautaient de gargouille en gargouille. Le pauvre démon, malade à fendre l'âme,[4] fuyait, souillant[5] la demeure du saint. Il se trouva enfin sur la dernière terrasse, tout en haut, d'où l'on découvre la baie immense avec ses villes lointaines, ses sables et ses pâturages. Il ne pouvait échapper plus longtemps; et le saint, lui jetant dans le dos un coup de pied furieux,[6] le lança comme une balle à travers l'espace.

Il fila[7] dans le ciel ainsi qu'un javelot, et s'en vint tomber lourdement devant la ville de Mortain.* Les cornes de son front et les griffes[8] de ses membres entrèrent profondément dans le rocher, qui garde pour l'éternité les traces de cette chute de Satan.

Il se releva boiteux, estropié[9] jusqu'à la fin des siècles; et, regardant au loin le Mont fatal, dressé comme un pic dans le soleil couchant, il comprit bien qu'il serait toujours vaincu dans cette lutte inégale, et il partit en traînant[10] la jambe, se dirigeant vers des pays éloignés, abandonnant à son ennemi ses champs, ses coteaux, ses vallées et ses prés.

Et voilà comment saint Michel, patron des Normands, vainquit le diable.

Un autre peuple avait rêvé autrement cette bataille. 🌿

— 19 décembre 1882

[1]scoundrel [2]bewildered [3]cornices [4]malade… pitifully ill [5]soiling [6]lui… furiously kicking him in the back [7]took off [8]claws [9]boiteux… lame, crippled [10]dragging

- -

1. Pourquoi saint Michel s'est-il fâché contre Satan? Où l'a-t-il poursuivi?
2. Comment cette poursuite s'est-elle terminée?
3. Quelles traces de cette anecdote sont visibles près de la ville de Mortain?
4. Pourquoi le diable est-il parti? Comment le saint a-t-il profité de son départ?
5. Commentez les deux dernières phrases du texte. Pourquoi Maupassant souligne-t-il le fait que saint Michel est le patron des Normands?

AVEZ-VOUS COMPRIS?

---

*Mortain est un petit village à 50 km du Mont-Saint-Michel.

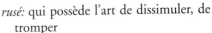

COMMENTAIRE DU TEXTE

1. La qualité la plus remarquable du style de Maupassant réside dans la précision de son choix d'adjectifs par laquelle il réussit à créer des effets inattendus et des images puissantes. Trouvez-en des exemples dans la première partie du conte.

2. A la fin de la première partie du récit, Maupassant caractérise le Bas-Normand comme «rusé, cauteleux, sournois et chicanier». Etudiez la définition de ces adjectifs:

> *rusé:* qui possède l'art de dissimuler, de tromper
> *cauteleux:* qui agit d'une manière hypocrite et habile
> *sournois:* qui dissimule ses sentiments réels, souvent avec de mauvaises intentions
> *chicanier:* qui cherche querelle sur des riens, des choses sans importance

Ces adjectifs, qui caractérisent aussi les actions de saint Michel, donnent au conte sa structure; chacun illustre l'une des quatre dernières parties. Trouvez la partie à laquelle s'applique chaque adjectif en justifiant vos conclusions.

3. Saint Michel est reconnu dans la tradition catholique comme le chef de toutes les armées du ciel et le protecteur de l'Eglise catholique. Il est souvent représenté comme un beau jeune homme noble et très sérieux portant une épée ou une lance. En quoi la légende normande, telle que Maupassant la raconte, se détache-t-elle de l'image traditionnelle de saint Michel, «héros du ciel»?

4. Maupassant a souvent été critiqué à cause de son athéisme. Pensez-vous que ce conte critique la religion? Justifiez votre réponse.

Saint Michel de Piero della Francesca

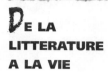
1. D'après ce conte de Maupassant, quelle idée vous faites-vous des paysages de Normandie?
2. En France, les habitants de chaque région semblent avoir des traits de caractère différents les uns des autres. Est-ce que cela est vrai aussi dans votre pays? En quoi les gens du nord-est, par exemple, sont-ils différents des gens du sud-ouest? etc.

Le français au bout des doigts

Le patrimoine historique

Comme le Mont-Saint-Michel, beaucoup de grands lieux touristiques de nos jours étaient des lieux sacrés dans le passé. En connaissez-vous quelques-uns? Nommez-les.

Les liens et les activités se trouvent à **www.mhhe.com/collage**.

CHAPITRE 7

LES MEDIAS ET LA TECHNOLOGIE

Est-ce que je peux allumer la guerre?

How different life would be in the world today without technology and modern means of communication. Radio, television, the telephone, e-mail, and the Internet give us access to all kinds of information and enable people to communicate instantaneously. We can be in contact with others at the push of a button and, in a sense, be in more than one place at a time. And yet, from another perspective, might there not be disadvantages to these new ways of doing things? What effect do the telephone, e-mail, and other new communications technologies have on our interpersonal relations? Instantaneous communication, primarily television and the Internet, also makes us more aware of places and events around the world. We take access to such information for granted now, so much so that many of us forget to question the accuracy of the information we receive or to pay attention to its psychological impact on us.

The first excerpt in this chapter, from a radio play by Jean Tardieu, *Les Oreilles de Midas,* demonstrates how even the simplest technology can change the way people communicate, and how communication can be manipulated by anyone with the know-how to do so. The second reading, from *Les Belles Images* by Simone de Beauvoir, asks readers to think about the effect of televised news on children and young people and, by extension, prompts us to think about the effect it has on us all.

Lire la littérature

. . . .

Visiting Literary Worlds

Reading literature resembles travel; it opens up new worlds, with foreign perspectives and exotic sensations. Like any world traveler, a reader of literature needs to be open to new ideas and ready to accept differences in the ways people perceive and represent reality.

The worlds you encounter through poetry, plays, novels, and short stories sometimes resemble your own, with inhabitants who are more or less like you. Their experiences are fairly easy to understand, and you may come to like or dislike these characters as though they were next-door neighbors. In other literary works, however, the created reality can seem so strange that you are tempted to abandon the journey.

At this point you need to remind yourself that traveling—even through literature—often entails risk, like any new experience. Leap into the jarring new reality, and wait until afterward to look for the meaning in it. You might find that it expresses a truth impossible to find in more familiar, conventional representations of reality.

I. Regardez les trois images.

Sur les échelles suivantes, indiquez par une croix avec quel réalisme ces images représentent l'expérience de la guerre.

Image 1
Antoine Gros: Le Champ de bataille d'Eylau (1808)

Image 2
Pablo Picasso: Guernica (1938)

Image 3
Bataille d'Arnhem (Hollande), septembre 1944

SERIE A

Image 1   très réaliste . . . . peu réaliste
Image 2   très réaliste . . . . peu réaliste
Image 3   très réaliste . . . . peu réaliste

Maintenant, regardez-les différemment et indiquez par une croix avec quelle précision sont illustrées les horreurs de la guerre sur chacune d'entre elles.

SERIE B

Image 1   très clairement . . . . peu clairement
Image 2   très clairement . . . . peu clairement
Image 3   très clairement . . . . peu clairement

Avec votre partenaire, discutez de vos réponses. Quel est l'effet de chaque image? Est-ce qu'elles vous touchent toutes de la même manière? Ensuite, comparez vos évaluations des séries A et B. Est-ce que l'image qui représente la guerre de la façon la plus réaliste représente aussi le plus clairement l'horreur de la guerre? Par exemple, si l'on accepte de rentrer dans le monde de Picasso (le tableau 2) l'image peut nous mettre face aux horreurs de la guerre. Etes-vous d'accord? Analysez ensemble votre façon de percevoir chaque illustration.

II. Maintenant, lisez les situations littéraires suivantes. Ces situations sont-elles faciles à accepter ou difficiles à accepter?

SITUATION 1

Une jeune femme rêveuse se marie avec un homme très ennuyeux et incompétent. Elle a des amants et, à la fin, se suicide.

difficile . . . . facile

SITUATION 2

Trois personnes sont enfermées pour l'éternité dans un salon bourgeois. Ce salon est en fait l'Enfer, et le rôle des prisonniers est de se torturer mutuellement, rien qu'en parlant.

difficile . . . . facile

SITUATION 3

Un homme, le narrateur, part à la chasse aux loups avec ses compagnons. Le loup, par ses actions et par sa mort noble, enseigne l'honneur au narrateur.

difficile . . . . facile

(La situation 1 vient de *Madame Bovary,* de Gustave Flaubert, 2 vient de *Huis clos,* une pièce de Jean-Paul Sartre, et 3 de «La Mort du Loup», un poème d'Alfred de Vigny.)

Quels aspects rendent les trois situations plus ou moins faciles à accepter? Parlez-en avec votre partenaire. Vous ne serez pas forcément d'accord, mais essayez de justifier vos opinions. Connaissez-vous d'autres œuvres littéraires ou films qui vous poussent à vous ouvrir à des situations incroyables ou à des mondes irréels? Faites-en une petite liste.

Ainsi, pour pénétrer ces mondes et mieux apprécier la littérature, il faut parfois accepter le monde créé par l'auteur. C'est le seul moyen de découvrir les sens profonds de ces œuvres.

Les Oreilles de Midas

JEAN TARDIEU

Jean Tardieu (1903–1995) est considéré comme un grand poète et un auteur important dans le développement du Nouveau Théâtre après la Deuxième Guerre mondiale. Ce mouvement théâtral refuse un réalisme superficiel et utilise l'étrangeté et l'humour pour présenter des réalités sociales qui méritent d'être examinées d'un œil critique. Auteur d'une œuvre abondante, Tardieu commence son travail théâtral avec la fiction radiophonique, c'est-à-dire des pièces écrites non pas pour être jouées sur scène mais pour être écoutées. Ce genre spécial, dont Tardieu est un des fondateurs principaux, exige une écriture précise qui présente très clairement toutes les nuances à travers la parole, le bruit, la musique et le silence. Les pièces sont généralement courtes et comptent sur le jeu verbal pour attirer l'auditeur dans un monde fantaisiste qui reflète pourtant la réalité.

Les Oreilles de Midas, une comédie radiophonique écrite en 1975, démontre comment la technologie moderne peut changer radicalement notre façon de communiquer et de recevoir des informations de toutes sortes. On ne peut pas mieux l'expliquer que Tardieu lui-même à travers Le Récitant, un personnage de la pièce: «Voici une fable, en forme de comédie où l'on voit comment l'emploi de certains moyens techniques—tels que le Téléphone, le Disque, la Radio—peut avoir des conséquences imprévues et contradictoires.» Si nous ajoutons l'Ordinateur à cette liste, nous avons une réalité sociale du XXIe siècle que Tardieu a bien fait de mettre en question.

Mise en route

Comment être là sans vraiment y être? Quels aspects de la télécommunication vous semblent les plus importants? les moins importants? Mettez un numéro de 1 (le plus important) à 6 pour indiquer vos priorités.

_____ **a.** sa vitesse

_____ **b.** sa disponibilité (*availability*) pour tout le monde

_____ **c.** la quantité des informations qu'elle présente

_____ **d.** la qualité des informations qu'elle présente

_____ **e.** la capacité qu'elle nous donne d'influencer les actions des autres sans être présents (physiquement)

_____ **f.** l'illusion qu'elle crée que l'on est présent, sur place, quand en réalité l'on est loin

Maintenant, en petits groupes, imaginez trois situations où la communication directe (face à face) pourrait être remplacée par un type de communication indirecte. Puis imaginez une ou deux situations où la communication directe est bien meilleure.

Quels sont les avantages et les inconvénients de ces formes d'interaction?

Mots et expressions

allonger to lengthen
l'applaudissement (*m.*) applause
s'apprêter (à) to get ready (to)
la bande (magnétique) (magnetic) tape
coller to stick on, attach

la conférence lecture
constater to note; to remark
s'échapper to escape
enregistrer to record on tape
le haut-parleur loudspeaker
le micro microphone

APPLICATIONS

A. Qu'est-ce que c'est?

1. _____   2. _____   3. _____

B. Trouvez l'équivalent de chaque mot ou expression.

1. une réaction positive à un concert ou un discours
2. capter la musique, la voix ou les bruits sur une bande magnétique
3. partir sans être aperçu
4. noter

C. Trouvez le mot de la même famille.

1. prêt(e)
2. la colle
3. le conférencier
4. long

Les Oreilles de Midas

Le personnage principal, Monsieur le Professeur Lardon, est un expert dans le domaine de la communication. Mais ironiquement, il a du mal à communiquer avec sa propre femme. Bien qu'ils habitent ensemble, ils ne se voient pas et se parlent seulement en criant à travers l'appartement. Il n'arrive pas non plus à comprendre son ami au téléphone ou à se faire comprendre par lui. Maintenant, il va prononcer une conférence sur «la Philosophie acoustique» et comment la technologie améliore la vie mais il ne la présentera pas devant un vrai public: il l'enregistrera à la Station de Radiodiffusion.

Bonjour, monsieur le Professeur. Monsieur le Professeur vient pour sa conférence?

LE PROFESSEUR

5 Oui, mon ami. C'est à quel studio?

LE PORTIER, *consultant le tableau de service.*

Attendez que je regarde, monsieur le Professeur. Voyons… Heu… C'est au studio 34, monsieur le Professeur…

LE PROFESSEUR

10 Merci.

LE PORTIER

Bon travail, monsieur le Professeur.

Pas[1] du Professeur le long d'un couloir. Un peu de musique s'échappe d'un studio: une valse.

15 *De nouveau des pas. Bruits de revolvers et cris s'échappent d'un autre studio.*

De nouveau des pas. Un air d'opéra (voix de femme) s'échappant d'un autre studio. Encore quelques pas, puis les pas s'arrêtent.

LE PROFESSEUR, *se parlant à lui-même.*

Encore ces voix, ces cris, ces chants! Cette fois ce n'est plus la réalité, c'est la
20 fiction. Mais c'est toujours l'humanité qui se parle à elle-même! D'un bout à l'autre[2] de l'espace!… Image exaltante!

UNE VOIX FRAICHE DE JEUNE FEMME

Vous cherchez quelque chose, monsieur le Professeur?

LE PROFESSEUR, *comme sortant à nouveau d'un rêve.*

25 Ah! C'est notre charmante assistante! Mais, chère mademoiselle, je… Je m'apprêtais à ouvrir la porte du studio 34, comme vous le voyez…

L'ASSISTANTE, *gentiment espiègle.[3]*

Toujours dans ses pensées, notre cher Professeur!… Entrez, je vous en prie…

Musique pendant un court moment.

30 LE PROFESSEUR, *terminant sa conférence. Ambiance salle avec public.*

… Et c'est pourquoi, mesdames et messieurs, je suis extrêmement ému de constater que vous êtes venus si nombreux, ce soir, assister à la conférence de la chaire de « Philosophie acoustique ». Votre présence même illustre le sujet que je viens de traiter devant vous. Oui, la communication entre les hommes est
35 magnifiée, multipliée par les moyens audio-visuels, en particulier par la petite Bouche du grand Micro et par la grande Oreille du Haut-Parleur. Entre cette

[1] *Footsteps*   [2] D'un… *From one end to the other*   [3] *mischievous*

Rappel:
Midas, roi dans la mythologie grecque, transformait tout ce qu'il touchait en or. D'abord, il a trouvé ce talent merveilleux, mais plus tard il a voulu s'en débarrasser. Dans une autre histoire, le dieu Apollon l'a puni en lui donnant des oreilles d'âne (*donkey*).

Rappel:
Une métaphore compare deux choses implicitement, comme quand l'auteur appelle le haut-parleur «une oreille».

Une comparaison utilise une expression pour relier les deux éléments: «… c'est toute la civilisation moderne qui circule, comme un fleuve interminable… » (voir *Lire la littérature*, chapitre 12).

bouche et cette oreille, mesdames et messieurs, c'est toute la civilisation moderne qui circule, comme un fleuve[4] ininterrompu de bruits, de paroles, de musique, de chants de joie et de cris de détresse.

40   VOIX TELEPHONIQUE DU TECHNICIEN, *s'adressant depuis la cabine du son au professeur qui est dans le studio.*

Monsieur le Professeur, est-ce que je colle des applaudissements, à la fin de cette phrase, sur la bande enregistrée? Ça tomberait assez bien…

VOIX TELEPHONIQUE DU PROFESSEUR

45   Heu!… non… un peu plus loin, s'il vous plaît. Ici, vous pouvez mettre quelques toussotements[5] dans le public.

VOIX TELEPHONIQUE DU TECHNICIEN

Bien, monsieur le Professeur…

Un temps.

50   *Le technicien, pour « coller » ses bruits sur la bande magnétique, repère l'emplacement en faisant passer des fragments de celle-ci.*

L'ENREGISTREMENT DU PASSAGE DE LA CONFERENCE, *comiquement accéléré.*

«… Entre cette bouche et cette oreille, mesdames et messieurs… Entre cette bouche et cette oreille, mesdames et messieurs… fleuve ininterrompu de bruits,
55 de paroles, de musique, de chants de joie et de cris de détresse… et de cris de détresse… »

Bruits de toussotements dans l'ambiance supposée.

VOIX TELEPHONIQUE DU TECHNICIEN

Ça va comme ça?

60   VOIX TELEPHONIQUE DU PROFESSEUR

Oui, ça va. Je continue.

LE PROFESSEUR, *continuant sa conférence.*

Mesdames et messieurs, c'est un fait que les progrès techniques ont, pour ainsi dire, allongé les oreilles de l'homme. Oui, la petite oreille d'autrefois, ce
65 minuscule appendice en forme de coquille,[6] est devenu ce magnifique pavillon,[7] cette grande oreille renflée[8] à la base, pointue vers le haut, comparable à l'oreille, infiniment sensible et sans cesse agitée, de cet animal domestique dont une légende injuste et cruelle a fait le symbole ridicule de l'absence d'intelligence.*

Bien au contraire, cette grande oreille, mesdames et messieurs (et l'honorable
70 assistance que je vois devant moi en est le vivant exemple), cette oreille géante est devenue le symbole de cette intelligence collective, de l'intelligence acoustique,

---

[4]*river* [5]*coughs* [6]*shell* [7]*horn* [8]*bulging*

---

*Il parle ici de l'âne (*donkey*), symbole de la stupidité.

qui relie instantanément tous les hommes entre eux et substitue à notre ancienne solitude, à notre ancienne absence, la présence de chacun, la présence de tous, la présence universelle!

75   VOIX TELEPHONIQUE DU PROFESSEUR, *s'adressant au technicien.*

C'est ici, voyez-vous mon ami, qu'il faut placer les applaudissements sur la bande magnétique… Vous avez des applaudissements, ici?

VOIX TELEPHONIQUE DU TECHNICIEN

Oui, monsieur le Professeur, j'en ai de tout récents. Ils ont été enregistrés lors
80 de[9] la transmission du gala du Music-Hall, vous savez, la revue: «En avant les seins nus».[10]

VOIX DU PROFESSEUR

C'est bon, c'est bon, collez!

VOIX DU TECHNICIEN

85 Un instant, monsieur le Professeur, je les colle.

Défilement de la bande magnétique comportant le dernier passage du discours. Reprises, tâtonnements, repérages.

VOIX ENREGISTREE DU PROFESSEUR

… et substitue à notre ancienne solitude, à notre ancienne absence, la
90 présence de chacun… La présence de chacun… la présence de chacun, la présence de tous, la présence universelle.

Applaudissements nourris, avec cris:

CRIS

Bravo, bravo, bis,[11] bis, bis!

95   VOIX DU TECHNICIEN

Ça va comme ça, monsieur le Professeur?

VOIX DU PROFESSEUR

Oui, ça va. Mais vous ne croyez pas que les «bis, bis!» sont de trop?

VOIX DU TECHNICIEN

100 Je les enlèverai tout à l'heure, monsieur le Professeur. N'ayez crainte.[12] C'est terminé. Si vous voulez revenir dans la cabine, on pourra écouter l'ensemble, une dernière fois, avant la diffusion.

VOIX DU PROFESSEUR

Entendu, je viens.

105 *Ambiance du studio, voix normales.*

LE TECHNICIEN

Quel succès, monsieur le Professeur!

[9]lors… au moment de   [10]revue… *the stage show: "Go forth topless"*   [11]*encore*   [12]N'ayez… N'ayez pas peur

LE PROFESSEUR, *riant.*

Allons, allons, ne vous moquez pas de moi!

110

LE TECHNICIEN

Je ne me moque pas du tout, monsieur le Professeur. Vous *aurez eu*[13] beaucoup de succès. Je pense que vous avez eu une fameuse idée de prononcer cette conférence inaugurale à l'antenne, et non dans l'amphithéâtre de l'Université. C'est le sujet même de votre cours qui est ainsi démontré dans les

115 faits: l'union de tous les hommes par l'électro-acoustique, par la radio… C'est formidable!… Mais qu'est-ce qui se passera, tout à l'heure dans l'amphithéâtre?

LE PROFESSEUR

Eh bien, les auditeurs viendront. Ils prendront place sur les gradins. Quand sonnera l'heure, l'huissier, en grande tenue, annoncera: «Leçon inaugurale du

120 cours de Philosophie acoustique par monsieur le Professeur Lardon… » Personne ne montera en chaire, mais un haut-parleur diffusera le discours que vous venez d'enregistrer. Ce sera très émouvant.

LE TECHNICIEN

Très émouvant, en effet. Est-ce que Mme Lardon écoutera dans la salle, ou

125 chez elle?

LE PROFESSEUR, *gêné.*[14]

Heu… Je lui ferai entendre l'enregistrement ici, si vous le voulez bien, demain ou après-demain.

Par la suite, le Professeur rentre chez lui pour retrouver sa femme et il découvre qu'elle l'a quitté. Elle ne laisse pour lui qu'un message enregistré qu'une opératrice lui fait écouter au téléphone. Tout seul, il écoute, à la radio, sa propre conférence sur les relations interpersonnelles qui existent grâce à la technologie. ▨

[13]*aurez… will have had* [14]*embarrassed*

AVEZ-VOUS COMPRIS?

1. Pourquoi le Professeur vient-il au studio?
2. Quelle partie de sa conférence est-ce que nous entendons?
3. Quel est le sujet de sa conférence?
4. Combien de personnes écoutent cette conférence?
5. Qu'est-ce que le Technicien fait pour le Professeur?
6. Selon le Professeur, quelle partie du corps est devenue le symbole de l'intelligence humaine? Pourquoi?
7. Quel effet la technologie a-t-elle sur la communication interpersonnelle, selon le Professeur?
8. Pourquoi est-ce que le Technicien dit «Vous *aurez eu* beaucoup de succès.» (ligne 111)?
9. Que se passera-t-il quand les auditeurs viendront écouter la conférence?
10. Pourquoi le Professeur est-il gêné à la fin de l'extrait?

1. Dans les indications (lignes 13–17), l'auteur parle de bruits que l'on doit entendre pendant que le Professeur cherche son studio. Quelles autres indications auditives trouvez-vous dans l'extrait? Pourquoi ces sons sont-ils importants?

2. Pourquoi est-il ironique que le Professeur parle du grand nombre de personnes qui assistent à sa conférence?

3. Comment est-ce que le Technicien modifie la conférence? A votre avis, est-ce honnête? Expliquez.

4. Quelle est l'attitude du Professeur envers son sujet? Donnez des exemples qui soutiennent votre opinion.

5. Décrivez le caractère du professeur. Quelle est l'attitude de l'auteur envers lui?

6. Quels thèmes trouvez-vous dans cet extrait? Identifiez des répliques qui soutiennent vos analyses.

7. Nous entendons trois types de communication, la voix directe, la voix enregistrée et la voix téléphonique. Comment est-ce que ce jeu souligne le thème de la pièce?

Rappel:

Le personnage = une personne dans une œuvre littéraire

Le caractère = la personnalité, les attitudes d'un personnage ou d'une personne

1. Pensez-vous que la radio et la télévision présentent la vérité? Donnez des exemples de votre propre expérience pour soutenir votre opinion.

2. Est-ce que les moyens de communication modernes relient les individus, comme le prétend le Professeur, ou est-ce qu'ils nous rendent plus solitaires? Expliquez.

3. Comment est-ce que vous communiquez avec d'autres personnes? Faites une liste des moyens de communication que vous utilisez et ensuite expliquez les avantages et inconvénients des différentes façons de communiquer.

DE LA
**LITTERATURE
A LA VIE**

Le français au bout des doigts

La mythologie et la littérature

Les écrivains utilisent souvent des références à la mythologie et des légendes de différents pays pour parler des questions modernes (voir *Antigone,* au chapitre 4). Connaissez-vous de différents mythes et légendes?

Les liens et les activités se trouvent à **www.mhhe.com/collage**.

Les Belles Images

Simone de Beauvoir

En 1929, alors qu'elle n'avait que vingt et un ans, Simone de Beauvoir (1908–1986) a été reçue à l'agrégation de philosophie, un concours extrêmement difficile qui assure un poste dans l'enseignement secondaire ou universitaire. Elle a été professeur jusqu'en 1943, année où elle a décidé de se consacrer à l'écriture. Elle est reconnue comme l'une des fondatrices de la pensée féministe grâce à ses essais, comme *Le Deuxième Sexe*, ses récits autobiographiques, comme *Les Mémoires d'une jeune fille rangée* et *La Force de l'âge*, et également ses romans comme *Le Sang des autres*, *Une mort très douce* et *Les Belles Images*. A travers ces œuvres très diverses, on peut suivre certaines idées clés, entre autres celle de l'aliénation féminine dans un monde dominé par les hommes.

Simone de Beauvoir, une des premières femmes-écrivains féministes

Mise en route

A votre avis, lesquelles des cinq émissions suivantes ne sont pas appropriées pour un enfant de douze ans? Ecrivez *oui* ou *non* pour indiquer si vous permettriez à votre enfant de regarder ces émissions. Comparez vos réponses avec celles des autres étudiants en expliquant vos raisons. Etes-vous tous d'accord? Pourquoi? Pourquoi pas?

1. _____

22.30

COMÉDIE DRAMATIQUE. FILM DE J.-CH. TACHELLA (FR., 1987) — 1 H 50

TRAVELLING AVANT★

KIPA

Barbara .... **Ann-Gisel Glass**
Nino .... **Thierry Frémont**
Donald .... **Simon de La Brosse**
Pour adultes et adolescents.
Paris, 1948. Nino et Donald se rencontrent dans une salle de cinéma. Ils se lient d'amitié et évoquent leur rêve commun de faire carrière dans le septième art. Nino fait la connaissance de Barbara, une autre passionnée de cinéma qui l'héberge chez elle. Lorsque les deux amis découvrent que Barbara possède chez elle de nombreuses bobines de films, ils décident de créer leur propre ciné-club.

S. de La Brosse, A.-G. Glass.

2. _____

20.40

DRAME. FILM D'OLIVER STONE (ÉTATS-UNIS, 1985) — DURÉE : 1 H 57

SALVADOR★★

SCÉNARIO : RICHARD BOYLE ET OLIVER STONE — MUSIQUE : GEORGES DELERUE

Richard Boyle	**James Woods**	L'ambassadeur	**Michael Murphy**
Le docteur Rock	**Jim Belushi**	Maria	**Elpedia Carillo**
John Cassidy	**John Savage**	Le major Max	**Tony Plana**

Pour adultes et adolescents. Déjà diffusé en octobre 1987.

GAMMA

Le journaliste Richard Boyle, qui eut son heure de gloire, s'est effondré dans l'alcoolisme. A bout de ressources, il part en compagnie d'un disc-jockey, épave comme lui, depuis San Francisco vers le Salvador, où sévit une guerre civile. Ils comptent ensemble faire un reportage fructueux. Boyle, ancien du Cambodge et du Vietnam, connaît ce genre de situation, il comprend vite que les horreurs qu'il filme sont le fait des autorités gouvernementales. En rejoignant la guérilla en compagnie de Maria, une amie qu'il a retrouvée sur place, et un photographe, il va, retrouvant son métier et les engagements qu'il a déjà connus, reprendre peu à peu goût à la vie.

Le Salvador en pleine guerre civile.

Un film dur, inspiré par la mort du journaliste américain John Hoagland, disparu au Salvador ; aucune des scènes de violence extrême auxquelles il eut à faire face dans son métier de reporter ne sont épargnées aux spectateurs.

3. _____

LA BALLADE DES DALTON. Lundi, 13.35, La 5.

4. _____

22.45 BOXE : TIOZZO-WATTS

SPORT *En direct du Palm Beach de Cannes. Commentaires : Jean-Philippe Lustik, Thierry Roland. Réalisation : Jean-Claude Hechinger.*

Pour son premier combat après la perte du titre mondial, Tiozzo devait rencontrer initialement Doug De Witt. Ce dernier étant blessé, le champion français affronte ce soir **Kevin Watts,** 29 ans, ancien champion des Etats-Unis puis d'Amérique du Nord des poids moyens. Un puncheur (vingt-deux victoires dont dix par K.-O.) qui offrira un test intéressant à Tiozzo, lancé à la reconquête de sa couronne mondiale.

TEMPSPORT

Christophe Tiozzo.

5. _____

Mots et expressions

la bagarre fight
le cauchemar nightmare
déplorer to regret deeply
l'émission (*f.*) television show
se fier (à) to trust
insensible insensitive
se prolonger to go on and on,
continue

saisissant/saisissante startling,
striking
se sentir en faute to feel guilty
se soucier (de) to worry (about)
supportable bearable

- -

Complétez l'histoire avec les mots qui conviennent.

A la télévision, il y a souvent des _____[1] avec beaucoup de
violence. Je pense que les gens qui écrivent les scénarios ne
_____[2] pas de l'effet de ces images _____[3] sur les enfants.
Ces gens sont _____[4] aux problèmes psychologiques causés
par les scènes horribles qui _____[5] et les _____[6] violentes que
nous voyons chaque fois qu'on allume la télé.

 Et de plus, les gens qui présentent les nouvelles télévisées
ne se sentent pas _____[7] quand les jeunes suivent l'exemple
de ce qu'ils voient ou quand ils ont des _____[8] la nuit. Moi,
je ne _____[9] pas aux gens qui travaillent pour la télévision. Je
_____[10] leur décision de mettre des histoires terribles à la
portée des jeunes. Vraiment, ce n'est pas _____.[11]

bagarre
émission
insensible
se prolonger
saisissant
se soucier

cauchemar
déplorer
en faute
se fier
supportable

Les Belles Images

*Dans cet extrait, Simone de Beauvoir démontre à travers le personnage principal,
Laurence, comment une femme est victime des influences de l'éducation et de la
formation imposées par la société. Elle se rend compte petit à petit qu'elle existe
essentiellement pour les autres: son mari, sa mère, ses enfants, son amant. Dans le
passage qui suit, Laurence cherche à être une bonne mère pour sa fille de dix ans,
Catherine, en la protégeant du monde. Elle discute avec une amie de Catherine,
Brigitte, et lui explique qu'il ne faut pas qu'elle parle avec Catherine des nouvelles
tristes qu'elle voit à la télévision.*

Laurence hésite:

—Brigitte, ne racontez pas de choses tristes à Catherine.

Tout le visage s'est empourpré[1] et même le cou.

—Qu'est-ce que j'ai dit qu'il ne fallait pas?

5 —Rien de spécial. —Laurence sourit de manière rassurante: —Seulement Catherine est encore très petite; elle pleure souvent la nuit; beaucoup de choses lui font peur.

—Ah! bon!

Brigitte a l'air plus désarçonnée[2] que contrite.

10 —Mais si elle me pose des questions, je dirai que vous me défendez[3] de répondre?

C'est Laurence maintenant qui est embarrassée: je me sens en faute de la mettre en faute, alors qu'au fond . . .

—Quelles questions?

15 —Je ne sais pas. Sur ce que j'ai vu à la télévision.

Ah! oui; il y a ça aussi: la télévision. Jean-Charles[4] rêve souvent à ce qu'elle pourrait être, mais il déplore ce qu'elle est; il ne prend guère que les Actualités télévisées et «Cinq colonnes à la une»* que Laurence regarde aussi, de loin en loin. On y montre parfois des scènes peu supportables; et, pour une enfant, les 20 images sont plus saisissantes que les mots.

—Qu'avez-vous vu à la télévision, ces jours-ci?

—Oh! beaucoup de choses.

—Des choses tristes?

Brigitte regarde Laurence dans les yeux:

25 —Il y a beaucoup de choses que je trouve tristes. Pas vous?

—Si, bien sûr.

Qu'est-ce qu'ils ont montré ces jours-ci? J'aurais dû regarder. La famine aux Indes? Des massacres au Viêtnam? Des bagarres racistes aux U.S.A.?

—Mais je n'ai pas vu les dernières émissions, reprend Laurence. Qu'est-ce qui 30 vous a frappée[5]?

—Les jeunes filles qui mettent des ronds[6] de carotte sur des filets de hareng,[7]† dit Brigitte avec élan.[8]

—Comment ça?

---

[1]s'est... a rougi [2]*nonplussed* [3]interdisez [4]son mari [5]impressionnée [6]*slices* [7]*herring* [8]énergie

---

*Une émission qui donne des actualités pour la semaine.

†En France on trouve parfois un rond de carotte dans une boîte de conserve qui contient du poisson.

—Eh bien, oui. Elles racontaient que toute la journée elles mettent des ronds
de carotte sur des filets de hareng. Elles ne sont pas beaucoup plus vieilles que
moi. J'aimerais mieux mourir que de vivre comme ça!

—Ça ne doit pas être tout à fait pareil pour elles.

—Pourquoi?

—On les a élevées[9] autrement.[10]

—Elles n'avaient pas l'air bien contentes, dit Brigitte.

Des métiers stupides, qui disparaîtront bientôt avec l'automation; en
attendant, évidemment... Le silence se prolonge.

—Bon. Allez faire votre version.[11] Et merci pour les fleurs, dit Laurence.

Brigitte ne bouge pas.

—Je ne dois pas en parler à Catherine?

—De quoi?

—De ces jeunes filles.

—Mais si, dit Laurence. C'est seulement quand quelque chose vous paraît
vraiment horrible qu'il vaut mieux le garder pour vous. J'ai peur que Catherine
n'ait des cauchemars.

Brigitte tortille[12] sa ceinture; elle qui est d'ordinaire si simple, si directe, elle a
l'air désorientée. «Je m'y suis mal prise»,[13] pense Laurence; elle n'est pas contente
d'elle; mais comment fallait-il s'y prendre?[14] «Enfin, je me fie à vous. Faites un
peu attention, c'est tout», conclut-elle gauchement.[15]

Suis-je devenue insensible ou Brigitte est-elle particulièrement vulnérable? se
demande-t-elle, quand la porte s'est refermée. «Toute la journée des ronds de
carotte.» Sans doute, les jeunes filles qui font un pareil métier, c'est qu'elles ne
sont pas capables d'un travail plus intéressant. Mais ça ne rend pas les choses plus
drôles pour elles. Voilà encore de ces «incidences humaines» qui sont regrettables.
Ai-je raison, ai-je tort de si peu m'en soucier? ❧

[9]*raised* [10]*de façon différente* [11]*un devoir écrit* [12]*twists* [13]*Je... I didn't go about that right* [14]*comment... ?
how should I have gone about it?* [15]*de façon maladroite*

AVEZ-VOUS COMPRIS?

1. Qu'est-ce que Laurence demande à Brigitte? Quelle explication est-ce qu'elle donne pour sa demande?
2. Dans la ligne 3, un des personnages rougit. Lequel? Comment le savez-vous? Pourquoi est-ce que cette personne rougit?
3. Catherine, la fille de Laurence, pose des questions à Brigitte. A quel sujet?
4. Qu'est-ce que Jean-Charles pense de la télévision?
5. Qu'est-ce que Laurence craint que sa fille voie à la télévision?

6. Qu'est-ce qui a impressionné Brigitte dans l'émission sur les jeunes ouvrières? Pourquoi? Laurence a-t-elle la même réaction que Brigitte? Pourquoi (pas)?
7. Pourquoi est-ce que Laurence remercie Brigitte? Qu'est-ce que Brigitte va faire?
8. A qui est-ce que Laurence parle après le départ de Brigitte? Quelles questions est-ce qu'elle pose? Comment justifie-t-elle la situation des jeunes ouvrières?

COMMENTAIRE DU TEXTE

1. Comment est-ce que Laurence parle à Brigitte? Comme à une petite fille? Comme à une adulte? Trouvez des passages qui justifient votre réponse.
2. Qu'est-ce que nous apprenons sur Catherine dans ce passage? sur Brigitte? sur Laurence? Faites une petite liste d'adjectifs pour décrire chacune (sûre d'elle, nerveuse, maladroite, gênée, triste, etc.).
3. Quel rôle la télévision joue-t-elle dans ce texte? Est-ce que cette situation vous semble réaliste? impossible? Pourquoi?
4. Comparez les détails qui, d'après Laurence, ont impressionné Brigitte et ceux qui l'ont réellement impressionnée. Comparez également leurs réactions. Et votre réaction à vous, ressemble-t-elle plus à celle de Brigitte ou à celle de Laurence? Pourquoi?
5. Répondez à la question posée par Laurence à la fin du passage.
6. Imaginez que vous discutez avec Laurence et qu'elle vous demande si elle a bien fait de parler avec Brigitte. Qu'est-ce que vous lui diriez?

DE LA LITTERATURE A LA VIE

1. Faudrait-il que le gouvernement intervienne dans la programmation de la télévision? Si oui, quel serait son rôle? Si non, pourquoi pas?
2. Que pensez-vous des journaux télévisés? Est-ce qu'ils présentent assez d'informations sur ce qui se passe dans le monde? Est-ce qu'ils parlent trop de certaines choses et pas assez d'autres? Est-ce qu'il y a des images que l'on devrait éviter de montrer? Lesquelles? Pourquoi? Regardez la photo à la première page de ce chapitre, et commentez.
3. Est-ce une bonne idée de protéger les enfants du monde qui les entoure en leur interdisant certaines émissions? Quels sont les effets d'une liberté totale? D'une oppression sévère?
4. Regardez la couverture du magazine à la page suivante. Que veut dire la question posée dans le gros titre? Répondez à cette question.

Le français au bout des doigts

Femmes-écrivains

Simone de Beauvoir était particulièrement sensible à la condition des femmes de son époque, mais beaucoup de femmes-écrivains parlent de tout autre chose. Quelles femmes-écrivains connaissez-vous? Quels sont les thèmes qui se trouvent dans leurs œuvres?

Les liens et les activités se trouvent à **www.mhhe.com/collage**.

CHAPITRE

8 LES SPECTACLES

Raoul Dufy: L'Opéra, Paris (c. 1924)

With movies to bring comedy, tragedy, and suspense to us at any time of day, who needs theater? With video and cable to bring these into our living rooms, why go to the movie theater? Two responses are found in the readings in this chapter; they suggest that the theater and the cinema are far more than simple distractions meant to pass the time.

An evening at the theater lets us witness the active creation of art as we watch the performers give life to dramatic texts of all times. Important and often universal themes find their place there, as we see in the excerpt from Molière's *Le Malade imaginaire.* A trip to the movies gives us not only the images on the screen but a chance to break away from everyday life in a context especially made for that purpose. In many cultures, the cinema also plays a social role, giving young people a place to be together, as Marie Cardinal shows in the pages presented here from her novel *Une vie pour deux.*

Lire la littérature

Theme

A theme (**thème**) is essentially a type of unifying principle, regardless of the context in which it is found. In this book, for example, the chapters are organized according to themes such as **"La famille et les amis"** or **"Les spectacles."** In literature, many themes are universal in nature (death, revolution, love, human courage) and often are expressed indirectly, requiring interpretation to discover what is being communicated. The different aspects of a literary text work together to convey its theme or themes; one role of the reader is to seek these out. Even a brief excerpt can give clues as to the theme of a work. Read this brief scene from *Caligula* by Albert Camus while concentrating on what universal issue or issues might be at its heart.

Scène IV

HELICON, *d'un bout de la scène° à l'autre:* Bonjour, Caïus.   *stage*
CALIGULA, *avec naturel:* Bonjour, Hélicon.

(*Silence.*)

  HELICON: Tu sembles fatigué?
5 CALIGULA: J'ai beaucoup marché.
  HELICON: Oui, ton absence a duré longtemps.

(*Silence.*)

  CALIGULA: C'était difficile à trouver.
  HELICON: Quoi donc?
10 CALIGULA: Ce que je voulais.
  HELICON: Et que voulais-tu?
  CALIGULA, *toujours naturel:* La lune.
  HELICON: Quoi?

CALIGULA: Oui, je voulais la lune.

15   HELICON: Ah!

(*Silence. Hélicon se rapproche.*)

   HELICON: Pour quoi faire?

   CALIGULA: Eh bien!… C'est une des choses que je n'ai pas.

Which of the following themes seem present in this passage? Justify your choices.

    A. love of nature
    B. desire for the unattainable
    C. fear of death
    D. desire to control the universe

B and **D** are both justifiable responses (see lines 12 and 18). **A** would be difficult to justify because Caligula wants the moon, not because it is part of nature but because he can't have it. **C,** although possible by stretching the interpretation of *why* Caligula wants control, is not presented clearly enough in this scene to be a justifiable answer.

Part of your task in looking for themes will be to remain close enough to the actual text to justify your conclusions. As you read the passages in this chapter, look beyond the chapter theme of **Les spectacles** that unites these texts to see what themes are present in them, for such themes are part of the reason that such literature endures.

Le Malade imaginaire

MOLIÈRE

Jean-Baptiste Poquelin (1622–1673), dit *Molière*, est l'un des plus célèbres dramaturges de la littérature européenne. Créées sous le règne de Louis XIV, *Tartuffe*, *L'Avare*, *Le Malade imaginaire*, *Les Femmes savantes* et *Le Misanthrope* sont parmi ses comédies les plus connues.

   Le Malade imaginaire est la cinquième pièce dans laquelle Molière affiche son scepticisme envers la médecine. C'est aussi sa dernière pièce. Elle est représentée pour la première fois le 10 février 1673. Molière, qui souffre depuis plusieurs années d'une grave maladie de poitrine, y joue le rôle d'Argan. Quelques jours plus tard, lors de la quatrième représentation, Molière se sent très mal, mais refuse de quitter la scène. Rentré chez lui, il meurt le soir même.

Mise en route

Regardez cette publicité présentée par le gouvernement français et par une société d'assurance maladie. N'essayez pas de comprendre chaque mot de cette publicité, mais plutôt le concept dont elle traite.

UN MÉDICAMENT
ÇA NE SE PREND PAS
À LA LÉGÈRE.

Un médicament n'est pas un produit comme
les autres, c'est pourquoi il ne faut pas hésiter
à demander conseil, poser des questions
à son médecin ou à son pharmacien.

MIEUX SE SOIGNER, ÇA S'APPREND.

Quelle est l'idée générale communiquée

   1. par l'image?   **2.** par le texte?

Que pensez-vous de cette publicité?

     Avec un/une partenaire, regardez la liste des raisons suivantes pour lesquelles on prend trop de médicaments. Numérotez-les de 1 (la raison la plus commune) à 4 (la raison la moins commune). Discutez de vos choix.

_____ Les médecins donnent trop facilement des médicaments aux gens.

_____ La publicité à la télévision montre aux gens que les médicaments peuvent changer leur vie (pour l'arthrite, par exemple).

_____ Les gens pensent qu'aucune douleur (maux de tête, de ventre, etc.) n'est acceptable.

_____ Les gens veulent échapper à leurs problèmes (par les tranquillisants ou les antidépresseurs).

Et en ce qui concerne les visites chez le médecin, pensez-vous qu'il y ait des gens qui en abusent? Cochez les raisons que vous considérez acceptables pour une visite médicale. Vous pouvez qualifier vos réponses (par exemple «pour un petit enfant», ou «pour une personne très âgée»).

_____ 1. On a une petite fièvre.
_____ 2. On est tout seul.
_____ 3. On a du mal à dormir.
_____ 4. On a mal à la tête depuis plusieurs jours.
_____ 5. On n'a pas faim.

En lisant la scène de Molière, vous allez découvrir un personnage, Argan, qui croit qu'il a toujours besoin de soins médicaux et qui croit tout ce que son médecin lui dit. Béralde, par contre, trouve la médecine inutile et même dangereuse. A vous de décider ce que vous pensez de leurs idées sur ces sujets.

Mots et expressions

s'attaquer à to criticize
croire à to believe in
étendre to stretch, extend
gâter to spoil
guérir to cure, heal
l'ordonnance (*f.*) prescription
ne... point not at all

prendre garde (à) to watch out (for)
le remède remedy
le secours help, assistance
le soin care; **avoir, prendre soin de** to take care of
le songe dream

APPLICATIONS **A.** Trouvez les mots de la même famille que les mots suivants.

1. ordonner
2. soigner
3. secourir
4. extension
5. songer

B. Trouvez l'équivalent de chaque expression.

1. rendre la santé à
2. faire attention à
3. critiquer
4. avoir la responsabilité de
5. ne… pas du tout

C. Complétez les phrases avec les mots qui conviennent.

1. On dit que les grands-parents _____ toujours leurs petits-enfants.
2. Quand on est malade, on cherche _____ à sa maladie.
3. Est-ce que vous _____ la vie après la mort?

Le Malade imaginaire

Acte III, scène 3

BERALDE: Est-il possible que vous serez toujours embéguiné[1] de vos apothicaires[2] et de vos médecins, et que vous vouliez être malade en dépit des gens et de la nature?

ARGAN: Comment l'entendez-vous,[3] mon frère?

5 BERALDE: J'entends, mon frère, que je ne vois point d'homme qui soit moins malade que vous, et que je ne demanderais point une meilleure constitution que la vôtre. Une grande marque que vous vous portez bien et que vous avez un corps parfaitement bien composé, c'est qu'avec tous les soins que vous avez pris vous n'avez pu parvenir encore
10 à gâter la bonté de votre tempérament,[4] et que vous n'êtes point crevé[5] de toutes les médecines[6] qu'on vous a fait prendre.

ARGAN: Mais savez-vous, mon frère, que c'est cela qui me conserve; et que monsieur Purgon dit que je succomberais, s'il était seulement trois jours sans prendre soin de moi?

15 BERALDE: Si vous n'y prenez garde, il prendra tant de soin de vous, qu'il vous enverra en l'autre monde.

ARGAN: Mais raisonnons un peu, mon frère. Vous ne croyez donc point à la médecine?

BERALDE: Non, mon frère, et je ne vois pas que, pour son salut,[7] il soit nécessaire
20 d'y croire.

ARGAN: Quoi! vous ne tenez[8] pas véritable une chose établie[9] par tout le monde et que tous les siècles ont révérée?

BERALDE: Bien loin de la tenir véritable, je la trouve, entre nous, une des plus grandes folies qui soient parmi les hommes; et, à regarder les choses en
25 philosophe, je ne vois point une plus plaisante momerie,[10] je ne vois rien de plus ridicule, qu'un homme qui se veut mêler[11] d'en guérir un autre.

ARGAN: Pourquoi ne voulez-vous pas,[12] mon frère, qu'un homme en puisse guérir un autre?

BERALDE: Par la raison, mon frère, que les ressorts de notre machine[13] sont des
30 mystères, jusques ici, où les hommes ne voient goutte;[14] et que la nature nous a mis au-devant des yeux des voiles trop épais pour y connaître quelque chose.

ARGAN: Les médecins ne savent donc rien, à votre compte?

BERALDE: Si fait,[15] mon frère. Ils savent la plupart de fort belles humanités,
35 savent parler en beau latin, savent nommer en grec toutes les maladies, les définir et les diviser; mais, pour ce qui est de[16] les guérir, c'est ce qu'ils ne savent pas du tout.

---

[1] *infatuated* [2] pharmaciens [3] Comment... Que voulez-vous dire [4] santé [5] (*fam.*) mort [6] mot démodé pour
«médicaments» [7] *salvation* [8] considérez [9] acceptée [10] plaisante... *ridiculous masquerade* [11] se... forme
démodée pour «veut se mêler» [12] ne... n'acceptez-vous pas [13] corps [14] rien [15] Si... Bien sûr
[16] pour... *when it comes to*

ARGAN: Mais toujours faut-il demeurer d'accord[17] que, sur cette matière, les médecins en savent plus que les autres. [...] Il faut bien que les médecins croient leur art véritable, puisqu'ils s'en servent pour eux-mêmes.

BERALDE: C'est qu'il y en a parmi eux qui sont eux-mêmes dans l'erreur populaire, dont ils profitent; et d'autres qui en profitent sans y être. Votre monsieur Purgon, par exemple, n'y sait point de finesse;[18] c'est un homme tout médecin, depuis la tête jusqu'aux pieds; un homme qui croit à ses règles plus qu'à toutes les démonstrations[19] des mathématiques, et qui croirait du crime[20] à les vouloir examiner; qui ne voit rein d'obscur dans la médecine, rien de douteux, rien de difficile; [...] c'est de la meilleure foi du monde qu'il vous expédiera; et il ne fera, en vous tuant, que ce qu'il a fait à sa femme et à ses enfants, et ce qu'en un besoin[21] il ferait à lui-même.

ARGAN: C'est que vous avez, mon frère, une dent de lait[22] contre lui. Mais, enfin, venons au fait.[23] Que faire donc quand on est malade?

BERALDE: Rien, mon frère.

ARGAN: Rien?

BERALDE: Rien. Il ne faut que demeurer en repos.[24] La nature, d'elle-même, quand nous la laissons faire, se tire doucement du désordre où elle est tombée. C'est notre inquiétude, c'est notre impatience qui gâte tout; et presque tous les hommes meurent de leurs remèdes, et non pas de leurs maladies.

ARGAN: Mais il faut demeurer d'accord, mon frère, qu'on peut aider cette nature par de certaines choses.

BERALDE: Mon Dieu, mon frère, ce sont de pures idées dont nous aimons à nous repaître;[25] et, de tout temps, il s'est glissé parmi les hommes de belles imaginations que nous venons à croire,[26] parce qu'elles nous flattent et qu'il serait à souhaiter[27] qu'elles fussent[28] véritables. Lorsqu'un médecin vous parle d'aider, de secourir, de soulager la nature [...] et d'avoir des secrets pour étendre la vie à de longues années, il vous dit justement le roman[29] de la médecine. Mais, quand vous en venez à[30] la vérité et à l'expérience, vous ne trouvez rien de tout cela; et il en est comme de[31] ces beaux songes, qui ne vous laissent au réveil que le déplaisir de les avoir crus.[32]

ARGAN: C'est à dire que toute la science du monde est renfermée dans votre tête, et vous voulez en savoir plus que tous les grands médecins de notre siècle.

BERALDE: Dans les discours et dans les choses, ce sont deux sortes de personnes que vos grands médecins. Entendez-les parler, les plus habiles gens du monde; voyez-les faire, les plus ignorants de tous les hommes.

[17]demeurer... être du même avis [18]*subtlety* [19]*preuves* [20]croirait... *would think it a crime* [21]en... en cas de besoin [22]une... *a childish grudge* [23]venons... *let's get to the point* [24]demeurer... se reposer [25]dont... que nous aimons croire [26]il... nous croyons à des histoires fausses [27]il... *it would be desirable* [28]imparfait subj. d'**être** [29]la fiction [30]en... arrivez à [31]il... c'est comme [32]qui... *which displease you in the morning because you believed them*

ARGAN: Ouais![33] vous êtes un grand docteur, à ce que je vois, et je voudrais
bien qu'il y eût[34] ici quelqu'un de ces messieurs, pour rembarrer[35] vos
raisonnements et rabaisser votre caquet.[36]

BERALDE: Moi, mon frère, je ne prends point à tâche de combattre la médecine;
et chacun, à ses périls et fortune,[37] peut croire tout ce qu'il lui plaît.
Ce que j'en dis n'est qu'entre nous; et j'aurais souhaité de pouvoir[38] un
peu vous tirer de l'erreur où vous êtes et, pour vous divertir, vous
mener voir, sur ce chapitre,[39] quelqu'une des comédies de Molière.

ARGAN: C'est un bon impertinent que votre Molière, avec ses comédies! Et je le
trouve bien plaisant[40] d'aller jouer[41] d'honnêtes gens comme les médecins!

BERALDE: Ce ne sont point les médecins qu'il joue, mais le ridicule de la médecine.

---

[33](*fam.*) Oui!   [34]imparfait subj. d'**avoir**   [35]*rebut*   [36]rabaisser... *make you shut up*   [37]à... *at his own risk*
[38]souhaité... forme démodée pour «souhaité pouvoir»   [39]*sujet*   [40]*presumptuous*   [41]aller... se moquer

«C'est un bon impertinent que votre Molière, avec ses comédies! Et je le trouve bien plaisant d'aller jouer d'honnêtes gens comme les médecins!»

90   ARGAN: C'est bien à lui à faire, de se mêler de contrôler la médecine! Voilà un bon nigaud,[42] un bon impertinent, de se moquer des consultations et des ordonnances, de s'attaquer au corps des médecins, et d'aller mettre sur son théâtre des personnes vénérables comme ces messieurs-là.

BERALDE: Que voulez-vous qu'il y mette, que[43] les diverses professions des
95   hommes? On y met bien tous les jours les princes et les rois qui sont d'aussi bonne maison[44] que les médecins.

ARGAN: Par la mort nom de diable![45] Si j'étais que des médecins,[46] je me vengerais de son impertinence; et, quand il sera malade, je le laisserais mourir sans secours. Il aurait beau faire et beau dire,[47] je ne lui
100   ordonnerais pas la moindre petite saignée,[48] le moindre petit lavement;[49] et je lui dirais: «Crève, crève; cela t'apprendra une autre fois à te jouer à la Faculté.»[50]

BERALDE: Vous voilà bien en colère contre lui.

ARGAN: Oui, c'est un malavisé;[51] et, si les médecins sont sages, ils feront ce que
105   je dis.

BERALDE: Il sera encore plus sage que vos médecins, car il ne leur demandera point de secours.

ARGAN: Tant pis pour lui, s'il n'a point recours[52] aux remèdes.

BERALDE: Il a ses raisons pour n'en point vouloir, et il soutient que cela n'est
110   permis qu'aux gens vigoureux et robustes, et qui ont des forces de reste[53] pour porter[54] les remèdes avec la maladie; mais que, pour lui, il n'a justement de la force que pour porter son mal.[55]

ARGAN: Les sottes raisons que voilà! Tenez, mon frère, ne parlons point de cet homme-là davantage; car cela m'échauffe la bile[56] et vous me donneriez
115   mon mal.[57] 🌿

[42]*idiot* [43]sinon [44]famille [45]Par... ! *What the devil!* [46]Si... Si j'étais médecin [47]Il... *Regardless of what he might do or say* [48]*bloodletting* [49]*enema* [50]te... te moquer de la Faculté de médecine [51]une personne imprudente [52]n'a... *does not resort* [53]de... en réserve [54]supporter, tolérer [55]sa maladie [56]m'échauffe... me met en colère [57]vous... vous me rendriez malade

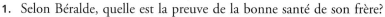
1. Selon Béralde, quelle est la preuve de la bonne santé de son frère?
2. Qui est M. Purgon? Que dit-il à Argan? Quelle opinion Béralde a-t-il de lui?
3. Pourquoi Argan pense-t-il que la médecine est une science véritable? Qu'en pense Béralde? Pourquoi est-il de cet avis?
4. D'après Béralde, que savent les médecins? Qu'est-ce qu'ils sont incapables de faire?
5. Pourquoi Argan pense-t-il que les médecins croient leur art véritable? Comment Béralde réagit-il à cette observation? Que reproche-t-il à M. Purgon?
6. Selon Béralde, que faut-il faire quand on tombe malade? Expliquez ce qu'il dit à propos de la nature. D'après lui, de quoi meurent presque tous les hommes?
7. Béralde dit: «Lorsqu'un médecin vous parle d'aider… la nature… et d'avoir des secrets pour étendre la vie à de longues années, il vous dit justement le roman de la médecine.» Expliquez en précisant le sens du mot **roman.**
8. Pourquoi Béralde aimerait-il emmener son frère voir les comédies de Molière? Pourquoi Argan trouve-t-il Molière impertinent? Comment Béralde justifie-t-il Molière?
9. Que ferait Argan s'il était le médecin de Molière? D'après Béralde, que fera Molière s'il tombe malade? Pourquoi?
10. En relisant le texte, marquez au crayon les passages qui révèlent le caractère de chaque personnage. Par exemple, vous pourrez mettre un H à côté des passages qui montrent l'hypocondrie d'Argan, un C à côté de ceux qui révèlent sa crédulité et un R là où Béralde fait preuve de raison et de bon sens.

COMMENTAIRE
DU TEXTE

1. Quelles faiblesses humaines Molière critique-t-il dans cette scène? Pour répondre à cette question, analysez les traits de caractère dont Argan fait preuve au cours du dialogue. Est-il hypocondriaque? superstitieux? crédule? Ou bien est-il raisonneur? calme? réfléchi? Se maîtrise-t-il ou est-il dominé par ses passions?
2. Comme la plupart des écrivains du siècle classique, Molière croyait à la raison, au bon sens, à la modération. D'après lui, il est inutile et même dangereux de vouloir intervenir dans les choses de la nature. Dans quelle mesure peut-on considérer Béralde comme le porte-parole de l'auteur?
3. Molière se moque des médecins de son époque. Après avoir lu cette scène, quelle impression avez-vous de la médecine au XVIIe siècle? Quel rapport y a-t-il entre le nom «Purgon» et l'un des remèdes préférés de l'époque?

....

Rappel:
Le mot **classicisme,**
dans le contexte
de la littérature
française, exprime
un respect pour la
raison, le bon goût
et une pureté
d'expression.

4. Bien que l'on ne voie pas Molière sur la scène, il est presque un personnage de la pièce. Béralde et Argan parlent de lui et de la satire qu'il fait de la médecine. Ironiquement, Molière est mort après la quatrième représentation du *Malade imaginaire*, dans laquelle il jouait le rôle d'Argan. Comment cela ajoute-t-il à la satire et au caractère poignant de cette scène?

5. Quels thèmes trouvez-vous dans cet extrait? Comment Molière présente-t-il la nature? la nature humaine? la science?

De la littérature à la vie

1. Si Argan est hypocondriaque, qu'est-ce que cela veut dire? En quoi est-ce différent d'une maladie psychosomatique? Consultez un dictionnaire si besoin est.

2. Vous considérez-vous plutôt sensible à la maladie (prenez-vous des médicaments au moindre malaise?) ou avez-vous tendance à refuser d'admettre que vous êtes malade? Commentez.

3. Dans le cas d'une maladie incurable, pensez-vous que les médecins doivent laisser la nature suivre son cours, ou bien doivent-ils s'efforcer de prolonger la vie du malade à n'importe quel prix? Justifiez votre réponse.

4. Que faites-vous pour conserver votre santé? Quelles habitudes avez-vous qui risquent de la compromettre? Vivez-vous au jour le jour ou bien prenez-vous des précautions pour vous préparer un avenir meilleur? Pourquoi?

5. Si un médecin fait une erreur de diagnostic ou prescrit un mauvais traitement, est-il normal de pouvoir le poursuivre en justice? Justifiez votre réponse.

Le français au bout des doigts

Spectacles

La Comédie-Française, qui date de l'époque de Molière, est le théâtre le plus connu de France. Il y a pourtant beaucoup de théâtres en France et dans d'autres pays francophones qui présentent une grande diversité de spectacles. Découvrez un peu sur le théâtre français sur Internet.

Les liens et les activités se trouvent à **www.mhhe.com/collage**.

Une vie pour deux

MARIE CARDINAL

Née en Algérie en 1929, la romancière française Marie Cardinal prend souvent comme point de départ de ses romans les transitions et combats personnels qui marquent la vie des femmes. Elle cherche à comprendre et à présenter également le rôle des femmes dans la société, dans la famille et dans le couple. On trouve au dos de son livre *Une vie pour deux* (1978) la citation suivante:

> Marie Cardinal est la femme la plus lue de France et la seule à figurer au hit-parade de nos dix premiers écrivains vivants… Pourquoi un tel succès? Sans doute parce qu'elle touche, qu'elle atteint ses lecteurs au cœur. Elle ne retient ni sa passion, ni sa tendresse, ni ses violences.
>
> —Jean Bothorel, *Le Matin*

Ce témoignage de son importance dans l'univers littéraire français met en lumière un aspect important de l'œuvre de Marie Cardinal: la sincérité et la lucidité avec lesquelles elle crée ses personnages. *Une vie pour deux* n'est pas une exception.

Mise en route

Dans tous les pays du monde, il existe des «rites de passage» qui marquent les changements dans la vie d'une personne. Ces changements n'ont pas toujours lieu au même âge, car il existe des différences entre les cultures et entre les individus. Chacune des phrases suivantes indique des moments où la vie peut changer radicalement. A quel âge est-ce que ces choses arrivent, selon vous?

1. On prend sa retraite à _____ ans.
2. On a son permis de conduire à _____ ans.
3. On commence l'école à _____ ans.
4. On sort seul(e) avec un membre du sexe opposé à _____ ans.
5. On commence sa carrière à _____ ans.
6. On se marie ou on vit avec quelqu'un à _____ ans.
7. On quitte la maison de ses parents à _____ ans.
8. On _____ à _____ ans.

Comparez vos réponses avec celles des autres étudiant(e)s. Y a-t-il des différences? Pourquoi?

Connaissez-vous d'autres cultures où ces moments marquants de la vie se passent différemment? Parlez-en.

Mots et expressions

appartenir (à) to belong (to)
bavarder to chat
le caissier / la caissière cashier, clerk
chuchoter to whisper
le collège junior high / middle school
l'écran (*m.*) screen
(s')éteindre to turn off/out; to go
off/out

la file line
la gêne embarrassment
la monnaie change
le rang row; rank
la séance showing (*at the cinema*)

APPLICATIONS Complétez les phrases avec le mot qui convient. N'oubliez pas de
conjuguer les verbes, si nécessaire.

1. Quand on a treize ans, on va au _____,[1] où on apprend
beaucoup de choses. Parfois, on _____[2] à des groupes aussi,
comme à des équipes de sport, par exemple. On adore
_____[3] avec des amis, et même en classe on _____[4] quand le
prof ne regarde pas. Mais si on fait une erreur en classe, on
ressent de la _____[5] et souvent on rougit.

appartenir
bavarder
chuchoter
collège
gêne

2. Quand les gens vont au cinéma, il y a parfois une longue
_____[1] à l'entrée. Après avoir attendu, ils paient, et la _____[2]
leur rend la _____.[3] Ils choisissent une place, et avec un peu
de chance, ce n'est pas au premier _____[4]! Au début de la
_____,[5] les lumières _____,[6] et ils voient des publicités pour
d'autres films sur l' _____.[7] Enfin, le film commence!

caissière
écran
s'éteindre
file
monnaie
rang
séance

Une vie pour deux

*C'est Simone qui nous raconte cette histoire. Lors de ses vacances, elle remet en
question ses rapports avec son mari, Jean-François. Ils sont mariés depuis plus de vingt
ans, et les mois qu'ils passent tous les deux en Irlande semblent souligner la distance
qui les sépare. Simone cherche, par ses souvenirs, à comprendre ce qui s'est passé, où est
passé l'amour. Dans ce passage, Simone se souvient de sa jeunesse, de la rencontre
pendant les vacances avec 'un jeune homme, Alain, le meilleur ami de son frère, et de
la première fois qu'elle est sortie avec lui au cinéma. C'est encore une exploration des
sentiments, des rites sociaux et des rapports entre hommes et femmes.*

À la fin des vacances nous sommes retournés à la ville où nous ne pouvions plus nous voir chaque jour. J'avais retrouvé ma vie de jeune fille qui va en classe, seule cette fois. Alain et mon frère étaient devenus des étudiants. J'avais de nouveau endossé[1] l'uniforme de mon collège. On avait dû le renouveler
5 complètement. Mon corps avait tellement changé pendant l'été! Pas question cette année-là d'ouvrir une pince, de donner de l'ourlet ou de pousser les boutons[2] des vêtements de l'an dernier. Non, plus rien n'allait,[3] plus aucune pièce, j'étais différente.

    Mon frère servait de messager à Alain. Je crois qu'il avait vu d'un bon œil ce
10 qui s'était passé entre son ami et moi cet été. Il me semblait qu'il avait plus de considération pour moi.

    Nous n'étions pas rentrés de vacances depuis une semaine qu'un soir mon frère me chuchote:

    «Alain veut aller au cinéma avec toi demain. C'est jeudi. Je dirai que je
15 t'emmène au stade. On se retrouvera le soir pour rentrer.»

    Quelle histoire! Cela voulait dire qu'il fallait que je manque les guides,[4] que j'invente des mensonges à droite et à gauche. Tant pis! Tout ce que je voulais c'était revoir Alain, le sentir près de moi, qu'il prenne ma main. Je lui appartenais, j'étais sa femme, c'était lui qui décidait.

[1]mis   [2]d'ouvrir… *to let out the seams, lengthen the hem or move over the buttons*   [3]plus… *nothing fit anymore*
[4]*girl scouts*

Devant le cinéma,
Boulevard des
Champs-Elysées

20 Il m'a paru drôle le lendemain avec son pantalon de flanelle, sa chemise, sa cravate, sa veste de tweed: un homme. J'avais rendez-vous avec un homme! Moi! Il aurait fallu que j'aie des bas,[5] un sac avec un poudrier[6] dedans, et aussi des chaussures à talons. Mais je ne possédais rien de tout ça, ce n'était pas le genre des jeunes filles de mon âge et de ma condition.[7] Si bien que je me sentais un

25 peu tarte[8] avec mes mocassins,[9] ma jupe écossaise et mon twin-set bleu marine. Sans compter le ruban qui tenait mes cheveux et qui faisait très gamine.[10]

Nous étions l'un en face de l'autre, devant l'entrée du cinéma, dans nos vêtements qui sentaient l'automne, étrangers l'un à l'autre. Comme si, il y a quelques jours à peine, nous n'avions pas couru nus, ou presque, nous tenant par

30 la main, dans les vagues. Là-bas, je n'avais rien à craindre de lui. Ici, tout à coup, il me faisait peur. Il était un homme et moi une femme. Avant, nous étions deux enfants amoureux.

Encore un pas à franchir.[11] Comment devient-on une femme? Comment commence-t-on à être une femme? Une chose me paraissait certaine: je n'étais pas

35 encore une femme cet été, allongée sur le sable près de lui. Alors je ne savais plus ce que j'étais.

Alain sentait-il ma gêne? Il aurait pu me mettre à l'aise, il ne le faisait pas. Il avait un air décidé que je ne lui connaissais pas.

C'était jeudi, il y avait plein de garçons et de filles semblables à nous qui

40 allaient entrer dans la salle. Ils paraissaient être à leur affaire, ils bavardaient, ils riaient. Alain fumait une Bastos avec désinvolture. Nous n'avions rien à nous dire. Et pourtant j'avais la tête pleine de la joie de le retrouver, du plaisir d'être avec lui. Je n'en avais pas dormi la nuit précédente et jamais, depuis que j'étais au monde, un matin n'avait été aussi long que ce matin-là tant j'étais impatiente de

45 le voir.

Nous étions là à piétiner[12] dans la file qui avançait lentement devant la boîte vitrée de la caissière. Alain ne m'avait même pas demandé si j'avais de quoi payer ma place. Il devait bien se douter que je n'avais pas un sou.[13] Il savait très bien que, dans notre milieu,[14] les jeunes filles n'ont pas d'argent de poche. Qu'en

50 auraient-elles fait?

«Deux orchestres.»

Ça aussi, ça me faisait peur: son assurance, cette facilité avec laquelle il faisait les gestes nécessaires, il prononçait les mots qu'il fallait dire. Je voyais qu'il avait l'habitude de ce genre de situation et moi je me sentais gourde comme ce n'est

55 pas permis de l'être.[15] Il paie, empoche la monnaie et nous entrons.

La séance va commencer, la salle s'éteint peu à peu faisant entrer dans l'ombre les roses de plâtre dorées et les guirlandes de laurier[16] qui ornaient le balcon et aussi les satyres et les muses qui batifolaient[17] avec leurs lyres et leurs

---

[5] *stockings* [6] *powder compact* [7] classe sociale [8] ridicule [9] *loafers* [10] jeune [11] un pas... *a stage to get through* [12] marcher sans beaucoup avancer [13] un... d'argent [14] classe sociale [15] gourde... tout à fait idiote [16] les guirlandes... *the garlands of laurel leaves* [17] *frolicked*

flûtes de Pan sur le fronton,[18] au-dessus de l'écran. C'était un beau cinéma moderne.

L'ouvreuse[19] nous indique des places au centre. Alain refuse, lui donne son pourboire et m'entraîne vers le fond, tout à fait vers le fond, dans un endroit où il fait complètement noir, au dernier rang. Derrière nous il y a un mur et au-dessus de nous, tout proche de nos têtes, c'est le plancher du balcon. Je sens mon cœur qui bat, j'ai l'impression d'être tombée dans un traquenard.[20] Je n'y vois rien. Je me laisse tirer, pousser, par Alain qui enjambe les genoux de ceux qui sont déjà assis, jusqu'à ce que nous parvenions à deux places libres. Je m'habitue à l'obscurité. Autour de nous ce sont tous les jeunes que nous avions vus dehors, à l'entrée, qui se sont regroupés là, deux par deux. Ils se sont mis à leur aise, ils ont enlevé leurs vestes et leurs manteaux, ils chuchotent, ils rient, ils mangent des bonbons, les garçons ont posé leurs bras sur le dossier[21] des filles, ils ne se soucient pas plus de nous que d'une guigne.[22] Tout leur paraît normal, moi je n'y comprends rien. Alors c'est comme ça que ça se passe entre les garçons et les filles, dans les cinémas?

La séance commence par les actualités, par le générique[23] des actualités précisément. On voit des gymnastes qui sautent prestement d'un pied sur l'autre dans un ensemble parfait, la multitude de leurs jambes forme des éventails[24] qui s'ouvrent et se referment. Un biplan[25] passe en rase-mottes dessinant un feston[26] dans un ciel splendide. Un hors-bord[27] fend la mer, faisant jaillir un feu d'artifice de gouttelettes.[28] Un alpiniste arrive au sommet d'une montagne, on voit le ciel entier. Tout cela sur un rythme endiablé soutenu par une musique entraînante. J'adorais le générique des actualités Gaumont. Je n'allais que très rarement au cinéma car ma mère prétendait qu'il n'y avait rien d'intéressant à y voir pour une fille de mon âge; quant à mon père, lui, il assurait que c'était le meilleur endroit pour attraper tous les microbes du monde. Pourtant, à chaque fois que j'y étais allée j'avais trouvé cela merveilleux. Ben Hur, Marco Polo, King Kong et Blanche-Neige m'avaient laissée rêveuse et frémissante.[29]

---

[18]le devant de la salle de cinéma   [19]La dame qui aide les gens à trouver une place   [20]*trap* [21]le dos du fauteuil   [22]ils… *they don't care a fig about us*   [23]*introductory titles and music*   [24]*fans* [25]*biplane* [26]passe… vole près du sol et fait des dessins   [27]un bateau   [28]faisant… *throwing up fireworks of water droplets* [29]tremblante

Et Simone avait raison de s'inquiéter des motifs d'Alain (ligne 65), car une fois le film commencé, il cherche à l'embrasser. Elle refuse, en jeune fille bien élevée, et les deux passent le reste de la séance gênés et mal à l'aise. Ils ne sortiront plus ensemble et elle épousera un autre homme.

AVEZ-VOUS COMPRIS?

1. Quel âge Simone avait-elle à peu près? Faites une liste des choses dans le texte qui indiquent que Simone était encore adolescente. Quel âge son frère et Alain avaient-ils? Faites une liste des choses qui démontrent qu'Alain est plus âgé que Simone.

2. Comment Simone avait-elle changé pendant l'été? Comment le savez-vous?

3. Qu'est-ce que le frère de Simone faisait pour elle? Pourquoi? Où est-ce qu'Alain voulait l'emmener? Qu'est-ce que son frère a proposé comme prétexte pour qu'elle puisse sortir avec Alain?

4. Comment Simone a-t-elle réagi quand elle a vu Alain? Comment se sentait-elle? Pourquoi?

5. Simone compare ce qu'elle a ressenti avec Alain pendant l'été à ce qu'elle ressent devant le cinéma. Quelle est la différence entre leur façon d'être pendant les vacances et lors de leur sortie en ville?

6. Quelle question Simone s'est-elle posée? A-t-elle trouvé une réponse satisfaisante?

7. Quelles émotions Simone avait-elle ressenties la nuit avant d'aller au cinéma?

8. Qui a pris contrôle de la situation au cinéma? Comment le savez-vous? Où Simone et Alain se sont-ils assis dans la salle? Pourquoi? Qu'est-ce que Simone a ressenti au moment de s'y asseoir?

9. Comment étaient les jeunes gens autour d'Alain et Simone? Qu'est-ce que Simone pensait de la situation?

10. Par quoi la séance a-t-elle commencé? Quelles images Simone a-t-elle vues? Qu'est-ce qu'elle en a pensé?

11. Pourquoi n'allait-elle pas souvent au cinéma? Quels films avait-elle déjà vus?

Rappel:
Ici la narratrice parle à la première personne et ainsi peut communiquer ses sentiments envers les événements dont elle parle. On voit la complexité du personnage clairement à travers ce qu'il nous dit.

COMMENTAIRE DU TEXTE

1. Comment savez-vous que Simone vit un conflit entre l'enfance et l'âge adulte? Cherchez des exemples.

2. Comment imaginez-vous le milieu social de Simone? Comment imaginez-vous ses parents et sa vie de tous les jours? Qu'est-ce qui vous donne ces impressions?

3. C'est à travers les yeux de Simone que nous voyons ce qui se passe. Choisissez un paragraphe et racontez-le du point de vue d'Alain.

4. Quels rites sociaux voyez-vous dans ce passage? Quel était le rôle des hommes et des femmes? Est-ce que ces rôles correspondent à un certain moment dans l'histoire? A votre avis, cette scène a-t-elle eu lieu pendant les années 50? 60? 70? 80? 90? Justifiez votre réponse.

5. Est-ce que les séances au cinéma se passent de la même façon dans votre pays? Quelles sont les différences?

6. De quel pays venaient tous les films dont Simone parle? Commentez.

7. Quels thèmes voyez-vous dans cet extrait? Le rôle de la nature dans la vie? Le rôle de la société? Quels éléments du texte vous dirigent vers ces thèmes?

1. Qu'est-ce que les jeunes d'aujourd'hui font quand ils sortent ensemble? Si vous comparez les rôles des jeunes gens et des jeunes filles d'aujourd'hui avec ceux de Simone et Alain, quelles sont les différences? Qu'en pensez-vous?

2. Que veut dire «être une femme» ou «être un homme» de nos jours?

3. Le gouvernement français se plaint souvent du grand nombre de films américains à l'affiche en France. Commentez le titre d'un article de la revue cinématographique *Première*.

4. Pourquoi pensez-vous que les films américains ont un grand succès en France? Est-ce que les films français ont le même succès dans votre pays? Pourquoi ou pourquoi pas?

5. Quels films français avez-vous vus? Qu'en pensez-vous?

ETATS-UNIS
GRANDE-BRETAGNE
ITALIE
EUROPE

LE CINEMA

L'ogre américain va-t-il avaler tout cru[d] le cinéma mondial?

DANS TOUS

Le grand écran français se bat, l'anglais et l'italien bougent

SES ÉTATS[b]

encore. La nouvelle Europe redistribue les cartes.[c] Enquête.

[a]avaler... *to swallow raw (whole)* [b]Le cinéma... *The movie industry is having a fit* [c]redistribue... *is starting a new game*

Le français au bout des doigts

Le cinéma

De nos jours, le cinéma est un phénomène international. Que savez-vous des films qui viennent des pays autres que le vôtre? Faites une liste des films étrangers que vous avez vus. Et pour savoir quels films passent au cinéma dans des pays francophones? Servez-vous d'Internet.

Les liens et les activités se trouvent à **www.mhhe.com/collage**.

9

LE TEMPS DE VIVRE

Henri Rousseau: Les Joueurs de football (1908)

In the developed nations of the West, the amount of time we spent at work decreased steadily during the twentieth century. This means, of course, that we have a great deal more time to devote to leisure. To judge from the magazine racks, many of us are impassioned with active pursuits such as sports and outdoor adventures. Others of us prefer to devote our free time to quieter, more intellectual pastimes, such as reading, listening to or playing music, and painting. Literature reflects this twentieth-century interest in leisure and recreation, in how to use free time to enrich our lives.

The Canadian short story that is the first chapter reading shows us how important a role sports can play in a child's life. In "Une abominable feuille d'érable sur la glace," Québécois writer Roch Carrier lets us see ice hockey through the eyes of a young boy whose life revolves around the rink, his team, and his favorite professional player.

The second reading, a poem by Charles Baudelaire, "Enivrez-vous," looks at the larger question of how one should live one's life, suggesting that daily life can be a heavy burden to bear and encouraging us to find ways to escape from its pressures and to savor its hidden richness.

Lire la littérature

Characterization

What is a character (**un personnage**) in fiction? Even if the "person" in question is an historical figure (like Joan of Arc in *L'Alouette* by Jean Anouilh and Caligula in the play by Albert Camus), each is a literary creation. It is the author who gives life to these individuals made of ink and paper, through the narrator's descriptions of body, face, clothing, and even psychological traits, and through more subtle means such as recounting their actions, words, and thoughts or letting slip what others think of them. Fiction usually calls on the reader to make inferences about a character, very much as we do when getting to know a new acquaintance.

Read the following passage taken from "Une abominable feuille d'érable sur la glace." From the preceding introduction, we know that the narrator is telling about an incident that had occurred when he was a boy. As we read how his mother went about purchasing a new sweater for him, we learn much more than simply what happened. We meet a character.

> Ma mère était fière. Elle n'a jamais voulu nous habiller au magasin général; seule pouvait nous convenir° la dernière mode du catalogue Eaton. Ma mère n'aimait pas les formules de commande incluses dans le catalogue; elles étaient écrites en anglais et elle n'y comprenait rien. Pour commander mon chandail° de hockey, elle fit ce qu'elle faisait d'habitude; elle prit son papier à lettres et elle écrivit de sa douce calligraphie d'institutrice: «Cher Monsieur Eaton, auriez-vous l'amabilité de m'envoyer un chandail de hockey des Canadiens pour mon garçon qui a dix ans et qui est un peu trop grand pour son âge, et que le docteur Robitaille trouve un peu trop maigre? Je vous envoie trois piastres° et retournez-moi le reste s'il en reste. J'espère que votre emballage° va être mieux fait que la dernière fois.»

aller bien

sweater

dollars
paquet

What do we learn about the mother in this passage? For each category that follows, give a short description of what you know, or answer "Don't know" if the information wasn't presented.

1. attitude about family
2. appearance
3. language spoken
4. age

5. profession
6. level of education
7. sophistication or worldliness

How would you sum up the mother's character? What in the passage suggested these characteristics to you? Do you like this character so far? Why or why not?

In order to analyze a character, you have to look closely, as you just did, at many aspects of the text. The way the mother in the passage describes her son's clothing size, for example, speaks volumes about her personality, her own upbringing, and the kind of world she lives in. In analyzing character, you may find it useful to list your general impressions first, then jot down the line numbers of the text sections that led you to those conclusions.

Une abominable feuille d'érable sur la glace

Roch Carrier

Ce romancier et conteur québécois est né en 1937 dans la région de la Beauce, au sud-est de la ville de Québec. Il commence à écrire de la poésie très jeune, et il fait des études littéraires, y compris un doctorat grâce auquel il devient professeur à l'université. Il continue à écrire des œuvres de fiction, développant son style simple, clair et poétique, et il reçoit plusieurs prix dont le Grand prix littéraire de la ville de Montréal en 1980 pour le recueil de contes *Les enfants du bonhomme dans la lune*. C'est dans ce recueil plein d'amour pour son pays que l'on trouve le conte présenté dans ce chapitre, «Une abominable feuille d'érable sur la glace». Comme dans beaucoup de ses œuvres, nous y découvrons un thème qui lui est cher: l'importance de son héritage culturel québécois et la distinction entre les Québécois et les Canadiens anglophones.

Mise en route

Plusieurs villes et universités en Amérique du Nord ont des équipes sportives. Le football américain, ainsi que le baseball, le basket et le hockey, ont beaucoup de succès. Mais parfois les opinions sont partagées en ce qui concerne la valeur de ces sports. Voici quelques attitudes envers les sports. Indiquez par OUI ou NON si vous êtes d'accord avec ces phrases. Soyez prêt(e) à justifier votre réponse.

_____ 1. Les athlètes sont de bons exemples pour les jeunes.
_____ 2. Une équipe qui gagne le championnat donne du prestige à sa ville ou à son université.
_____ 3. Les joueurs de football américain gagnent trop d'argent.
_____ 4. Les universités ne devraient pas avoir d'équipes sportives.
_____ 5. Le tennis, le ski et le golf sont des sports pour les riches.
_____ 6. C'est normal que les sports pratiqués par les femmes reçoivent moins d'attention que ceux pratiqués par les hommes.
_____ 7. Les hommes et les femmes sont physiquement égaux et devraient former ensemble des équipes sportives.

Comparez vos réponses avec celles d'un(e) partenaire.

Mots et expressions

l'arbitre (*m.*) referee
le bâton stick, pole
le chandail sweater
la déception disappointment
déchiré(e) torn
étroit(e) narrow, tight
la feuille d'érable maple leaf
la glace ice

le patin ice skate
la patinoire ice rink
peser (sur) to weigh (heavily on)
prier to pray
le sifflet whistle; **donner un coup de sifflet** to blow the whistle

APPLICATIONS **A.** Identifiez en français les éléments indiqués sur les photos suivantes.

1. _____

2. _____

3. _____

4. _____

5. _____

B. Répondez aux questions.

1. On joue au hockey sur glace à la _____.
2. Si un joueur fait quelque chose d'illégal, l'_____ va _____ pour arrêter l'action.

C. Complétez le paragraphe avec les mots qui conviennent.

Les vêtements du jeune homme étaient trop petits pour lui.
Sa chemise était trop _____,[1] car il avait beaucoup grossi
l'année précédente. Son pantalon était trop court, et _____[2]
au genou. Son chandail lui _____[3] sur le dos comme une
montagne, car il n'était pas comme celui des autres. A sa grande
_____,[4] sa mère ne pouvait pas lui offrir de nouveaux vêtements.
Chaque soir, il _____[5] pour demander à Dieu de lui en donner.

déception
déchiré
étroit
peser
prier

Une abominable feuille d'érable sur la glace

Les hivers de mon enfance étaient des saisons longues, longues. Nous vivions en trois lieux: l'école, l'église et la patinoire; mais la vraie vie était sur la patinoire. Les vrais combats se gagnaient sur la patinoire. La vraie force apparaissait sur la patinoire. Les vrais chefs se manifestaient sur la patinoire.

5   L'école était une sorte de punition. Les parents ont toujours envie de punir les enfants et l'école était leur façon la plus naturelle de nous punir. De plus, l'école était un endroit tranquille où l'on pouvait préparer les prochaines parties[1] de hockey, dessiner les prochaines stratégies. Quant à l'église, nous trouvions là le repos de Dieu: on y oubliait l'école et l'on rêvait à la prochaine partie de hockey.

10 A travers nos rêveries, il nous arrivait de réciter une prière: c'était pour demander à Dieu de nous aider à jouer aussi bien que Maurice Richard.

Tous, nous portions le même costume que lui, ce costume rouge, blanc, bleu des Canadiens de Montréal, la meilleure équipe de hockey au monde; tous, nous peignions nos cheveux à la manière de Maurice Richard et, pour les tenir en

15 place, nous utilisions une sorte de colle,[2] beaucoup de colle. Nous lacions[3] nos patins à la manière de Maurice Richard, nous mettions le ruban gommé[4] sur nos bâtons à la manière de Maurice Richard. Nous découpions[5] dans les journaux toutes ses photographies. Vraiment nous savions tout à son sujet.

Sur la glace, au coup de sifflet de l'arbitre, les deux équipes s'élançaient sur le

20 disque de caoutchouc;[6] nous étions cinq Maurice Richard contre cinq autres Maurice Richard à qui nous arrachions[7] le disque; nous étions dix joueurs qui

[1]matchs [2]*sticky hair cream* [3]*laced up* [4]le... *tape* [5]*cut out* [6]le disque... *the rubber hockey puck* [7]*would tear away*

Maurice Richard

portions, avec le même brûlant enthousiasme, l'uniforme des Canadiens de Montréal. Tous nous arborions[8] au dos le très célèbre numéro 9.

Un jour, mon chandail des Canadiens de Montréal était devenu trop étroit;
25 puis il était déchiré ici et là, troué.[9] Ma mère me dit: «Avec ce vieux chandail, tu vas nous faire passer pour pauvres[10]». Elle fit* ce qu'elle faisait chaque fois que nous avions besoin de vêtements. Elle commença de feuilleter[11] le catalogue que la compagnie Eaton nous envoyait par la poste chaque année. Ma mère était fière. Elle n'a jamais voulu nous habiller au magasin général;
30 seule pouvait nous convenir[12] la dernière mode du catalogue Eaton. Ma mère n'aimait pas les formules de commande incluses dans le catalogue; elles étaient écrites en anglais et elle n'y comprenait rien. Pour commander mon chandail de hockey, elle fit ce qu'elle faisait d'habitude; elle prit son papier à lettres et elle écrivit de sa douce calligraphie d'institutrice: «Cher Monsieur Eaton,
35 auriez-vous l'amabilité de m'envoyer un chandail de hockey des Canadiens pour mon garçon qui a dix ans et qui est un peu trop grand pour son âge, et que le docteur Robitaille trouve un peu trop maigre? Je vous envoie trois piastres[13] et retournez-moi le reste s'il en reste. J'espère que votre emballage[14] va être mieux fait que la dernière fois.»

40 Monsieur Eaton répondit rapidement à la lettre de ma mère. Deux semaines plus tard, nous recevions le chandail. Ce jour-là, j'eus l'une des plus grandes déceptions de ma vie! Je puis dire que j'ai, ce jour-là, connu une très grande tristesse. Au lieu du chandail bleu, blanc, rouge des Canadiens de Montréal, M. Eaton nous avait envoyé un chandail bleu et blanc, avec la
45 feuille d'érable au devant, le chandail des Maple Leafs de Toronto. J'avais toujours porté le chandail bleu, blanc, rouge des Canadiens de Montréal; tous mes amis portaient le chandail bleu, blanc, rouge; jamais, dans mon village, quelqu'un n'avait porté le chandail de Toronto, jamais on n'y avait vu un chandail des Maple Leafs de Toronto. De plus, l'équipe de Toronto se faisait
50 terrasser[15] régulièrement par les triomphants Canadiens. Les larmes aux yeux, je trouvai assez de force pour dire:

—J'porterai jamais cet uniforme-là.

—Mon garçon, tu vas d'abord l'essayer! Si tu te fais une idée sur les choses[16] avant de les essayer, mon garçon, tu n'iras pas loin dans la vie…

55 —Ma mère m'avait enfoncé[17] sur les épaules le chandail bleu et blanc des Maple Leafs de Toronto et, déjà, j'avais les bras enfilés dans les manches.[18] Elle tira le chandail sur moi et s'appliqua à aplatir tous les plis[19] de cette abominable

---

[8]portions   [9]*full of holes*   [10]tu… tu vas donner l'impression que nous sommes pauvres   [11]tourner les pages
[12]aller bien   [13]*dollars*   [14]paquet   [15]se… était battue   [16]Si… *If you decide how things are*   [17]avait… *had pushed*   [18]*sleeves*   [19]s'appliqua… *worked hard to flatten the wrinkles*

---

*Voir chapitre 3, *Lire en français*, pour une explication du passé simple.

feuille d'érable sur laquelle, en pleine poitrine,[20] étaient écrits les mots Toronto Maple Leafs. Je pleurais.

60   —J'pourrai jamais porter ça.

—Pourquoi? Ce chandail-là te va bien… Comme un gant…[21]

—Maurice Richard se mettrait jamais ça sur le dos…

—T'es pas Maurice Richard. Puis, c'est pas ce qu'on se met sur le dos qui compte, c'est ce qu'on se met dans la tête…

65   —Vous me mettrez pas dans la tête de porter le chandail des Maple Leafs de Toronto.

Ma mère eut un gros soupir désespéré et elle m'expliqua:

—Si tu gardes pas ce chandail qui te fait bien, il va falloir que j'écrive à M. Eaton pour lui expliquer que tu veux pas porter le chandail de Toronto. M.
70 Eaton, c'est un Anglais; il va être insulté parce que lui, il aime les Maple Leafs de Toronto. S'il est insulté, penses-tu qu'il va nous répondre très vite? Le printemps va arriver et tu auras pas joué une seule partie parce que tu auras pas voulu porter le beau chandail bleu que tu as sur le dos.

Je fus donc obligé de porter le chandail des Maple Leafs. Quand j'arrivai à la
75 patinoire avec ce chandail, tous les Maurice Richard en bleu, blanc, rouge s'approchèrent un à un pour regarder ça. Au coup de sifflet de l'arbitre, je partis prendre mon poste[22] habituel. Le chef d'équipe vint me prévenir que je ferais plutôt partie de la deuxième ligne d'attaque.[23] Quelques minutes plus tard, la deuxième ligne fut appelée; je sautai sur la glace. Le chandail des Maple Leafs
80 pesait sur mes épaules comme une montagne. Le chef d'équipe vint me dire d'attendre; il aurait besoin de moi à la défense, plus tard. A la troisième période, je n'avais pas encore joué; un des joueurs de défense reçut un coup de bâton sur le nez, il saignait;[24] je sautai sur la glace: mon heure était venue! L'arbitre siffla; il m'infligea une punition. Il prétendait[25] que j'avais sauté sur la glace quand il y
85 avait encore cinq joueurs. C'en était trop![26] C'était trop injuste!

C'est de la persécution! C'est à cause de mon chandail bleu! Je frappai mon bâton sur la glace si fort qu'il se brisa.[27] Soulagé,[28] je me penchai pour ramasser les débris. Me relevant, je vis le jeune vicaire,[29] en patins, devant moi:

—Mon enfant, ce n'est pas parce que tu as un petit chandail neuf des Maple
90 Leafs de Toronto, au contraire des autres, que tu vas nous faire la loi.[30] Un bon jeune homme ne se met pas en colère. Enlève tes patins et va à l'église demander pardon à Dieu.

Avec mon chandail des Maple Leafs de Toronto, je me rendis à l'église, je priai Dieu; je lui demandai qu'il envoie au plus vite des mites[31] qui viendraient dévorer
95 mon chandail des Maple Leafs de Toronto. ⬛

---

[20]en… *in the middle of my chest* (voir la photo à la page 140)   [21]*glove*   [22]mon… ma position   [23]la… *second string offense*   [24]*was bleeding*   [25]*claimed*   [26]C'en… *It was too much!*   [27]se… cassa   [28]*Calmed down*   [29]prêtre   [30]faire… faire ce que tu veux   [31]*moths*

1. Où les enfants du village passaient-ils l'hiver? Quels endroits représentaient une punition? Quel était leur lieu préféré? Pourquoi?
2. Qu'est-ce que les jeunes faisaient à l'église? Quelle était leur prière?
3. Qui est-ce que les jeunes voulaient imiter? Que faisaient-ils pour l'imiter? Quelle autre activité marque leur admiration pour cette personne?
4. Comment s'appelait l'équipe de Maurice Richard? Pour quelle ville jouaient-ils?
5. Pourquoi fallait-il que la mère du garçon (le narrateur) lui achète un nouveau chandail? Où l'a-t-elle acheté?
6. Qu'est-ce qui a provoqué la grande déception du garçon?
7. Expliquez à votre façon le raisonnement de la mère lorsqu'elle refuse d'échanger le chandail. Trouvez au moins trois arguments.
8. Que s'est-il passé quand le garçon est arrivé à la patinoire? Quelle a été la réaction de ses amis? du chef d'équipe?
9. Pourquoi est-ce que l'arbitre a sifflé quand le garçon a sauté sur la glace pour jouer? Comment est-ce que le narrateur a réagi?
10. Après la colère du garçon, qui est intervenu? Qu'est-ce que cette personne lui a dit?
11. Quand le narrateur a prié à la fin de l'histoire, qu'a-t-il demandé?

COMMENTAIRE DU TEXTE

1. Analysez le personnage qui raconte l'histoire. Faites une liste d'adjectifs qui le décrivent (A) tel qu'il est au moment d'écrire l'histoire (adulte) et (B) tel qu'il était au moment où l'histoire se passait (enfant).
2. Est-ce que les personnages d'«Une abominable feuille d'érable sur la glace» vous semblent réels? Qu'est-ce qui les rend réalistes ou pas réalistes? Citez des passages pour soutenir votre opinion.
3. Quand la mère du narrateur a acheté le nouveau chandail, elle l'a commandé dans le catalogue Eaton. Trouvez dans le texte des détails qui laissent penser que la mère est à la fois un peu snob et un peu naïve.
4. Les personnages réagissent différemment au chandail des Maple Leafs. Indiquez quels personnages de la colonne A ont les réactions de la colonne B. Ensuite discutez des raisons qui pourraient expliquer différentes attitudes.

A	B
_____ le narrateur	a. pense que le narrateur se trouve supérieur à cause du chandail
_____ la mère	b. ne laisse pas jouer le narrateur à cause du chandail
_____ les co-équipiers du narrateur	c. trouve le chandail abominable
_____ le chef d'équipe	d. ne comprend pas l'importance du chandail
_____ le vicaire	e. trouvent étrange que le narrateur porte ce chandail

5. Quand le vicaire intervient à la fin de l'histoire, le garçon fait ce qu'il lui demande. Qu'est-ce que cela indique à propos du rôle de l'Eglise au Québec pendant les années 50?

1. Au Québec, la population est divisée entre francophones, comme la mère du narrateur, et anglophones, représentés ici par le magasin Eaton. Le conflit entre les deux groupes soulève parfois des questions. Y a-t-il de telles questions dans votre pays? dans votre région? Parlez-en, et expliquez ce que vous voyez comme solutions.

2. Pendant sa carrière, Maurice Richard était parfois très violent lors des matchs de hockey. Il était également un des meilleurs joueurs de notre temps. Y a-t-il des athlètes que l'on peut appeler «héros»? Quels athlètes méritent l'attention du public? Qu'est-ce qu'ils font pour la mériter? Y en a-t-il d'autres qui reçoivent de l'attention sans en mériter? Pourquoi?

3. Décrivez une ou plusieurs équipes de votre ville ou de votre université. Quel est le nom de l'équipe (des équipes)? Quelles sont leurs couleurs? Gagnent-elles souvent? Y a-t-il un ou plusieurs joueurs importants? Que pensez-vous du rôle du sport dans votre université ou dans votre ville?

4. Quels sports pratiquez-vous? Est-ce que vous aimeriez en pratiquer d'autres? Lesquels? Que faudrait-il que vous fassiez pour commencer?

Le français au bout des doigts

Les loisirs et la culture

Le sport et les jeux jouent un rôle important dans la vie des francophones partout dans le monde. Mais quels sports et jeux ces gens pratiquent-ils? Qu'est-ce qu'ils aiment regarder? Les sports diffèrent-ils d'un pays à un autre? Internet vous aidera à en savoir plus.

Les liens et les activités se trouvent à **www.mhhe.com/collage**.

Enivrez-vous

....

CHARLES BAUDELAIRE

Baudelaire (1821–1867), dont les poèmes sont à la fois majestueux et inquiétants, est selon certains critiques le poète français le plus important du XIXe siècle. Il a souvent trouvé de l'inspiration dans sa propre vie, où les plaisirs interdits comme la sexualité hors-mariage, l'opium et l'alcool ont laissé des traces indélébiles. Son œuvre a beaucoup influencé d'autres écrivains dont les surréalistes du début du XXe siècle.

Les poèmes de Baudelaire ont tendance à mettre en contraste un monde idéalisé où règnent l'harmonie et la beauté («l'idéal») avec un monde plein d'horreur, de corruption et de mélancolie («le spleen»). D'après Baudelaire, c'est à travers nos expériences sensuelles (venant des sens) que nous communions avec ces deux univers qui coexistent. Dans le poème «Enivrez-vous», du recueil *Le Spleen de Paris* (1864), Baudelaire nous incite à nous plonger dans la richesse de l'expérience, à nous enivrer.

Mise en route

De nos jours, on parle souvent des dangers de la drogue et de l'alcool, et on propose d'autres moyens de se sentir très exalté. Sur la liste suivante, cochez les activités qui peuvent vous donner une grande émotion ou une sensation d'ivresse, dans le sens positif du mot.

_____ 1. J'écoute une symphonie de Beethoven.
_____ 2. Je cours très vite.
_____ 3. Je regarde un très bon film.
_____ 4. Je réussis à un examen très difficile.
_____ 5. Je participe à mon sport préféré.
_____ 6. Je me marie.
_____ 7. Je fais quelque chose pour quelqu'un.
_____ 8. _____

Maintenant, comparez vos réponses avec celles d'un(e) autre étudiant(e) en essayant de les expliquer.

Mots et expressions

briser to crush; to break
s'enivrer (de) to get drunk (on);
   to become elated or intoxicated
   (by)
l'esclave (*m., f.*) slave
l'étoile (*f.*) star
le fossé ditch
fuir to flee
gémir to moan; to groan

l'horloge (*f.*) clock
ivre drunk, intoxicated, elated
l'ivresse (*f.*) drunkenness, intoxication, elation
la marche step (*of a stairway*)
sans cesse unceasingly
sans trêve unceasingly
la vague wave (*e.g., in the sea*)
la vertu virtue

APPLICATIONS **A.** Trouvez l'équivalent approximatif de chaque mot ou expression.

1. la bonté
2. boire trop d'alcool
3. casser
4. partir très vite
5. sans arrêt (*deux expressions*)
6. émettre un son plaintif

B. Faites correspondre un objet (colonne B) avec l'endroit où il peut se trouver (colonne A). Il y a parfois plus d'une réponse possible.

A	B
_____ 1. en haut d'une tour au centre-ville	a. une étoile
_____ 2. à côté d'une route	b. une vague
_____ 3. dans un lac	c. une horloge
_____ 4. sur le mur d'une salle de classe	d. une marche
_____ 5. dans le ciel	e. un fossé
_____ 6. devant une maison	
_____ 7. dans la mer	

C. Complétez les phrases avec les mots qui conviennent.

1. On suppose que des _____ ont construit les pyramides en Egypte.
2. Un homme qui retrouve sa femme chérie après une longue absence est _____ de joie.
3. Après le match, dans _____ du moment, les spectateurs crient «On a gagné!»

Enivrez-vous

I l faut être toujours ivre. Tout est là: c'est l'unique question. Pour ne pas sentir l'horrible fardeau[1] du Temps qui brise vos épaules et vous penche[2] vers la terre, il faut vous enivrer sans trêve.

Mais de quoi? De vin, de poésie ou de vertu, à votre guise.[3] Mais enivrez-vous.

5   Et si quelquefois, sur les marches d'un palais, sur l'herbe verte d'un fossé, dans la solitude morne[4] de votre chambre, vous vous réveillez, l'ivresse déjà diminuée ou disparue, demandez au vent, à la vague, à l'étoile, à l'oiseau, à l'horloge, à tout ce qui[5] fuit, à tout ce qui gémit, à tout ce qui roule, à tout ce qui chante, à tout ce qui parle, demandez quelle heure il est; et le vent, la vague, l'étoile, l'oiseau, l'horloge, 10 vous répondront: «Il est l'heure de s'enivrer! Pour n'être pas les esclaves martyrisés[6] du Temps, enivrez-vous sans cesse! De vin, de poésie ou de vertu, à votre guise.»

---

[1] burden   [2] et... and bends you down   [3] à... comme vous voulez   [4] triste   [5] tout... all (things) that   [6] tortured

AVEZ-VOUS COMPRIS?

1. Selon le poème, pourquoi faut-il s'enivrer?
2. De quoi peut-on s'enivrer, d'après le poème? Que représentent ces trois choses?
3. Si l'on se réveille de l'ivresse, que faut-il faire? Pourquoi?
4. Dans le poème, il y a une longue liste de choses auxquelles il faut poser une question très précise. Quelle est cette question?
5. Quelle est la réponse à la question?

COMMENTAIRE DU TEXTE

Rappel:
Un poème en prose, comme toute poésie, est une utilisation particulièrement créatrice du langage quotidien. Même sans les contraintes techniques associées aux poèmes en vers (rime, rythme), le poème en prose fait appel à nos sens, à notre imagination et à notre intuition.

1. Que veut dire le mot **ivre** dans le premier vers? Croyez-vous que le poète fasse allusion au sens traditionnel du mot? Quel est l'effet de ce choix de vocabulaire?
2. Trouvez les deux références au Temps et comparez-les. Est-ce que Baudelaire parle du Temps comme d'un ami ou d'un ennemi? Pourquoi?
3. Comparez les trois moyens de s'enivrer. Pourquoi est-ce que Baudelaire suggère ces choses en particulier? Qu'est-ce qu'elles ont en commun?
4. Pourquoi est-ce que Baudelaire demande à ses lecteurs de poser des questions «à l'étoile», «au vent», «à tout ce qui roule», etc.? Qu'est-ce qu'il veut démontrer?
5. Laquelle des phrases suivantes résume le mieux l'idée principale du poème?

   Il faut accepter le passage du temps.
   Il faut parler aux objets autour de nous.
   Il faut être passionné par la vie.
   Il faut boire tout le temps.

   Justifiez votre réponse.

6. Qu'est-ce qui fait que ce texte est un poème en prose plutôt qu'un simple essai sur le Temps? Trouvez dans le poème des images poétiques et des phrases où le langage s'utilise de façon inhabituelle.

DE LA LITTERATURE A LA VIE

1. Les sentiments et les sensations sont souvent difficiles à définir. Comment définissez-vous l'ivresse? Est-ce que l'ivresse peut être un état naturel? Donnez l'exemple d'une situation où l'on est ivre. Quelles sont les caractéristiques de cet état? Dans la vie de tous les jours, est-ce toujours une chose désirable?
2. Parfois le temps semble passer très vite, et parfois très lentement. Comment pouvez-vous expliquer ce phénomène? Quand est-ce que vous considérez le temps comme «un fardeau»?

Le français au bout des doigts

Invitation au voyage

Dans sa poésie, Charles Baudelaire utilise souvent des images très fortes pour nous faire voir le monde autour de nous d'une nouvelle manière. Regardez quelques-uns de ses poèmes sur Internet. Cela vous aidera à apprécier son style et ses images.

Les liens et les activités se trouvent à **www.mhhe.com/collage**.

CHAPITRE 10

LE FRANÇAIS DANS LE MONDE

Papa Ibra Tall (peintre sénégalais): La Forêt aux souvenirs (1962, détail)

The French language is spoken not just in Europe but in many countries all over the world. In Quebec and in many former colonies in Africa, for example, French language and culture play an important role in daily life, in government, and in literary creation.

The development of the French Canadian novel illustrates one type of French influence over the literature of a former colony. The first novels and short stories from French-speaking Canada were strongly influenced by French romanticism. Nineteenth- and twentieth-century fiction, however, is clearly rooted in the Canadian experience. In the first chapter reading, from *La Petite Poule d'Eau,* Gabrielle Roy pays tribute to the French origins of her ancestors, but also shows that the early settlers quickly became Canadians, with a whole set of traditions and values all their own.

French-speaking African writers confront a more complex set of questions when they write in French. Unlike authors from Quebec, they are often not writing in their first language, the language of family and friends. (Many nations of sub-Saharan Africa have no single national language; after decolonization, they adopted French, which had been the official language of government, for most written communication, but continue to speak various local languages in daily life.) Moreover, educated Africans frequently have studied in Europe, or at least in a European school system in Africa. Well versed in the language and literary conventions of France and Belgium, they must adapt them to express the African experience. Not surprisingly, their work often deals with the gulf between the

European and the African worlds, and the personal conflicts they face as members of two very different cultures. You will find these themes in the poem "A mon mari" by Yambo Ouologuem.

Lire la littérature

Setting

When you begin reading something new, you are like an explorer. At the outset, you must discover *where* you are. Is it Africa, in the center of a vast plain? a tiny Swiss village? another planet? Then you must also figure out *when* the story is taking place. Just imagine the difference between two tales set in Paris, one in 1797 and the other in 1997! These two aspects of setting (**l'univers fictif**) are crucial to understanding a poem or story.

Sometimes the author gives information on the setting quite directly, as in this passage from *La Princesse de Clèves*:

> La magnificence et la galanterie n'ont jamais paru en France avec tant d'éclat que dans les dernières années du règne de Henri second. Ce prince était galant, bien fait et amoureux…

Even if you don't know that Henri II reigned in France from 1547 to 1559, it is possible to surmise that what you are about to read takes place in France, probably before the Revolution.

In other works, the author may include more subtle indicators of setting.

> […]Quelques heures plus tard, sa présence m'aurait paru naturelle. Sa tribu vivait dans les hauts arbres répandus autour de la hutte; des familles entières jouaient sur une seule branche. Mais j'étais arrivé la veille, épuisé, à la nuit tombante. C'est pourquoi je considérais en retenant mon souffle le singe minuscule posé si près de ma figure.

In this setting, there are huts, huge trees, and monkeys; it's probably in Africa. It isn't of great importance to know that we are in Kenya at this point, but we shall learn that later on in the novel *Le Lion* by Joseph Kessel.

In the following activity, you will find setting descriptions from works of fiction, but a word is missing! Using the list, choose the word that fits the best.

jardin   campagne   boulevard   métro   plage

1. «Nous avons marché longtemps sur la _____. Le soleil était maintenant écrasant. Il se brisait en morceaux sur le sable et sur la mer.» (*L'Etranger*, Albert Camus)

2. «Ils se trouvent en pleine _____, au sortir de la petite gare. Pas un bruit. Des oiseaux chantant dans les arbres, un clair ruisseau coule au fond d'un vallon.» («Voyage circulaire», Emile Zola)

3. «Lorsque tu viendras à Paris, dans ce Paris qui vit sous terre, à circuler dans le _____, achète-toi un guide.» (*Un Nègre à Paris,* Bernard Dadié)
4. «Sa fleur lui avait raconté qu'elle était seule de son espèce dans l'univers. Et voilà qu'il en était cinq mille, toutes semblables, dans un seul _____.» (*Le Petit Prince,* Antoine de Saint-Exupéry)
5. «Mais bon Dieu qu'il fait froid. Il est sept heures et demie, je n'ai pas faim et le cinéma ne commence qu'à neuf heures, que vais-je faire? Il faut que je marche vite, pour me réchauffer. J'hésite: derrière moi le _____ conduit au cœur de la ville.» (*La Nausée,* Jean-Paul Sartre)

Avec votre partenaire, discutez de vos réponses. Quels sont les mots-clés qui vous ont aidé(e) à découvrir l'univers représenté par l'auteur? Essayez de donner d'autres renseignements sur le lieu ou le moment de chaque extrait. Lequel se passe en hiver? Lesquels se passent de toute évidence pendant la journée? le soir?

La Petite Poule d'Eau

GABRIELLE ROY

Gabrielle Roy (1909–1983) est née à Saint-Boniface, Manitoba. En 1937, elle part pour l'Europe afin d'étudier l'art dramatique à Paris et à Londres. Son premier roman, *Bonheur d'occasion,* lui attire l'attention du public français et lui vaut le prestigieux prix Fémina (1945). Reconnue également au Canada et aux Etats-Unis comme un témoin de son siècle, elle présente des personnages à qui on peut croire et avec qui on partage les joies et les peines.

L'extrait qui suit est tiré de *La Petite Poule d'Eau,* paru en 1950. Dans ce roman, Gabrielle Roy peint de façon émouvante la vie et les valeurs d'un couple canadien d'origine française.

Mise en route

Dans l'extrait de *La Petite Poule d'Eau,* nous voyons que l'on peut beaucoup apprendre sur la vie de quelqu'un seulement en regardant où cette personne habite. Un exemple un peu exagéré de cela se trouve dans un film français, *L'Argent de poche* de François Truffaut, où dans une des premières scènes un instituteur explique la géographie de la France. Pour amuser la classe, il recopie l'adresse qu'il a trouvée sur une carte postale, une adresse un peu bizarre.

Raoul Briquet	(le destinataire)
H.L.M. Béranger	(son logement)
Thiers	(sa ville)
Puy-de-Dôme	(son département)
France	(son pays)
Europe	(son continent)
Univers	

Les gens qui regardent le film peuvent comprendre tout de suite que le garçon habite dans une Habitation à Loyer Modéré (H.L.M.) (un appartement pas trop cher) dans une petite ville d'une région du Massif central en France, un pays qui fait partie de l'Europe. On peut en tirer certaines conclusions: la famille de Raoul a peu d'argent, ils parlent français, leur région est de tradition agricole.

Maintenant à vous. Ecrivez votre adresse avec autant de détails que possible (comme l'adresse de Raoul). Ne mettez pas votre nom, car vos camarades de classe vont deviner qui habite où!

_____ rue/résidence/appartement
_____ ville
_____ état (province)
_____ pays
_____ autre?
_____ autre?

Dans un groupe de cinq ou six, mélangez les adresses et devinez l'identité de chaque habitant. Comment le savez-vous? Qu'est-ce que chaque partie de l'adresse indique sur la personne qui y habite et sur sa vie?

Mots et expressions

l'ancêtre (*m.*) ancestor
attirer to attract
déranger to bother
féliciter to congratulate
la honte shame; **avoir honte
  (de)** to be ashamed (of)

l'humeur (*f.*) disposition, mood
mal à l'aise ill at ease
obéir à to obey
rêvasser to daydream

APPLICATIONS

A. Trouvez le contraire de chaque expression.

1. repousser
2. à l'aise
3. la fierté
4. un descendant
5. être fier (fière) de

B. Complétez le paragraphe avec les mots qui conviennent. (Faites attention aux temps des verbes.)

Rien ne me _____.[1] L'autre jour, pendant que je rentrais du bureau, je _____.[2] J'étais de bonne _____[3] car mon patron m' _____[4] sur mon travail. Je roulais assez vite lorsqu'un agent de police m'a arrêté pour me dire qu'il fallait _____[5] la limitation de vitesse.

déranger
féliciter
humeur
obéir à
rêvasser

La Petite Poule d'Eau

Partie I

Luzina Bastien et Hippolyte Tousignant ont quitté le sud du Manitoba pour s'installer dans une partie isolée de la province qui s'appelle la Petite Poule d'Eau. C'est là où, loin du confort moderne, ces pionniers du vingtième siècle élèvent leurs enfants et cultivent la terre. Luzina exige quand même que les enfants apprennent à lire, à écrire et qu'ils suivent un programme d'études régulier. Elle écrit au gouverneur de la région et obtient qu'une institutrice soit envoyée chez eux. Hippolyte bâtit une petite cabane, tout près de la maison, qui sert d'école aux enfants Tousignant.

C'est le premier jour d'école. La maîtresse, qui donne une leçon de géographie et d'histoire, essaie de rendre ses élèves conscients de leurs origines françaises. Luzina, qui trouve un prétexte pour écouter sous la fenêtre de l'école, est vite captivée par les beaux récits que raconte Mlle Côté.

L'école était commencée depuis environ une heure. De temps en temps, de sa cuisine, Luzina entendait une explosion de petites voix; vers neuf heures et demie, un éclat de rire lui parvint, un vrai petit fou rire d'enfants à l'école, nerveux, agité et subitement réprimé;[1] mais, le plus souvent, elle eut beau
5 guetter,[2] marcher sur la pointe des pieds, s'avancer jusqu'à sa porte ouverte, elle ne saisissait[3] aucun bruit.

Luzina n'était pas de ces femmes que dérange beaucoup le tapage des enfants. Les nerfs tranquilles, l'humeur rêveuse et portée au beau,[4] elle l'oubliait facilement en se racontant des histoires. Ces histoires comportaient évidemment
10 des incidents, des drames assez sinistres même, mais c'était uniquement pour le plaisir d'en avoir raison à la fin et de tout voir s'arranger dans son cœur.[5] Quelquefois, elle imaginait des malheurs irréparables: Hippolyte se noyait subitement; elle restait veuve avec neuf enfants; deux de ses fils tournaient mal et épousaient des sauvagesses;[6] mais tout cela n'était inventé qu'en vue du
15 soulagement[7] qu'obtenait toujours Luzina lorsque, sortant de ses histoires macabres, elle voyait à quel point aucune ne tenait debout.[8] Les bruits habituels, le criaillement des poules et des enfants, favorisaient cette évasion de Luzina. Ce matin, c'était le silence qui la dérangeait.

Que pouvaient-ils faire maintenant à l'école? Qu'est-ce qui les avait fait rire
20 tous, un instant auparavant? Mais surtout, à quelle occupation pouvaient-ils se livrer[9] dans un tel silence?

---

[1]*repressed* [2]*eut... watched in vain* [3]*ne... n'entendait* [4]*portée... with a penchant for all things beautiful* [5]*d'en... of having (the stories) end the way she wanted* [6]*Indiennes* [7]*relief* [8]*aucune... aucune (histoire) n'était possible* [9]*se... to engage in*

Vers dix heures et demie, Luzina eut besoin de copeaux[10] pour alimenter[11] son four où cuisait un gâteau à la mélasse, et elle s'en alla tout naturellement ramasser ceux qui étaient tombés du rabot[12] d'Hippolyte tout autour de l'école.

25 Loin d'elle, l'idée d'épier[13] la maîtresse. Luzina était bien déterminée à respecter l'indépendance de Mademoiselle Côté. Ce matin même, elle croyait avoir tranché[14] une fois pour toutes cette question du partage de l'autorité dans l'île de la Petite Poule d'Eau. «A l'école, avait prononcé Luzina, vous obéirez aveuglément à votre maîtresse.» Elle ne serait pas de ces femmes qui tiennent pour[15] leurs

30 enfants contre la maîtresse, les plaignent[16] d'une petite correction reçue et nuisent ainsi au[17] prestige de l'autorité.

Le dos penché, la tête rentrée dans les épaules, elle s'apprêtait à[18] dépasser le coin de l'école sans être vue par la fenêtre ouverte, lorsqu'une question bien précise cloua Luzina sur place.[19]

35 —Dans quelle province vivons-nous? voulait savoir Mademoiselle Côté.

Quelle question! Luzina s'apprêtait à répondre. Il se trouvait une souche,[20] tout contre l'école, exactement sous la fenêtre ouverte. Luzina s'y laissa choir.[21]

—Quel est le nom de notre province? répéta Mademoiselle Côté. Aucun enfant ne répondait.

40 Luzina commença de se sentir mal à l'aise. «Bande de petits ignorants!» pensa Luzina. «Vous devriez pourtant savoir cela.» Ses lèvres formaient la réponse, en détachaient les syllabes. Toute sa volonté était tendue à[22] la faire passer dans l'esprit des écoliers. «Si c'est pas une honte, pas même savoir où on vit!»

---

[10]*wood shavings*   [11]*feed (fuel)*   [12]*carpenter's plane*   [13]Loin... *Far be it from her to spy on*   [14]décidé
[15]tiennent... *sont du côté de*   [16]les... *sympathize with them*   [17]nuisent... *in this way undermine*
[18]s'apprêtait... *se préparait à*   [19]cloua... *fit arrêter Luzina*   [20]*stump*   [21]tomber   [22]Toute... *Her whole being was bent on*

Le Canada

Une voix s'éleva enfin, défaillante, peureuse:[23]

45   —La Poule d'Eau, Mademoiselle.

Luzina avait reconnu la voix de Pierre.

«Si c'est pas honteux, un grand garçon de onze ans! se dit Luzina. Je m'en vais lui en faire[24] des Poule d'Eau quand il va revenir à la maison, celui-là!»

La maîtresse continuait avec patience.

50   —Non, Pierre, la Poule d'Eau est le nom de cette région seulement. Encore, je ne sais pas trop si c'est le véritable nom géographique. C'est plutôt, je crois, une expression populaire. Mais je demande le nom de la grande province dans laquelle est comprise la Poule d'Eau et bien d'autres comtés. Quelle est cette province?

55   Aucune illumination ne frappait l'esprit des écoliers Tousignant.

—C'est une très grande province, les aida encore un peu plus Mademoiselle Côté. Elle est presque aussi grande à elle seule que toute la France. Elle part des Etats-Unis et va jusqu'à la baie d'Hudson.

—Le Manitoba!

60   C'était Edmond qui venait de lancer le mot. Sa petite voix pointue[25] avait pris l'accent même de la victoire. De l'autre côté du mur de l'école, Luzina était tout aussi fière. Son gras visage rose s'attendrissait.[26] Edmond vraiment! Une petite graine[27] qui n'avait pas encore huit ans! Où est-ce qu'il avait appris celui-là que l'on vivait dans le grand Manitoba? Il avait le nez partout[28] aussi, cet Edmond,
65   fureteur,[29] toujours occupé à écouter les grandes personnes. Luzina lui accorda une vaste absolution.

—Très bien, approuvait la maîtresse. Cette province est en effet le Manitoba. Mais elle est comprise ainsi que huit autres provinces dans un très grand pays qui se nomme…

70   —Le Canada, offrit Pierre sur un ton de voix humble, comme s'excusant.

—Mais oui, mais oui, très bien, Pierre. Puisque nous habitons le Canada, nous sommes des… Cana… des Canadi…

—Des Canadiens, trouva Pierre.

—C'est cela, c'est très bien, le félicita Mademoiselle.

75   Luzina convint[30] que Pierre s'était quelque peu racheté.[31] Tout de même: aller dire qu'on vivait dans la province de la Poule d'Eau. Quel enfant imbécile!

—Nous sommes des Canadiens, poursuivait la maîtresse, mais nous sommes surtout des Canadiens français. Il y a bien longtemps, il y a plus de trois cents ans, le Canada n'était habité que par des Peaux-Rouges.[32] Le roi de France envoya
80   alors un Français découvrir le Canada. Il se nommait Jacques Cartier.

---

[23]défaillante… faible, timide   [24]Je… I'll show him   [25]shrill   [26]softened   [27]Une… A little tyke   [28]avait… était très curieux   [29]nosy   [30]admitted   [31]redeemed   [32]Indiens

Le soleil réchauffait Luzina, bien à l'abri du vent,[33] le dos contre le mur de l'école. Elle avait croisé les mains. Ravie, elle écoutait la belle, vieille, vieille histoire, qu'elle avait connue un jour et, par la suite, presque oubliée. C'était beau! Plus beau encore que dans les livres à l'entendre raconter par la maîtresse avec tout ce talent, cette jeunesse fervente qu'elle y mettait. Luzina avait envie de rire, de pleurer.

—Les premiers colons furent des Français... le gouverneur de Montréal, Maisonneuve... Celui de Québec se nommait Champlain... les explorateurs du Nouveau-Monde, presque tous étaient des Français: Iberville, des Groseilliers, Pierre Radisson. Le Père Marquette et Louis Joliet avaient découvert le chemin des Grands Lacs. La Vérendrye était allé à pied jusqu'aux Rocheuses.[34] Cavelier de la Salle avait navigué jusqu'à l'embouchure[35] du Mississippi. Tout ce pays était à la France.

—La Poule d'Eau aussi? demanda Edmond.

—La Poule d'Eau aussi, acquiesça la maîtresse en riant.

Bien sûr, la France était maîtresse de tout le pays! En bonne écolière, Luzina suivait attentivement la leçon, mais elle était tout de même plus avancée que les enfants; sa mémoire, délivrée de soucis ménagers, affranchie[36] de presque toute sa vie, déterrait[37] des dates, certaines batailles qu'elle retrouvait avec délices. Tout en écoutant, Luzina avait même commencé de mener[38] pour son propre compte le récit du passé.

[33]à... protégée du vent [34]les montagnes Rocheuses [35]entrée dans la mer [36]*set free* [37]*unearthed* [38]faire

AVEZ-VOUS COMPRIS?

1. Qu'est-ce que Luzina essaie d'entendre de sa cuisine le premier jour d'école?
2. Décrivez Luzina. Quel tempérament a-t-elle? Quel genre d'histoires aime-t-elle se raconter pendant qu'elle s'occupe de la maison? Pourquoi aime-t-elle imaginer des malheurs?
3. Pourquoi le silence la dérange-t-il ce matin-là?
4. Quel prétexte amène Luzina près de l'école?
5. A quelle question les enfants ne peuvent-ils pas répondre? Quelle est la réaction de Luzina?
6. En quoi la réponse de Pierre n'est-elle pas correcte?
7. Qu'est-ce qui rend Luzina fière d'Edmond? Pourquoi est-elle surprise qu'il sache la bonne réponse?
8. Ecrivez l'adresse d'un des garçons en suivant le modèle exagéré dans la **Mise en route.**
9. Sur quel aspect de leur passé la maîtresse essaie-t-elle d'attirer l'attention des écoliers? Quels événements et personnages historiques évoque-t-elle?
10. Comment Luzina réagit-elle lorsqu'elle entend raconter l'histoire des Canadiens français? Montrez le rapport entre sa réaction et son tempérament tel que l'auteur le présente au début.

La Petite Poule d'Eau

Partie II

Séduite par les beaux récits que raconte Mlle Côté, Luzina se laisse aller à la rêverie.
Se représentant l'histoire des familles Bastien et Tousignant, elle s'identifie aux premiers
Canadiens français. Comme eux, elle travaille avec Hippolyte à civiliser cette région
presque inhabitée, ce qui lui donne l'impression de suivre les traces non seulement de
ses propres ancêtres, mais aussi de tous ceux qui ont colonisé le pays.

Certainement, parmi ces premiers colons venus de France, il y avait eu des
Tousignant et des gens de sa famille à elle, des Bastien. Luzina s'était laissé
dire[1] que les colons français avaient été triés sur le volet;[2] qu'aucun bandit ou
paresseux n'avait pu se glisser[3] dans leur nombre. Tous du bon monde.[4] Ils
5 s'étaient établis dans ce que l'on appelait autrefois le Bas-Canada et qui devait
plus tard être compris dans la province de Québec. Les Tousignant et les Bastien
en étaient.[5] Mais, aventuriers et courageux tels que les voyait Luzina en ce
moment, quelques-uns de ces Tousignant et de ces Bastien du Bas-Canada avaient
émigré à l'Ouest, jusqu'au Manitoba. Déjà, ils étaient loin, bien loin de leur
10 endroit d'origine. Mais attendez! dit Luzina à voix haute. Il s'était trouvé[6] une
Bastien et un Tousignant de Manitoba qui avaient dans le sang le goût des
ancêtres, coureurs de bois[7] et coureurs de plaine. On n'allait plus à l'Ouest, dans
ce temps, mais il restait le Nord. Pas de chemin de fer, pas de route, presque pas
d'habitations; ils avaient été attirés par le Nord. Pas de communications, pas
15 d'électricité, pas d'école, cela les avait tentés.[8] Comment expliquer cette folie
d'ailleurs,[9] puisque, à peine installés dans le Nord, ils s'étaient mis à l'œuvre pour
lui donner la ressemblance d'ailleurs! Ils avaient quitté des villages tout établis, elle
Saint-Jean-Baptiste sur la rivière Rouge, Hippolyte son beau village de Letellier;
et, depuis ce temps-là, ils travaillaient à changer le Nord, ils travaillaient à y
20 amener les coutumes, l'air, l'abondante vie du Sud. Peut-être étaient-ils de ces
bâtisseurs de pays dont Mademoiselle parlait avec tant de chaleur. Ah! si tel était
le cas, Luzina n'en pourrait supporter la gloire sans pleurer un peu. Son œil
s'humecta.[10] Elle ne pouvait pas soutenir d'entendre les trop beaux récits. Ceux
qui étaient tristes non plus. Mais c'étaient les plus beaux qui en définitive
25 jouaient davantage avec son cœur. Elle écrasa[11] une petite larme au coin de sa
paupière gonflée.[12]

Oh, mais attendez encore! D'être venu à la Poule d'Eau n'était pas le mieux de
l'histoire. La plus belle partie de l'histoire, c'était d'être rejoint dans l'île de la
Petite Poule d'Eau par les ancêtres, les anciens Tousignant, les Bastien inconnus, le

---

[1]s'était... avait cru [2]triés... *screened* [3]se... *to infiltrate* [4]bon... gens respectables [5]en... en
faisaient partie [6]Il... Il y avait eu [7]coureurs... *hunters, trappers* [8]*tempted* [9]cette... *this longing for
distant places* [10]*became moist* [11]*brushed away* [12]paupière... *puffy eyelid*

30 Bas-Canada, l'histoire, la France, La Vérendrye, Cavelier de la Salle. Luzina
renifla.[13] C'était cela le progrès, bien plus grand que la vieille Ford du facteur,[14]
les catalogues du magasin. Comment dire! Les vents pourraient hurler six mois de
l'année sans dérougir;[15] la neige pourrait ensevelir[16] la maison jusqu'au toit; et
c'était comme si les Tousignant, dans leur île, ne seraient plus jamais seuls.

35 —Mon gâteau! pensa Luzina.

Elle fuyait fâchée contre elle-même, rouge jusqu'au front et perdant des
copeaux de son tablier.[17] Quelle sorte de femme était-elle pour négliger ainsi son
devoir! A chacun sa tâche dans la vie: à la maîtresse d'expliquer, aux enfants
d'apprendre; et à elle, Luzina, de les servir.

---

[13]*sniffled* [14]*postman* [15]*s'arrêter* [16]*to bury* [17]*apron*

AVEZ-VOUS COMPRIS?

1. Racontez l'histoire des ancêtres de Luzina (Bastien) et d'Hippolyte (Tousignant). Dans quelle partie du Canada se sont-ils d'abord établis? Où ont-ils émigré ensuite? Quels traits de caractère Luzina leur attribue-t-elle?
2. Pourquoi Luzina estime-t-elle qu'elle et son mari ont le goût des ancêtres dans le sang? Qu'est-ce qui les a attirés vers le Nord? A peine installés dans la région, à quoi travaillent-ils? Comment Luzina s'explique-t-elle cette attitude contradictoire?
3. Pourquoi pleure-t-elle? Quelles sortes de récits la touchent le plus?
4. Qu'est-ce qui la rend particulièrement fière d'être venue à la Petite Poule d'Eau? Pourquoi a-t-elle l'impression que sa famille ne sera plus jamais seule?
5. Pourquoi a-t-elle tout à coup honte d'avoir oublié son gâteau? Quel est, d'après elle, son devoir? D'après ce détail, quelle idée vous faites-vous de son caractère?

COMMENTAIRE DU TEXTE

1. Luzina est «d'humeur rêveuse et portée au beau». Dans quelles parties du récit ces traits de caractère se manifestent-ils? Quelles autres facettes de sa personnalité pouvez-vous relever?
2. Luzina a le goût du drame: elle invente des histoires dramatiques; elle est facilement émue; elle s'identifie aux premiers colons venus de France. A votre avis, quelle carrière aurait-elle choisie si elle ne s'était pas mariée ou si elle n'avait pas eu autant d'enfants?
3. Caractérisez Luzina en tant que mère. Analysez la conception qu'elle se fait de son devoir, sa réaction aux réponses de ses enfants et son intention de respecter l'autorité de Mlle Côté.
4. Comment Luzina idéalise-t-elle l'histoire de ses propres ancêtres? De quoi est-elle fière? Comment voit-elle son rôle et celui de sa famille dans l'histoire du Canada?

5. Mlle Côté raconte aux petits Tousignant l'histoire des Canadiens français. Elle en parle avec enthousiasme, mais c'est le récit de Luzina qui rend cette histoire vivante et humaine. Expliquez pourquoi.

6. Les romanciers révèlent souvent, consciemment ou inconsciemment, leur attitude envers leurs personnages. Gabrielle Roy décrit Luzina avec affection et humour. Trouvez des exemples dans le texte qui justifient cette constatation.

7. Quelle est l'importance de l'endroit où cette histoire se passe? Pourrait-elle se passer dans une grande ville? aux Etats-Unis? Expliquez.

8. Dans ce récit, notre perception est limitée. Nous ne voyons que ce que Luzina voit; nous n'entendons que ce que Luzina entend. Mais nous avons un grand avantage sur un observateur normal: nous pouvons connaître, à travers le narrateur, ce que Luzina pense de ce qui se passe. Trouvez des phrases dans le récit qui disent non seulement ce qui se passe mais aussi comment Luzina y réagit.

Rappel:
Lorsque le narrateur parle à la troisième personne, il a soit un point de vue illimité, soit un point de vue qui dépend de la perception d'un personnage, donc limité. Ce dernier, le point de vue personnel, nous permet de comprendre le monde comme le ferait une autre personne, chose impossible en réalité.

DE LA LITTERATURE A LA VIE

1. Qu'y a-t-il chez Luzina qui vous touche? Pouvez-vous vous identifier à elle? Aimez-vous rêvasser? Quels besoins psychologiques les rêveries satisfont-elles?

2. Qu'est-ce qui peut pousser un homme et une femme à partir à l'aventure pour vivre dans des lieux tout à fait isolés? Si on vous proposait de faire une telle expérience, quelles seraient vos raisons d'accepter ou de refuser?

3. Que savez-vous de vos ancêtres, de ce qui les a amenés à l'endroit où ils se sont installés? Avez-vous l'impression de marcher dans la voie qu'ils ont tracée ou poursuivez-vous d'autres buts? Expliquez.

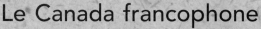

Le français au bout des doigts

Le Canada francophone

Comme la Petite Poule d'Eau, il y a d'innombrables villes et villages francophones au Canada. Les offices de tourisme et d'autres organismes vous fourniront toutes les informations nécessaires pour mieux connaître le Canada francophone.

Les liens et les activités se trouvent à **www.mhhe.com/collage**.

A mon mari

YAMBO OUOLOGUEM

Yambo Ouologuem est né au Mali en 1940. Très doué, il se distingue dans les études de littérature et de sociologie qu'il poursuit à Paris. Il se fait connaître grâce à sa chronique romanesque *Le Devoir de violence* qui reçoit en 1968 le prix Renaudot. Sa veine parodique peut se transformer en satire mordante et parfois féroce de l'Europe comme de l'Afrique. Le poème «A mon mari», au ton doux-amer, présente, en microcosme, les thèmes qui animent l'œuvre de cet écrivain.

Mise en route

Que signifie le nom d'une personne? Après tout, des vedettes de cinéma prennent des noms différents (Norma Jean Baker est devenue Marilyn Monroe) et parfois certaines personnes changent de nom lors d'un changement de religion (le boxeur Cassius Clay est devenu Muhammad Ali).

A votre avis, est-ce que changer de nom veut dire changer d'identité? Expliquez votre réponse. Accepteriez-vous de changer de nom? Pourquoi (pas)?

Mots et expressions

bouder to sulk
la calebasse bowl made from gourd
le cou neck

dicter to dictate
la louche ladle
le service de table set of dishes

APPLICATIONS   **A.** Complétez les phrases avec les mots ou expressions qui conviennent.

1. Un enfant mécontent _____ dans un coin.
2. La partie du corps qui sépare les épaules et la tête s'appelle _____.
3. Les lois _____ comment les gens agissent.

B. Identifiez les images suivantes avec un des mots de la liste.

A mon mari

Ouologuem évoque une Afrique en voie de transformation profonde et qui voit peu à peu disparaître son héritage culturel devant la présence européenne. Dans ce poème, une femme s'adresse à son mari, lui faisant remarquer les changements que la culture européenne a apportés dans leur vie de tous les jours. Elle oppose son point de vue à celui de son mari.

Tu t'appelais Bimbircokak
Et tout était bien ainsi
Mais tu devins Victor-Emile-Louis-Henri-Joseph
Et achetas un service de table

5   J'étais ta femme
Tu m'appelas ton épouse
Nous mangions ensemble
Tu nous séparas autour d'une table

Calebasse et louche
10   Gourde¹ et couscous²
Disparurent du menu oral³
Que me dictait ton commandement paterne⁴

Nous sommes modernes précisais-tu

Chaud chaud chaud est le soleil
15   A la demande⁵ des tropiques
Mais ta cravate ne quitte
Point ton cou menacé d'étranglement

Et puisque tu boudes quand je te rappelle ta situation
Eh bien n'en parlons plus mais je t'en prie
20   Regarde-moi
Comment me trouves-tu

Nous mangeons des raisins du lait pasteurisé du pain d'épice⁶
D'importation
Et mangeons peu

25   Ce n'est pas ta faute
Tu t'appelais Bimbircokak
Et tout était bien ainsi
Tu es devenu Victor-Emile-Louis-Henri-Joseph
Ce qui

---

¹*Flask*   ²*crushed wheat dish served with meat and vegetables*   ³du... de la conversation quotidienne   ⁴*paternalistic*
⁵A... Comme d'habitude   ⁶pain... *cake similar to gingerbread*

30 Autant qu'il m'en souvienne
Ne rappelle point ta parenté
Roqueffelère[7]
(Excuse mon ignorance je ne m'y connais pas[8] en finances et en Fétiches)

Mais vois-tu Bimbircokak
35 Par ta faute
De sous-développée je suis devenue sous-alimentée.

[7] *With Rockefeller*   [8] je… je ne suis pas une experte

AVEZ-VOUS COMPRIS?

1. Qui parle dans ce poème? De quoi se plaint-elle?
2. Quels sont les temps des verbes dans la deuxième strophe? Lequel de ces temps indique une continuité dans le passé ? Lequel indique un changement?
3. Cochez les aspects de la vie qui ont changé pour le mari et pour ce couple selon ce poème. Donnez un exemple pour chaque aspect qui a changé.

___ a. leur façon de se déplacer en ville
___ b. leur façon de manger
___ c. sa façon de s'habiller
___ d. les choses qu'ils boivent

___ e. leur façon d'élever leurs enfants
___ f. les choses qu'ils mangent
___ g. les fêtes qu'ils célèbrent

COMMENTAIRE DU TEXTE

1. En lisant le poème, complétez le schéma suivant sur une feuille de papier en y notant des contrastes entre le point de vue du mari et celui de sa femme. Après avoir lu le poème en entier, vérifiez votre schéma en le comparant avec ceux de vos camarades de classe.

LA FEMME	LE MARI
nom africain de son mari	noms français
_____	_____
_____	_____

Rappel:
L'ironie, au sens large du terme, traduit une position moqueuse.

2. Que signifie, pour la femme, le fait que le mari ait changé de nom?
3. Qu'y a-t-il d'ironique dans l'attitude de la femme? Quels autres exemples d'ironie trouvez-vous dans ce poème?
4. Que peut-on conclure quant aux rapports entre le mari et la femme? A votre avis, pourquoi le poète a-t-il choisi d'adopter l'optique de la femme? Quels traits de caractère observez-vous chez elle?

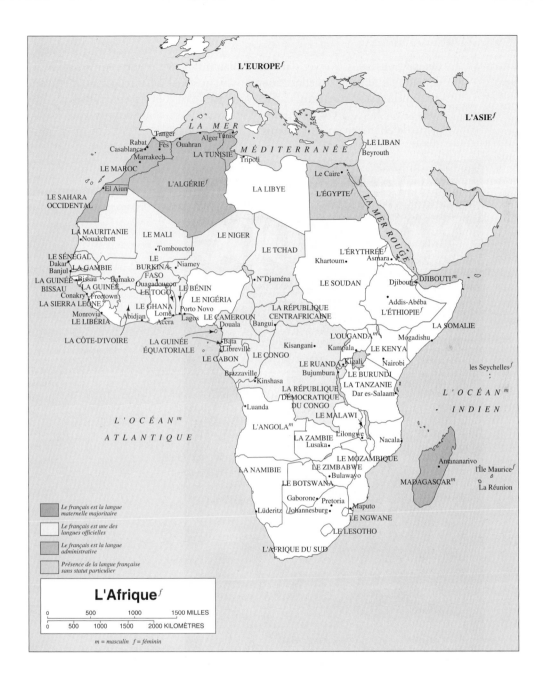

L'EUROPE*f*

L'ASIE*f*

LA MER MÉDITERRANÉE

LE LIBAN
Beyrouth

Tanger
Rabat
Casablanca
Marrakech
Fès
Alger
Ouahran
Tunis
LA TUNISIE
Tripoli
LE MAROC
Le Caire
L'ALGÉRIE*f*
LA LIBYE
L'ÉGYPTE*f*

LE SAHARA
OCCIDENTAL
El Aiun

LA MER ROUGE

LA MAURITANIE
Nouakchott
LE MALI
LE NIGER
LE TCHAD
Tombouctou
L'ÉRYTHRÉE*f*
Asmara
Khartoum

LE SÉNÉGAL
Dakar
Banjul
LA GAMBIE
LE BURKINA-
FASO
Bamako
Niamey
N'Djaména
LE SOUDAN
Djibouti
DJIBOUTI*m*

LA GUINÉE
BISSAU
Bissau
LA GUINÉE
Conakry
Ouagadougou
LE BÉNIN
LE TOGO
LE NIGÉRIA
Addis-Abéba
L'ÉTHIOPIE*f*

LA SIERRA LEONE
Freetown
Monrovia
LE LIBÉRIA
LE GHANA
Lomé
Abidjan
Accra
Lagos
Porto Novo
LE CAMEROUN
Douala
Bangui
LA RÉPUBLIQUE
CENTRAFRICAINE

LA CÔTE-D'IVOIRE
LA GUINÉE
ÉQUATORIALE
Bata
Libreville
Kisangani
L'OUGANDA*m*
Kampala
Mogadishu
LA SOMALIE

LE GABON
LE CONGO
LE RUANDA
Kigali
LE KENYA
Nairobi
les Seychelles*f*

Brazzaville
Kinshasa
Bujumbura
LE BURUNDI
LA TANZANIE
Dar es-Salaam

L'OCÉAN*m*
INDIEN

*L'OCÉAN*m*
ATLANTIQUE
Luanda
LA RÉPUBLIQUE
DÉMOCRATIQUE
DU CONGO
LE MALAWI
L'ANGOLA*m*
Lilongwe
Nacala

LA ZAMBIE
Lusaka
LE MOZAMBIQUE
Antananarivo
l'Île Maurice*f*

LA NAMIBIE
LE ZIMBABWE
Bulawayo
MADAGASCAR*m*
La Réunion

LE BOTSWANA
Gaborone
Pretoria
Maputo

Lüderitz
Johannesburg
LE NGWANE
LE LESOTHO
L'AFRIQUE DU SUD

Le français est la langue
maternelle majoritaire

Le français est une des
langues officielles

Le français est la langue
administrative

Présence de la langue française
sans statut particulier

L'Afrique*f*

0	500	1000	1500 MILLES
0	500	1000	1500	2000 KILOMÈTRES

m = masculin f = féminin

5. Le poète semble opposer deux façons de vivre, l'africaine et l'européenne.
   Quel est en réalité le vrai objet de sa critique?

6. Quand on n'a pas assez à manger, on devient «sous-alimenté». Dans ce
   poème, faut-il prendre le mot à la lettre? Quels autres sens peut-il avoir?

7. Ecrivez une strophe du point de vue du mari où il explique son
   changement de nom.

1. Quand vous vous trouvez dans un milieu différent du vôtre, qu'il s'agisse de nationalité, d'âge, d'éducation, de niveau social ou intellectuel, d'ethnie, etc., quelle est votre attitude? Etes-vous prêt(e) à tout accepter? Préférez-vous rester fidèle à vos habitudes, à vos traditions? Vous donnez-vous la peine de chercher un compromis?

2. En s'industrialisant, les pays du tiers-monde intègrent dans leurs cultures des usages nouveaux, différents des leurs. Les conflits qui en résultent sont-ils inévitables? Si oui, comment les éviter? Comment les résoudre?

3. Il arrive dans la littérature qu'un auteur masculin écrive du point de vue d'une femme, comme dans ce poème. En quoi cela est-il intéressant? problématique? Pensez-vous que les hommes et les femmes parlent de façons différentes? Expliquez en donnant des exemples.

4. Qu'est-ce qu'il y a dans la troisième strophe qui peut nous rappeler la tradition orale de la littérature africaine? Récrivez la phrase en question dans un français plus ordinaire pour démontrer que vous en comprenez le sens.

5. Yambo Ouologuem fait un commentaire sur les changements provoqués dans son pays par la colonisation. Comment imaginez-vous qu'un public africain lise ce poème? Et un public européen? Pour montrer comment deux lectures peuvent être différentes, mettez-vous à deux et discutez des thèmes du poème. Jouez les rôles d'un Africain qui a vécu les changements dans son pays et un Européen qui les interprète selon ses connaissances limitées de ce que l'Afrique a gagné ou a perdu à la suite de la colonisation.

Rappel:
Le public d'une œuvre est à la fois celui pour qui l'écrivain écrit et celui qui la lit. Ici nous lisons un poème destiné probablement aux lecteurs africains parlant français et aux Européens.

Le français au bout des doigts

Des auteurs francophones

La littérature francophone africaine est d'une richesse extraordinaire, et les écrivains africains qui choisissent le français pour leurs œuvres nous permettent un accès à leur culture qu'autrement nous n'aurions pas.

Les liens et les activités se trouvent à **www.mhhe.com/collage**.

CHAPITRE 11 LES BEAUX-ARTS

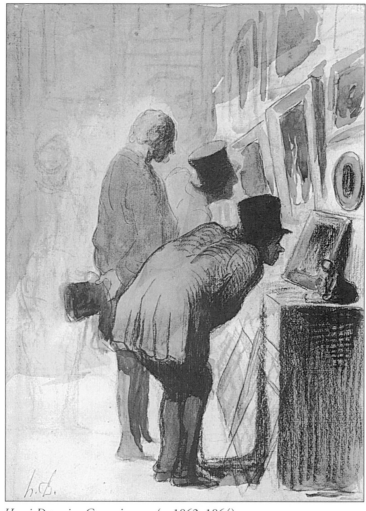

Henri Daumier: Connoisseurs (c. 1862–1864)

Each of the readings in this chapter is about a painter. Although the settings differ greatly, in each one, an artist confronts a problem for which he finds both the cause and the solution in his art.

In "La Naissance d'un maître," André Maurois invites us to reflect on the role of the critic in the art world. He raises the perennial question of what constitutes success for an artist—talent and creativity, or conformity to contemporary trends and tastes?

Marguerite Yourcenar's beautiful tale, "Comment Wang-Fô fut sauvé," takes place in imperial China. In it you will discover that the notion of artistic creation takes on an unexpected meaning.

Lire la littérature

Tone

One definition of tone (**le ton**) in music is "the quality and character of a sound." In everyday life, tone of voice lets us know a great deal about how the speaker feels about something. In literature, the tone indicates, either directly or indirectly, authors' attitudes toward their subjects. For example, the tone of a work or a passage can be light, serious, ironic, mocking, tragic, or even more or less neutral, and it is the reader's job to "hear" it. Like a composer choosing notes, instruments, and rhythms, an author chooses words, arrangements of sentences, and levels of language to communicate a certain tone.

Read the following passage and select the tone(s) conveyed by the author.

> Au fond, je suis un sportif, le sportif au lit. Comprenez-moi bien,
> à peine ai-je les yeux fermés que me voilà en action.
> Ce que je réalise comme personne, c'est le plongeon. [...]
>
> —Henri Michaux, «Le Sportif au lit»

The tone is:

    A. serious **B.** angry **C.** ironic **D.** light

Both **C** and **D** can be justified, but in different ways. The passage can be seen as ironic because the author presents a character quite proud of himself for doing something rather silly. The lightness comes from the type of sentences; the effect is almost like a conversation (**Comprenez-moi bien…**). One might add that although the tone is light, it is not familiar, because of the use of the more formal **vous** and the inversion with **je.** Michaux likes his character, but pokes fun at him nonetheless.

Look for the tone in the following passage from Zola's *Voyage circulaire*. How does the author feel about the character or situation he is presenting?

> Il y a huit jours que Lucien Bérard et Hortense Larivière sont mariés.
> Mme veuve Larivière, la mère, tient, depuis trente ans, un commerce de

bimbeloterie, rue de la Chaussée-D'Antin. C'est une femme sèche et pointue, de caractère despotique, qui n'a pu refuser sa fille à Lucien, le fils unique d'un quincaillier du quartier, mais qui entend surveiller de près le jeune ménage.

What tone(s) is (are) created here? _____

_____

How does the author create it (them)? _____

_____

La Naissance d'un maître

ANDRÉ MAUROIS

André Maurois (1885–1967), après ses études dans le nord de la France, travaille pendant dix ans dans l'entreprise textile familiale. Sa parfaite connaissance de l'anglais lui permet de remplir les fonctions d'interprète et d'agent de liaison lors de la Première Guerre mondiale. Après le succès de son roman *Les Silences du Colonel Bramble* (1919), il se consacre entièrement à la littérature. En 1938, il est élu à l'Académie française, suite à ses travaux biographiques sur Shelley, Disraeli, Byron et Voltaire. En 1940, il émigre aux Etats-Unis où il enseigne à Princeton ainsi que dans d'autres universités américaines.

André Maurois est aussi l'auteur de plusieurs ouvrages historiques sur la France, l'Angleterre et les Etats-Unis. Son talent de narrateur élégant, lucide, pénétrant et gentiment ironique se révèle particulièrement dans ses *Contes*. «La Naissance d'un maître» est parmi les plus connus et les plus aimés.

Mise en route

Quand on va dans un musée ou dans une galerie d'art, on voit souvent toutes sortes de styles et d'écoles de peinture. C'est pourtant à chaque visiteur de décider ce qui lui plaît et ce qui ne lui plaît pas.

Regardez les tableaux suivants et écrivez deux adjectifs qui décrivent chacun.

Louis le Nain:
Retour de baptême
(XVIIe s.)

_____   _____

La Présentation de la Vierge au
temple (c. 1050) de l'Abbaye de
Saint-Pierre, Salzburg

_____

_____

René Magritte: Le Château des Pyrénées (1959)

Comparez vos adjectifs avec ceux de votre partenaire, et discutez des différents sujets, des styles, etc. Lesquels vous plaisent? Avez-vous les même goûts?

Maintenant, choisissez un des tableaux. Sans l'identifier, décrivez-le pour votre partenaire. Il ou elle va deviner le plus vite possible lequel vous avez choisi. Ensuite, changez de rôles.

Mots et expressions

coûteux/coûteuse expensive
insondable unfathomable
le métier trade
la nature morte still life
l'orgueil (*m.*) pride, arrogance

un salon an exhibit
secouer to shake
la toile canvas, painting
le vernissage opening (*of an art show*)

A. Trouvez l'équivalent de chaque expression.

1. le contraire de l'humilité
2. agiter
3. immense, infini
4. cher
5. une exposition
6. un tableau

B. Complétez le paragraphe suivant avec les mots qui conviennent.

J'ai assisté au _____ de l'exposition de ce jeune peintre. De tous ses tableaux, j'ai préféré la _____ aux pommes. On ne peut pas nier qu'il connaît son _____.

La Naissance d'un maître

Le peintre Pierre Douche achevait une nature morte, fleurs dans un pot de pharmacie, aubergines[1] dans une assiette, quand le romancier, Paul-Emile Glaise, entra dans l'atelier. Glaise contempla pendant quelques minutes son ami qui travaillait, puis dit fortement:

5 —Non.

L'autre, surpris, leva la tête, et s'arrêta de polir[2] une aubergine.

—Non, reprit Glaise, crescendo,[3] non, tu n'arriveras jamais. Tu as du métier,[4] tu as du talent, tu es honnête. Mais ta peinture est plate, mon bonhomme. Ça n'éclate pas, ça ne gueule pas.[5] Dans un salon de cinq mille toiles, rien n'arrête
10 devant les tiennes le promeneur[6] endormi… Non, Pierre Douche, tu n'arriveras jamais. Et c'est dommage.

—Pourquoi? soupira l'honnête Douche. Je fais ce que je vois: je n'en demande pas plus.

—Il s'agit bien de cela: tu as une femme, mon bonhomme, une femme et
15 trois enfants. Le lait vaut dix-huit sous le litre, et les œufs coûtent un franc pièce. Il y a plus de tableaux que d'acheteurs, et plus d'imbéciles que de connaisseurs. Or, quel est le moyen, Pierre Douche, de sortir de la foule inconnue?

[1] *eggplants* [2] perfectionner [3] élevant la voix [4] Tu… Tu sais ce que tu fais [5] ça ne… (*pop.*) ça ne crie pas
[6] celui qui regarde les tableaux

—Le travail?

—Sois sérieux. Le seul moyen, Pierre Douche, de réveiller les imbéciles, c'est
de faire des choses énormes.[7] Annonce que tu vas peindre au Pôle Nord.
Promène-toi vêtu en[8] roi égyptien. Fonde une école. Mélange dans un chapeau
des mots savants: extériorisation dynamique, et compose des manifestes. Nie[9] le
mouvement, ou le repos; le blanc, ou le noir; le cercle, ou le carré. Invente la
peinture néo-homérique,[10] qui ne connaîtra que le rouge et le jaune, la peinture
cylindrique, la peinture octaédrique, la peinture à quatre dimensions…

A ce moment, un parfum étrange et doux annonça l'entrée de Mme
Kosnevska. C'était une belle Polonaise dont Pierre Douche admirait la grâce.
Abonnée[11] à des revues coûteuses qui reproduisaient à grands frais des chefs-
d'œuvre d'enfants de trois ans, elle n'y trouvait pas le nom de l'honnête Douche
et méprisait sa peinture. S'allongeant sur un divan, elle regarda la toile
commencée, secoua ses cheveux blonds, et sourit avec un peu de dépit:[12]

—J'ai été hier, dit-elle, de son accent roulant et chantant, voir une exposition
d'art nègre de la bonne époque. Ah! la sensibilité, le modelé,[13] la force de ça!

Le peintre retourna pour elle un portrait dont il était content.

—Gentil, dit-elle du bout des lèvres,[14] et, roulante, chantante, parfumée,
disparut.

Pierre Douche jeta sa palette dans un coin et se laissa tomber sur le divan:

—Je vais, dit-il, me faire inspecteur d'assurances, employé de banque, agent
de police. La peinture est le dernier des métiers. Le succès, fait par des badauds,[15]
ne va qu'à des faiseurs.[16] Au lieu de respecter les maîtres, les critiques encouragent
les barbares. J'en ai assez, je renonce.

[7]exagérées [8]vêtu… habillé comme un [9]*Renounce* [10]imitant le style grec [11]*A subscriber* [12]mépris,
dédain [13]relief [14]du… avec dédain [15]fait… *defined by idle critics* [16]peintres inférieurs

Paul Cézanne:
Nature morte
(c. 1900)

Paul-Emile, ayant écouté, alluma une cigarette et réfléchit assez longuement.

—Veux-tu, dit-il enfin, donner aux snobs et aux faux artistes la dure leçon qu'ils méritent? Te sens-tu capable d'annoncer en grand mystère et sérieux à la Kosnevska, et à quelques autres esthètes, que tu prépares depuis dix ans un renouvellement de ta manière?[17]

—Moi? dit l'honnête Douche étonné.

—Ecoute… Je vais annoncer au monde, en deux articles bien placés,[18] que tu fondes l'Ecole idéo-analytique. Jusqu'à toi, les portraitistes, dans leur ignorance, ont étudié le visage humain. Sottise! Non, ce qui fait vraiment l'homme, ce sont les idées qu'il évoque en nous. Ainsi le portrait d'un colonel, c'est un fond bleu et or que barrent[19] cinq énormes galons,[20] un cheval dans un coin, des croix dans l'autre. Le portrait d'un industriel, c'est une cheminée d'usine, un poing[21] fermé sur une table. Comprends-tu, Pierre Douche, ce que tu apportes au monde, et peux-tu me peindre en un mois vingt portraits idéo-analytiques?

Le peintre sourit tristement.

—En une heure, dit-il, et ce qui est triste, Glaise, c'est que cela pourrait réussir.

—Essayons.

—Je manque de bagout.[22]

—Alors, mon bonhomme, à toute demande d'explication, tu prendras un temps, tu lanceras une bouffée[23] de pipe au nez du questionneur, et tu diras ces simples mots: «Avez-vous jamais regardé un fleuve?»

—Et qu'est-ce que cela veut dire?

—Rien, dit Glaise, aussi[24] le trouveront-ils très beau, et quand ils t'auront bien découvert, expliqué, exalté, nous raconterons l'aventure et jouirons de leur confusion.

Deux mois plus tard, le vernissage de l'Exposition Douche s'achevait en triomphe. Chantante, roulante, parfumée, la belle Mme Kosnevska ne quittait plus son nouveau grand homme.

—Ah, répétait-elle, la sensibilité! le modelé, la force de ça! Quelle intelligence! Quelle révélation! Et comment, cher, êtes-vous parvenu à ces synthèses étonnantes?

Le peintre prit un temps, lança une forte bouffée de pipe, et dit: «Avez-vous jamais, chère madame, regardé un fleuve?»

Les lèvres de la belle Polonaise, émues,[25] promirent des bonheurs roulants et chantants.

---

[17]renouvellement… changement de ton style [18]bien… dans des revues appropriées [19]que… décoré par [20]*stripes* [21]*fist* [22]manque… *don't have the gift of gab* [23]la fumée qui sort de la pipe [24]par conséquent [25]touchées

En pardessus à col de lapin, le jeune et brillant Lévy-Cœur discutait au milieu d'un groupe: «Très fort! disait-il, très fort! Pour moi, je répète depuis longtemps qu'il n'est pas[26] de lâcheté pire que de peindre d'après un modèle. Mais, dites-moi, Douche, la révélation? D'où vient-elle? De mes articles?»

Pierre Douche prit un temps considérable, lui souffla au nez une bouffée triomphante, et dit: «Avez-vous jamais, monsieur, regardé un fleuve?

—Admirable! approuva l'autre, admirable!»

A ce moment, un célèbre marchand de tableaux, ayant achevé le tour de l'atelier, prit le peintre par la manche et l'entraîna[27] dans un coin.

—Douche, mon ami, dit-il, vous êtes un malin.[28] On peut faire un lancement de ceci. Réservez-moi votre production. Ne changez pas de manière avant que je ne vous le dise, et je vous achète cinquante tableaux par an... Ça va?

Douche, énigmatique, fuma sans répondre.

Lentement, l'atelier se vida. Paul-Emile Glaise alla fermer la porte derrière le dernier visiteur. On entendit dans l'escalier un murmure admiratif qui s'éloignait. Puis, resté seul avec le peintre, le romancier mit joyeusement ses mains dans ses poches et partit d'un éclat de rire formidable. Douche le regarda avec surprise.

—Eh bien! mon bonhomme, dit Glaise, crois-tu que nous les avons eus[29]? As-tu entendu le petit[30] au col de lapin? Et la belle Polonaise? Et les trois jolies jeunes filles qui répétaient: «Si neuf! si neuf!» Ah! Pierre Douche, je croyais la bêtise humaine insondable, mais ceci dépasse mes espérances.

Il fut repris d'une crise de rire invincible. Le peintre fronça le sourcil,[31] et, comme des hoquets convulsifs agitaient l'autre, dit brusquement:

—Imbécile!

—Imbécile! cria le romancier furieux. Quand je viens de réussir la plus belle charge[32] que depuis Bixiou[33]... »

Le peintre parcourut des yeux avec orgueil les vingt portraits analytiques et dit avec la force que donne la certitude:

—Oui, Glaise, tu es un imbécile. Il y a quelque chose dans cette peinture...

Le romancier contempla son ami avec une stupeur infinie.

—Celle-là est forte![34] hurla-t-il. Douche, souviens-toi. Qui t'a suggéré cette manière nouvelle?

Alors Pierre Douche prit un temps, et tirant de sa pipe une énorme bouffée:

—As-tu jamais, dit-il, regardé un fleuve?... ▓

[26]il... il n'y a pas [27]led him away [28]rusé, intelligent [29]nous... (fam.) nous les avons trompés [30]petit homme [31]fronça... frowned [32]hoax [33]personnage d'un roman de Balzac connu pour ses ruses [34]Celle-là... ! That's a good one!

1. Qu'est-ce que Pierre Douche est en train de peindre quand Glaise entre dans l'atelier?
2. Quelle est la réaction de Glaise en voyant la toile de son ami? Quelles qualités trouve-t-il chez Douche en tant que peintre? Pourquoi, selon lui, Douche n'a-t-il pas de succès?
3. Pour se faire remarquer, dit Glaise, il faut faire «des choses énormes». Quels exemples en donne-t-il?
4. Décrivez Mme Kosnevska. Pourquoi méprise-t-elle la peinture de Douche? Comment son mépris se fait-il sentir? Quel genre d'art admire-t-elle?
5. Pourquoi Douche voudrait-il changer de métier?
6. Quels conseils Glaise donne-t-il à son ami? Comment va-t-il l'aider? Qu'est-ce que l'école «idéo-analytique»? Quels exemples Glaise en donne-t-il?
7. Qu'est-ce que Douche doit répondre à ceux qui lui demandent une explication de ses tableaux idéo-analytiques? En quoi cette réponse pourra-t-elle impressionner les questionneurs?
8. Quel effet la nouvelle manière du peintre a-t-elle sur les gens qui assistent au vernissage?
9. Pourquoi Glaise rit-il après le départ des visiteurs?
10. Quel changement se manifeste dans l'esprit du peintre? Qu'est-ce qui rend son ami furieux? Qui a le dernier mot?

1. Quel est le ton de ce texte? Trouvez des passages qui justifient votre réponse.
2. André Maurois fait-il une satire de la peinture moderne ou bien des gens qui se laissent subjuguer par ce qui est à la mode? Justifiez votre réponse.
3. Avec très peu de détails, Maurois a réussi à faire de Pierre Douche un personnage réel et vivant. Qu'est-ce que le tableau qu'il est en train de peindre au début du conte suggère quant à sa personnalité? Quelles nuances de sens l'adjectif «honnête» implique-t-il? Pourquoi ce mot est-il le plus approprié pour décrire le peintre au début? A votre avis, son attitude change-t-elle vraiment? Expliquez.
4. Que pensez-vous de Glaise? Quel est son rôle dans cette histoire?
5. Expliquez l'ironie de la phrase «Avez-vous jamais regardé un fleuve?». Quelle valeur a-t-elle dans ce conte?
6. Quelle sorte de gens Mme Kosnevska représente-t-elle? Notez que l'auteur emploie la répétition pour rendre le portrait de ce personnage ironique et comique. Trouvez les expressions répétées et expliquez-en l'ironie et l'humour.

....

Rappel:
La satire est une forme d'écriture qui se moque d'une chose pour la critiquer. Un auteur l'utilise souvent afin d'attaquer les attitudes et le comportement de ses contemporains.

....

1. Quand il s'agit de juger la valeur d'une œuvre d'art, attachez-vous beaucoup d'importance aux opinions des critiques ou bien préférez-vous suivre votre propre intuition? Expliquez.
2. Qu'admirez-vous dans une œuvre d'art? La composition? Le sujet? Les couleurs? La représentation de la réalité? L'abstraction? Pourquoi?
3. Beaucoup de gens mettent la photographie sur le même plan artistique que la peinture, surtout en ce qui concerne le portrait. Quelle est votre opinion à ce sujet? Qu'est-ce que la peinture peut faire que la photographie ne peut pas faire et vice versa?

Le français au bout des doigts

L'art à travers les âges

Que ce soit la peinture, le dessin, la sculpture, la photographie ou autre chose, l'art joue depuis toujours un rôle important dans les villes francophones de l'Europe et de l'Amérique du Nord. Connaissez-vous des musées en France? au Québec? en Belgique? Allons en découvrir!

Les liens et les activités se trouvent à **www.mhhe.com/collage**.

Comment Wang-Fô fut sauvé

MARGUERITE **Y**OURCENAR

Marguerite Yourcenar (1903–1988) est née à Bruxelles, mais elle grandit en France. Elle reçoit une solide formation intellectuelle enrichie par de nombreux voyages.

La vocation littéraire de Marguerite Yourcenar s'affirme de bonne heure: à l'âge de dix-neuf ans, elle a déjà produit deux volumes en vers. Entre 1929 et 1939, elle publie neuf livres, parmi lesquels il faut signaler *Nouvelles orientales* (1938). Lorsque la guerre éclate en 1939, elle se trouve aux Etats-Unis, où elle finit par s'établir définitivement, dans Mount Desert Island au large du Maine, devenant citoyenne américaine en 1947. De 1940 à 1950, elle enseigne la littérature française et l'histoire de l'art, mais à partir de 1951, elle se consacre entièrement à la littérature, en multipliant les honneurs. Elle est élue à l'Académie royale belge de langue et de littérature françaises en 1970 et, en 1980, à l'Académie française, la première femme à y être reçue.

L'œuvre de Marguerite Yourcenar est remarquable par son originalité et sa diversité. Romancière, conteuse, essayiste, poète et dramaturge, cette grande dame des lettres françaises nous laisse aussi plusieurs traductions, dont des œuvres de Henry James et de Virginia Woolf, des poèmes grecs et un recueil de Negro-spirituals.

«Comment Wang-Fô fut sauvé» (*Nouvelles orientales*) s'inspire d'un apologue taôiste de la vieille Chine. Dans l'extrait suivant, tiré de la fin du conte, on trouve deux thèmes qui reviennent souvent chez Marguerite Yourcenar: la coexistence du réel et de l'imaginaire et le pouvoir créateur de l'art.[*]

Mise en route

Les Chinois considèrent l'art comme très important. La calligraphie chinoise, par exemple, est non seulement un moyen de communication, mais aussi une forme d'art. Groupez-vous par quatre et discutez du rôle de l'art pour votre génération. Quelle importance l'art a-t-il pour les jeunes d'aujourd'hui? Quelles sont les formes d'art les plus appréciées? La peinture? La sculpture? La musique? Le cinéma? La photographie?... Pourquoi, à votre avis? Notez vos conclusions et partagez-les avec les autres étudiants.

Mots et expressions

apercevoir to see, perceive;
  s'apercevoir (de, que) to notice, become aware (of, that)
le canot rowboat
le crépuscule dusk, twilight
effacer to erase, obliterate; **s'effacer** to fade, disappear
l'esquisse (*f.*) sketch
étendre to spread; **s'étendre** to stretch (*out*)

la grotte cave
(in)achevé(e) (un)finished
(se) pencher to bend, lean over
le pinceau paintbrush
le premier plan (d'un tableau) foreground (of a painting)
la tache spot, stain
la tâche task
la toile canvas, painting

---

[*]Les divisions du texte sont celles de l'éditeur.

A. Trouvez l'équivalent de chaque expression.

1. un petit bateau   2. l'outil principal d'un peintre   3. fini, terminé
4. disparaître   5. un tableau   6. appliquer sur une surface   7. remarquer
8. s'incliner, se baisser   9. la première forme d'un dessin ou d'un tableau
10. la lumière qui suit le soleil couchant   11. devenir plus long   12. une
caverne   13. quelque chose qu'il faut accomplir

B. Complétez les phrases avec les mots qui conviennent.

1. Connaissez-vous la Symphonie _____ de Schubert? On ne sait pas pourquoi il ne l'a pas terminée.
2. Cette table est sale; il y a des _____ partout.
3. Il _____ sa tête vers le petit garçon, qui parlait tout bas.
4. Le peintre a peint un visage au _____ du tableau. Derrière, il n'y a que des arbres et un lac.
5. Je ne vois pas très clair, mais j'_____ au loin une montagne.
6. _____ ce qui est écrit au tableau, s'il vous plaît.

Comment Wang-Fô fut sauvé

Partie I

Le vieux peintre Wang-Fô et son disciple, Ling, vagabondent sur les routes du royaume de Han. Wang-Fô, dont les tableaux sont très demandés, refuse de se faire payer ou de s'encombrer de biens matériels, car il aime «l'image des choses, et non les choses elles-mêmes». Son esprit artiste transforme tout ce qu'il voit en beauté, voire[1] la mort. Ling, jeune homme riche qui a tout sacrifié pour suivre son maître, mendie[2] pour subvenir à[3] leurs besoins, heureux de le faire, car Wang-Fô lui a fait cadeau «d'une âme[4] et d'une perception neuves». C'est grâce au peintre que Ling a connu la beauté des objets les plus communs.

Un soir, les deux vagabonds arrivent à la ville impériale. Le lendemain matin, ils sont arrêtés par des soldats qui les conduisent au palais jusque dans la salle du trône. Wang-Fô, innocent de tout crime, s'adresse à l'Empereur.

—**D**ragon Céleste, dit Wang-Fô prosterné,[5] je suis vieux, je suis pauvre, je suis faible. Tu es comme l'été; je suis comme l'hiver. Tu as Dix Mille Vies;[6] je n'en ai qu'une, et qui va finir. Que t'ai-je fait? On a lié mes mains, qui ne t'ont jamais nui.[7]

---

[1]même   [2]demande de l'argent aux passants   [3]subvenir... *provide for*   [4]*soul*   [5]*bowing low*   [6]Tu... cette formule = «Vive l'Empereur!».   [7]fait de mal

5   —Tu me demandes ce que tu m'as fait, vieux Wang-Fô? dit l'Empereur.

    Sa voix était si mélodieuse qu'elle donnait envie de pleurer. Il leva sa main droite, que les reflets du pavement[8] de jade faisaient paraître glauque[9] comme une plante sous-marine, et Wang-Fô, émerveillé par la longueur de ces doigts minces, chercha dans ses souvenirs s'il n'avait pas fait de l'Empereur, ou de ses
10 ascendants,[10] un portrait médiocre qui mériterait la mort.

[8]*tiles*   [9]*sea-green*   [10]ancêtres

—Tu me demandes ce que tu m'as fait, vieux Wang-Fô? reprit l'Empereur en penchant son cou grêle[11] vers le vieil homme qui l'écoutait. Je vais te le dire. Mais, comme le venin d'autrui ne peut se glisser[12] en nous que par nos neuf ouvertures,[13] pour te mettre en présence de tes torts, je dois te promener le long des corridors de ma mémoire, et te raconter toute ma vie. Mon père avait rassemblé une collection de tes peintures dans la chambre la plus secrète du palais, car il était d'avis que les personnages des tableaux doivent être soustraits[14] à la vue des profanes,[15] en présence de qui ils[16] ne peuvent baisser les yeux. C'est dans ces salles que j'ai été élevé, vieux Wang-Fô, car on avait organisé autour de moi la solitude pour me permettre d'y grandir. Pour éviter à ma candeur[17] l'éclaboussure[18] des âmes humaines, on avait éloigné de moi le flot[19] agité de mes sujets futurs, et il n'était permis à personne de passer devant mon seuil,[20] de peur que l'ombre de cet homme ou de cette femme ne s'étendît[21] jusqu'à moi. Les quelques vieux serviteurs qu'on m'avait octroyés[22] se montraient le moins possible; les heures tournaient en cercle; les couleurs de tes peintures s'avivaient[23] avec l'aube[24] et pâlissaient avec le crépuscule. La nuit, quand je ne parvenais[25] pas à dormir, je les regardais, et, pendant près de dix ans, je les ai regardées toutes les nuits. Le jour, assis sur un tapis dont je savais par cœur le dessin, reposant mes paumes vides sur mes genoux de soie jaune,[26] je rêvais aux joies que me procurerait l'avenir. Je me représentais le monde, le pays de Han au milieu, pareil à la plaine monotone et creuse de la main que sillonnent[27] les lignes fatales des Cinq Fleuves. Tout autour, la mer où naissent les monstres, et, plus loin encore, les montagnes qui supportent le ciel. Et, pour m'aider à me représenter toutes ces choses, je me servais de tes peintures. Tu m'as fait croire que la mer ressemblait à la vaste nappe[28] d'eau étalée[29] sur tes toiles, si bleue qu'une pierre en y tombant ne peut que se changer en saphir, que les femmes s'ouvraient et se refermaient comme des fleurs, pareilles aux créatures qui s'avancent, poussées par le vent, dans les allées[30] de tes jardins, et que les jeunes guerriers à la taille mince qui veillent[31] dans les forteresses des frontières étaient eux-mêmes des flèches qui pouvaient vous transpercer le cœur. A seize ans, j'ai vu se rouvrir les portes qui me séparaient du monde: je suis monté sur la terrasse du palais pour regarder les nuages, mais ils étaient moins beaux que ceux de tes crépuscules. J'ai commandé ma litière:[32] secoué sur des routes dont je ne prévoyais ni la boue ni les pierres, j'ai parcouru les provinces de l'Empire sans trouver tes jardins pleins de femmes semblables à des lucioles,[33] tes femmes dont le corps est lui-même un jardin. Les cailloux des rivages[34] m'ont dégoûté des océans; le sang des suppliciés[35] est moins rouge que la grenade[36] figurée sur tes toiles; la vermine des villages m'empêche de voir la beauté des rizières;[37] la chair des femmes vivantes me répugne comme la

[11]maigre [12]se... pénétrer [13]les ouvertures du corps [14]cachés [15]gens ordinaires [16]les personnages des tableaux [17]innocence [18]*stain, blot* [19]foule, multitude [20]*threshold* [21]s'étendre (imparfait subj.) [22]donnés [23]devenaient plus intenses [24]heure du lever du soleil [25]réussissais [26]Le jaune est la couleur impériale en Chine. [27]pareil... *like the monotonous hollow plain of your hand, which is crossed by* [28]*sheet* [29]étendue [30]petits chemins [31]*stand guard* [32]*litter* [33]*fireflies* [34]plages [35]gens torturés [36]*pomegranate* [37]champs de riz

viande morte qui pend aux crocs[38] des bouchers, et le rire épais[39] de mes soldats
me soulève le cœur. Tu m'as menti, Wang-Fô, vieil imposteur: le monde n'est
qu'un amas[40] de taches confuses, jetées sur le vide par un peintre insensé,[41] sans
cesse effacées par nos larmes.[42] Le royaume de Han n'est pas le plus beau des
royaumes, et je ne suis pas l'Empereur. Le seul empire sur lequel il vaille la peine
de régner est celui où tu pénètres, vieux Wang, par le chemin des Mille Courbes
et des Dix Mille Couleurs. Toi seul règnes en paix sur des montagnes couvertes
d'une neige qui ne peut fondre, et sur des champs de narcisses qui ne peuvent pas
mourir. Et c'est pourquoi, Wang-Fô, j'ai cherché quel supplice te serait réservé, à
toi dont les sortilèges[43] m'ont dégoûté de ce que je possède, et donné le désir de
ce que je ne posséderai pas. Et pour t'enfermer dans le seul cachot[44] dont tu ne
puisses sortir, j'ai décidé qu'on te brûlerait les yeux, puisque tes yeux, Wang-Fô,
sont les deux portes magiques qui t'ouvrent ton royaume. Et puisque tes mains
sont les deux routes aux dix embranchements[45] qui te mènent au cœur de ton
empire, j'ai décidé qu'on te couperait les mains. M'as-tu compris, vieux Wang-Fô?

En entendant cette sentence, le disciple Ling arracha de sa ceinture un
couteau ébréché et se précipita sur l'Empereur. Deux gardes le saisirent. Le Fils du
Ciel sourit et ajouta dans un soupir:

—Et je te hais aussi, vieux Wang-Fô, parce que tu as su te faire aimer. Tuez ce
chien.

Ling fit un bond en avant pour éviter que son sang ne vînt[46] tacher la robe
du maître. Un des soldats leva son sabre, et la tête de Ling se détacha de sa
nuque, pareille à une fleur coupée. Les serviteurs emportèrent ses restes,[47] et
Wang-Fô, désespéré, admira la belle tache écarlate[48] que le sang de son disciple
faisait sur le pavement de pierre verte.

L'Empereur fit un signe, et deux eunuques essuyèrent les yeux de Wang-Fô.

[38]*hooks* [39]*coarse* [40]masse [41]fou [42]*tears* [43]enchantements [44]*(prison) cell* [45]*branch roads* [46]venir
(imparfait subj.) [47]ses… son cadavre [48]rouge

1. Quels genres de tableaux Wang-Fô peint-il? Quelle sorte de personne
   est-ce?
2. Pourquoi l'Empereur a-t-il fait arrêter Wang-Fô? Qu'est-ce qu'il lui
   reproche?
3. Décrivez l'enfance de l'Empereur. Où et comment a-t-il été élevé? Qu'est-
   ce qu'il avait à la place de compagnons? Comment se représentait-il le
   monde?
4. Qu'est-il arrivé à l'Empereur à l'âge de seize ans? Qu'a-t-il vu et fait qui lui
   a ouvert les yeux sur le monde réel? Comment a-t-il réagi? Quelles
   déceptions a-t-il éprouvées? Selon lui, quel est le seul empire sur lequel il
   voudrait régner? Pourquoi?

5. Comment Wang-Fô sera-t-il puni? Pourquoi l'Empereur a-t-il choisi de le punir de cette manière? Quel est le royaume ou l'empire de Wang-Fô? En quoi ses yeux sont-ils les portes qui lui ouvrent son royaume? A quelles parties du corps les dix embranchements correspondent-ils?
6. Comment Ling réagit-il à la sentence prononcée par l'Empereur? Pourquoi ce dernier fait-il tuer le disciple du peintre?
7. Racontez la mort de Ling. Comment prouve-t-il son affection pour son maître? Qu'y a-t-il de poétique dans la description de sa mort? Précisez les sentiments de Wang-Fô.

Comment Wang-Fô fut sauvé

Partie II

L'Empereur dit à Wang-Fô de sécher ses larmes. Il doit garder les yeux clairs pour accomplir une dernière tâche. L'Empereur a dans sa collection des œuvres du peintre une toile inachevée où l'on voit tracés la mer, le ciel et des rochers. Avant de se soumettre à l'aveuglement, Wang-Fô doit terminer le tableau, sinon l'Empereur fera brûler toutes ses œuvres, laissant Wang-Fô «pareil à un père dont on a massacré les fils et détruit les espérances de postérité».

Sur un signe du petit doigt de l'Empereur, deux eunuques apportèrent respectueusement la peinture inachevée où Wang-Fô avait tracé l'image de la mer et du ciel. Wang-Fô sécha ses larmes et sourit, car cette petite esquisse lui rappelait sa jeunesse. Tout y attestait[1] une fraîcheur d'âme à laquelle Wang-Fô ne
5 pouvait plus prétendre, mais il y manquait cependant quelque chose, car à l'époque où Wang l'avait peinte, il n'avait pas encore assez contemplé de montagnes, ni de rochers baignant dans la mer leurs flancs nus, et ne s'était pas assez pénétré de la tristesse du crépuscule. Wang-Fô choisit un des pinceaux que lui présentait un esclave et se mit à étendre sur la mer inachevée de larges coulées[2]
10 bleues.

• • •

Wang commença par teinter de rose le bout de l'aile d'un nuage posé sur une montagne. Puis il ajouta à la surface de la mer de petites rides[3] qui ne faisaient que rendre plus profond le sentiment de sa sérénité. Le pavement de jade devenait singulièrement humide, mais Wang-Fô, absorbé dans sa peinture, ne s'apercevait
15 pas qu'il travaillait les pieds dans l'eau.

Le frêle[4] canot grossi sous les coups de pinceau du peintre occupait maintenant tout le premier plan du rouleau[5] de soie. Le bruit cadencé[6] des rames[7] s'éleva soudain dans la distance, rapide et vif comme un battement d'aile.

[1]montrait [2]*strokes* [3]*ripples* [4]fragile [5]*rouleau… tableau* [6]rythmique [7]*oars*

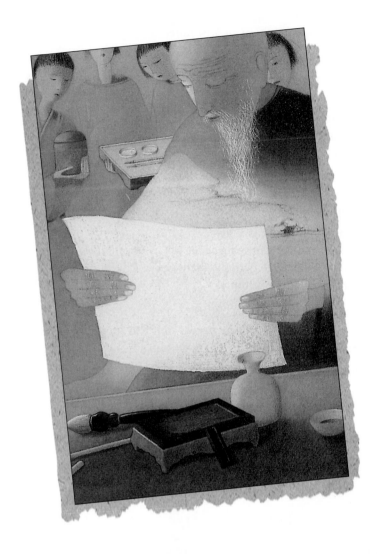

Le bruit se rapprocha, emplit doucement toute la salle, puis cessa, et des gouttes
tremblaient, immobiles, suspendues aux avirons du batelier.[8] Depuis longtemps, le
fer rouge destiné aux yeux de Wang s'était éteint sur le brasier du bourreau.[9]
Dans l'eau jusqu'aux épaules, les courtisans, immobilisés par l'étiquette,[10] se
soulevaient sur la pointe des pieds. L'eau atteignit enfin au niveau du cœur
impérial. Le silence était si profond qu'on eût entendu tomber des larmes.

C'était bien Ling. Il avait sa vieille robe de tous les jours, et sa manche droite
portait encore les traces d'un accroc[11] qu'il n'avait pas eu le temps de réparer, le
matin, avant l'arrivée des soldats. Mais il avait autour du cou une étrange
écharpe[12] rouge.

[8]avirons… *boatman's oars* [9]brasier… *executioner's coals* [10]par… *as etiquette required* [11]*tear* [12]*scarf*

Wang-Fô lui dit doucement en continuant à peindre:

30 —Je te croyais mort.

—Vous vivant, dit respectueusement Ling, comment aurais-je pu mourir?

Et il aida le maître à monter en barque.[13] Le plafond de jade se reflétait sur l'eau, de sorte que Ling paraissait naviguer à l'intérieur d'une grotte. Les tresses[14] des courtisans submergés ondulaient à la surface comme des serpents, et la tête

35 pâle de l'Empereur flottait comme un lotus.

—Regarde, mon disciple, dit mélancoliquement Wang-Fô. Ces malheureux vont périr, si ce n'est déjà fait. Je ne me doutais pas[15] qu'il y avait assez d'eau dans la mer pour noyer un Empereur. Que faire?

—Ne crains rien, Maître, murmura le disciple. Bientôt, ils se trouveront à sec

40 et ne se souviendront même pas que leur manche ait jamais été mouillée.[16] Seul, l'Empereur gardera au cœur un peu d'amertume marine. Ces gens ne sont pas faits pour se perdre à l'intérieur d'une peinture.

Et il ajouta:

—La mer est belle, le vent bon, les oiseaux marins font leur nid. Partons,

45 mon Maître, pour le pays au-delà des flots.[17]

—Partons, dit le vieux peintre.

[13]canot [14]*braids* [15]Je… Je ne croyais pas [16]*wet* [17]au-delà… *beyond the waves*

Wang-Fô se saisit du gouvernail,[18] et Ling se pencha sur les rames. La cadence des avirons emplit de nouveau toute la salle, ferme et régulière comme le bruit d'un cœur. Le niveau de l'eau diminuait insensiblement autour des grands rochers verticaux qui redevenaient des colonnes. Bientôt, quelques rares flaques[19] brillèrent seules dans les dépressions du pavement de jade. Les robes des courtisans étaient sèches, mais l'Empereur gardait quelques flocons d'écume[20] dans la frange[21] de son manteau.

Le rouleau achevé par Wang-Fô restait posé sur la table basse. Une barque en occupait tout le premier plan. Elle s'éloignait peu à peu, laissant derrière elle un mince sillage[22] qui se refermait sur la mer immobile. Déjà, on ne distinguait plus le visage des deux hommes assis dans le canot. Mais on apercevait encore l'écharpe rouge de Ling, et la barbe de Wang-Fô flottait au vent.

La pulsation des rames s'affaiblit, puis cessa, oblitérée par la distance. L'Empereur, penché en avant, la main sur les yeux, regardait s'éloigner la barque de Wang qui n'était déjà plus qu'une tache imperceptible dans la pâleur du crépuscule. Une buée[23] d'or s'éleva et se déploya[24] sur la mer. Enfin, la barque vira autour d'un rocher qui fermait l'entrée du large;[25] l'ombre d'une falaise tomba sur elle; le sillage s'effaça de la surface déserte, et le peintre Wang-Fô et son disciple Ling disparurent à jamais sur cette mer de jade bleu que Wang-Fô venait d'inventer. ▨

[18]*rudder*   [19]*puddles*   [20]flocons… *wisps of foam*   [21]*fringe*   [22]*(boat's) wake*   [23]*mist*   [24]se… *spread*   [25]*open sea*

AVEZ-VOUS
COMPRIS?

1. Quelle est la dernière tâche que l'Empereur impose à Wang-Fô? Comment Wang-Fô réagit-il en voyant sa peinture inachevée?
2. Qu'est-ce que Wang-Fô ajoute au premier plan du tableau? Quel est l'effet de son changement?
3. Pendant que Wang-Fô peint, qu'est-ce qui se passe dans la salle du trône de l'Empereur?
4. Qui est dans le canot? De quoi parle-t-il avec Wang-Fô? Que font les deux hommes ensuite?
5. Qu'est-ce qui arrive à l'Empereur et ses courtisans?
6. Wang-Fô pense que les courtisans vont mourir, mais selon Ling, il n'y a rien à craindre. Pourquoi? Comment interprétez-vous ce qu'il dit?
7. Qu'est-ce que Ling propose à Wang-Fô? Quel effet le départ des deux hommes a-t-il sur le niveau de l'eau?
8. Racontez la fin du conte. Où est le tableau? Où se trouvent Wang-Fô et Ling par rapport à l'Empereur et aux courtisans? Que deviennent le peintre et son disciple?
9. En décrivant les tableaux de Wang-Fô, l'Empereur parle des sortilèges (Partie I, ligne 58). En quel sens la fin du conte donne-t-elle raison à l'Empereur?

1. Dans la deuxième partie du texte, le réel et l'imaginaire se confondent. Expliquez comment les personnages font partie tantôt du monde réel, tantôt du tableau. A votre avis, que suggère la coexistence du réel et de l'imaginaire?

2. Dans son Post-scriptum à *Nouvelles orientales,* Marguerite Yourcenar décrit Wang-Fô comme «perdu et sauvé à l'intérieur de son œuvre». A votre avis, que veut-elle dire?

3. Comment Marguerite Yourcenar évoque-t-elle la Chine ancienne dans ce conte? Qu'y a-t-il dans ce passage qui permet d'y reconnaître sa source orientale? Réfléchissez à ce qu'il y a dans le texte qui est étranger à la culture occidentale; par exemple, la manière dont le jeune Empereur est élevé. Pourquoi l'Empereur est-il appelé Dragon Céleste? Que suggère ce nom quant à l'attitude du peuple chinois envers l'Empereur? (Pour les Chinois, le dragon représente une présence positive et bienfaisante; il symbolise la bonne fortune.)

4. Quel est le ton de ce texte? Trouvez des passages qui soutiennent votre opinion.

Rappel:
Le ton. Voir l'explication à la page 171.

DE LA
LITTERATURE
A LA VIE

1. C'est grâce à son art que Wang-Fô échappe à son destin: il invente une mer sur laquelle il disparaît. Faut-il être artiste pour trouver dans l'art un moyen d'échapper à la réalité? Oubliez-vous vos préoccupations en regardant un bon film ou en écoutant de la musique? Qu'est-ce qui vous aide à échapper aux soucis de tous les jours?

2. L'Empereur reproche à Wang-Fô de lui avoir menti. Le monde, dit-il, n'est pas une série de beaux tableaux, il «n'est qu'un amas de taches confuses… sans cesse effacées par nos larmes». Qu'en pensez-vous? Comment concevez-vous le monde? Croyez-vous que tout mène à une fin logique et juste? que tout se fasse pour une raison? Trouvez-vous de la beauté partout, comme Wang-Fô? Ou êtes-vous plutôt de l'avis de l'Empereur, que le monde est sans ordre et que la vie est triste?

3. Ling se dévoue entièrement pour Wang-Fô, lui sacrifiant même sa vie. Un tel geste de dévouement serait-il admiré dans la culture occidentale? Commentez. Citez des exemples tirés de la littérature ou des films.

4. Quel commentaire ce conte fait-il sur le rôle de l'art et de la littérature dans la vie?

Le français au bout des doigts

L'art à travers le monde

S'il est vrai que les créations artistiques et artisanales d'un peuple communiquent ce qui leur est important dans la vie, est-ce que vous pouvez imaginer les priorités des êtres humains préhistoriques qui ont peint les parois de la grotte de Lascaux?

Les liens et les activités se trouvent à **www.mhhe.com/collage**.

CHAPITRE 12

LA FRANCE ET L'AMERIQUE DU NORD

La création à Paris de «La Liberté éclairant le monde» (Frédéric Auguste Bartholdi, 1886), un cadeau des Français au peuple américain

Literature. It can be a link to the past, a joy in the present, and it can lead us to think about the future. Canadian poetry, in particular, often plays this multidimensional role by bringing to life times gone by or by prompting us to think about days yet to come. In her charming poem "Les Petites Gares," Anne Hébert gives us glimpses of the past by showing us the simple beauty of a train station no longer in service. Its dreamlike existence in the present and its resistance to the passage of the years remind us that people, places, and things all take part in the eternal flow of time.

Lire la littérature

Figures of Speech

Throughout your encounters with literature in this book, you have seen how authors strive to create images in readers' minds, bringing life to characters, settings, and the works in general. One important way to do this is to make a comparison by using a simile (**comparaison**) or metaphor (**métaphore**). These are figures of speech (**figures de style**). Figures of speech are expressions that use words in ways that depart from their literal meanings. Simile and metaphor are striking, vivid ways to express perceived similarities between two objects or ideas.

Comparaison establishes explicit similarity and is marked by the words *as* and *like* (**comme, pareil à, semblable à, tel(le), fait penser à** in French).

> **Il est courageux comme un lion.**
>
> He is as brave as a lion.

Métaphore establishes implicit similarity. Unlike comparison, metaphor is not marked by *as* or *like;* rather, the similarity is suggested by transferring a term from the object it normally denotes to another object. In the following example, a quality—bravery—is assumed to be the basis of an implicit similarity between the man and the lion, and the man is said to be something that, obviously, he really is not.

> **C'est un lion.**
>
> He's a lion.

We also say that a word is being used metaphorically when it suggests an analogy between two essentially different things that are not ordinarily associated with each other. For example, a verb normally used with one noun can be assigned to a quite different, unrelated noun.

> **Je laisserai le vent baigner ma tête nue.**
>
> I will let the wind bathe my bare head.
>
> (Rimbaud, «Sensation», v. 4)

Only liquids can bathe, but in this metaphor, the sensation of water is transferred to that created by the wind. A verb—**baigner**—that is normally used with one element (water) has been assigned to another element (air).

Try some comparisons of your own. Choose (1) a person, (2) an object, and (3) an abstract idea (happiness? truth? patriotism?). Describe them in French using **comparaisons** and **métaphores.**

Even though figures of speech can be found everywhere in daily life (especially in advertising), it is in literature that they are most powerful. They literally make you see things in new ways. How, for example, would you talk about a book you love? Chateaubriand did it this way in the nineteenth century:

> Mes livres ne sont pas des livres, mais des feuilles détachées et tombées presque au hasard* sur la route de ma vie.

«Les Petites Gares»

ANNE HÉBERT

Anne Hébert (1916–2000) est une des plus grandes écrivaines québécoises. Née en 1916 dans une famille d'intellectuels, elle a commencé à écrire très jeune et a publié son premier recueil de poèmes à l'âge de 22 ans. Bien qu'elle soit surtout

Anne Hébert, une des plus grandes auteures québécoises

---

*au... *by chance*

connue comme poète et romancière, cette femme talentueuse a également écrit des pièces de théâtre et des scénarios pour la télévision. Comme beaucoup d'auteurs de son pays, elle est très consciente du rôle du passé dans la vie des individus aussi bien que dans la société.

Dans un de ses recueils de poèmes, Hébert explique une façon de considérer la poésie. «La poésie colore les êtres, les objets, les paysages, les sensations, d'une espèce de clarté nouvelle, particulière, qui est celle même de l'émotion du poète» (*Œuvre poétique 1950–1990*, pp. 60–62). C'est tout à fait vrai dans «Les Petites Gares», où cette femme, qui a vu toutes les transformations du XXe siècle, nous montre comment un lieu simple, une petite gare désaffectée, peut continuer à vivre et à vibrer dans le cœur de celui ou de celle qui la contemple d'un regard ouvert au passé.

Mise en route

Les lieux et les objets ont-ils une vie? Pouvez-vous imaginer «la vie» d'un objet ou d'un lieu que vous connaissez bien? En utilisant le schéma suivant, imaginez cette vie passée dont il ne reste que des traces aujourd'hui.

l'objet ou le lieu _____

1. ses origines, ou comment les êtres humains l'ont perçu pour la première fois
2. un moment normal pendant son existence
3. une interaction avec une ou plusieurs personnes
4. comment il est au présent, quand l'on ne s'en sert plus

MODELE: l'objet ou le lieu: *Mon répondeur téléphonique...*

1. ... a vu le jour dans une usine Panasonic, au Japon. Il est parti dans un magasin où je l'ai acheté.
2. Il a répondu à beaucoup d'appels et il m'a aidé(e) à éviter des gens avec qui je ne voulais pas parler.
3. Un jour, il m'a annoncé mon nouveau travail; un autre, il m'a dit tristement que le chien de mes parents était mort.
4. Quand on m'a proposé un nouveau service téléphonique, je l'ai débranché et je l'ai mis dans mon placard. Mais il garde sa cassette, et je pense que quand je ne suis pas à la maison, il rejoue la bande qui m'a apporté tant de joie et de tristesse.

Mots et expressions

l'âme (*f.*) soul
l'arrivée (*f.*) arrival
bouillant boiling
le chemin path
cogner to knock
le départ departure

l'embrassade (*f.*) hug
l'enfer (*m.*) hell
étinceler to sparkle, set off sparks
le quai platform
le souffle breath
la vapeur steam

A. Trouvez les mots de la même famille que les mots suivants.

1. souffler
2. embrasser
3. arriver
4. vaporiser

5. partir
6. infernal
7. bouillir

B. Trouvez l'équivalent de chaque expression.

1. l'endroit où l'on attend le train
2. briller, créer de petites lumières
3. frapper
4. l'aspect éternel des êtres humains selon certaines religions
5. une route pietonne

Les Petites Gares

Les petites gares à la retraite[1]
Roses et violettes comme des bouquets fanés[2]
S'en vont à la dérive[3] dans le beau temps
Doucement rêvent sur des chemins tranquilles
5 Baignées[4] dans l'azur liquide.

Leur âme légère invente des vapeurs bouillantes
Des trains d'enfer qui étincellent dans la nuit
Des départs et des arrivées nostalgiques
Tout un brouhaha d'embrassades surannées[5]

10 Le souffle rauque[6] du passé cogne aux portières
Et reviennent les pas[7] perdus
Sur des quais pleins d'herbes folles
Et de silence éperdu.[8]

---

[1]à... *in retirement* [2]*wilted* [3]à la... *drifting along* [4]*bathed* [5]*out-of-date* [6]*hoarse* [7]*footsteps* [8]*boundless*

AVEZ-VOUS COMPRIS?

1. Qu'est-ce que c'est qu'une gare «à la retraite»?
2. A quoi est-ce qu'Hébert compare les gares? Pourquoi, à votre avis?
3. Quel est le sujet du verbe «S'en vont» dans le vers 3? Et celui du verbe «rêvent» dans le vers 4?
4. Quels sont les bruits évoqués dans les deuxième et troisième strophes?
5. Pourquoi est-ce que l'auteur parle de nostalgie? Quels mots utilise-t-elle pour nous faire penser à la vie d'autrefois?

6. Quel est le sujet du verbe «reviennent» dans le vers 11?
7. «La salle des pas perdus» est l'endroit où les passagers attendent le train. Quel est donc le jeu de mots dans le vers 11?
8. Faites une liste des éléments qui viennent du passé «réel» des gares.
9. Comment les quais d'aujourd'hui sont-ils différents de ceux du passé?

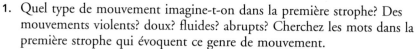

COMMENTAIRE DU TEXTE

1. Quel type de mouvement imagine-t-on dans la première strophe? Des mouvements violents? doux? fluides? abrupts? Cherchez les mots dans la première strophe qui évoquent ce genre de mouvement.
2. «L'azur liquide» dans le vers 5 est une métaphore pour quoi?
3. Hébert personnifie les gares en leur attribuant des caractéristiques humaines. Faites une liste de mots et d'expressions qu'elle applique aux gares qui s'appliquent normalement aux personnes. Quel est l'effet de cette personnification? Comment est-ce que le lecteur regarde les gares grâce à cette figure de style? Cherchez également la personnification qui ne s'applique pas à une gare, mais à autre chose.
4. Comparez l'atmosphère créée dans la deuxième strophe et celle de la première.
5. Choisissez un vers du poème pour servir de légende (*caption*) pour chacune des images suivantes.

a. b.

c. d.

1. Hébert a été visiblement impressionnée par l'image des gares désaffectées. Pensez à un endroit qui vous a marqué(e) et décrivez-le en utilisant au moins une comparaison ou une métaphore. Quelles étaient vos réactions à cet endroit? Pourquoi?

2. Comment réagissez-vous au silence? Dans quelles circonstances le silence est-il une chose souhaitable? une chose qui rend mal à l'aise? Donnez l'exemple d'une situation pour illustrer l'une de ces circonstances.

Félix Leclerc, poète et troubadour canadien: son influence sur la culture québécoise est inestimable.

Le français au bout des doigts

La poésie et la chanson québécoises

La poésie et la musique sont des éléments fondamentaux de l'identité culturelle du Québec. Qui sont les poètes et musiciens qui permettent aux Canadiens français de s'unir autour de thèmes communs? Découvrons quelques noms importants, et surtout, regardons quelques-unes de leurs œuvres.

Les liens et les activités se trouvent à **www.mhhe.com/collage**.

Lexique

This end vocabulary provides contextual meanings of French words used in this text. It does *not* include proper nouns (unless the French equivalent is quite different in spelling from English), most abbreviations, exact cognates, most near cognates, regular past participles used as adjectives if the infinitive is listed, or regular adverbs formed from adjectives listed. Adjectives are listed in the masculine singular form; feminine forms are included when irregular. Irregular past participles are listed, as well as third-person forms of irregular verbs in the *passé simple*. Other verbs are listed in their infinitive forms only. An asterisk (*) indicates words beginning with an aspirate *h*.

Abbreviations

A.	archaic	*interj.*	interjection	*p.p.*	past participle
adj.	adjective	*interr.*	interrogative	*prep.*	preposition
adv.	adverb	*intrans.*	intransitive	*pron.*	pronoun
art.	article	*inv.*	invariable	*p.s.*	*passé simple*
conj.	conjunction	*irreg.*	irregular (verb)	*Q.*	Quebec usage
contr.	contraction	*lit.*	literary	*s.*	singular
exc.	exception	*m.*	masculine (noun)	*s.o.*	someone
f.	feminine (noun)	*n.*	noun	*s.th.*	something
fam.	familiar or colloquial	*neu.*	neuter	*subj.*	subjunctive
Gram.	grammatical term	*pl.*	plural	*tr. fam.*	very colloquial, argot
inf.	infinitive	*poss.*	possessive	*trans.*	transitive

A

à *prep.* to; at; in
abandonner to give up; to abandon; to desert; **s'abandonner (à)** to give oneself up (to)
abbaye *f.* abbey, monastery
abécédaire *m.* spelling book; alphabet book
abîmer to damage; **s'abîmer** to become damaged
abondant *adj.* extensive, plentiful
abonné(e) *m., f.* subscriber; *adj.* subscribed

abord: d'abord *adv.* first, first of all
aborder to approach; to accost; to address
abri *m.* shelter; **à l'abri de** sheltered from
abriter to shelter
s'abstenir (*like* **tenir**) *irreg.* to abstain
abstenu (*p.p. of* **abstenir**)
s'abstinrent *p.s. of* **s'abstenir**
s'abstint *p.s. of* **s'abstenir**
abuser de to misuse, abuse
académie *f.* academy; **l'Académie Française** the French Academy

accéléré *adj.* accelerated
accent *m.* accent; **prendre l'accent de** to take on, assume the accent of
accepter (de) to accept; to agree (to)
accès *m.* access, entry
s'accommoder de to put up with (*s.th.*)
accompagner to accompany, go along with
accomplir to accomplish, fulfill, carry out
accord *m.* agreement; **être d'accord** to agree, be in agreement

accorder to grant, bestow, confer; **s'accorder** to give, grant oneself

accroc *m.* rip, tear

accueil *m.* greeting, welcome; **page** (*f.*) **d'accueil** home page

accuser (de) to accuse (of)

s'acheminer (vers) to proceed, wend one's way (towards)

acheter (j'achète) to buy

acheteur/euse *m., f.* buyer, customer

achevé *adj.* finished

achever (j'achève) to complete, finish (*a task*); **s'achever** to close, end

acquiescer (nous acquiesçons) to acquiesce, agree

actif/ive *adj.* active; working

actualité *f.* piece of news; present day; *pl.* current events; news

actuellement *adv.* now, at the present time

admettre (*like* **mettre**) *irreg.* to admit, accept

admiratif/ive *adj.* admiring

admirent *p.s. of* **admettre**

admirer to admire

admis (*p.p. of* **admettre**) *adj.* admitted

admit *p.s. of* **admettre**

adolescent(e) *m., f., adj.* adolescent, teenager

adopter to adopt; to embrace

adorer to love, adore

adresse *f.* address

s'adresser à to speak to; to appeal to

adulte *m., f.* adult; *adj.* adult

aérien(ne) *adj.* aerial; by air

s'affaiblir to weaken

affaire *f.* deal, bargain; business (matter); *pl.* affairs; belongings; business; **avoir affaire à** to deal with; **être à son affaire** to be in one's

element; **femme** (*f.*) **d'affaires** businesswoman; **homme** (*m.*) **d'affaires** businessman; **une bonne affaire** a bargain

affiche *f.* poster; billboard; **être à l'affiche** to be on the bill, showing (*film, theater*)

afficher to post; to stick up (*on a wall*); to display

s'affirmer to assert oneself

affolé *adj.* panicked

affranchi *adj.* freed, liberated

affreusement *adv.* horribly, dreadfully

affront *m.* insult

affronter to face, confront

afin de *prep.* to, in order to; **afin que** *conj.* so, so that

africain *adj.* African; **Africain(e)** *m., f.* African (*person*)

Afrique *f.* Africa

âge *m.* age; years; epoch; **à l'âge de** at the age of; **bas âge** young age

âgé *adj.* aged; old; elderly

s'agenouiller to kneel

agent *m.* agent; **agent de liaison** liaison officer; **agent de police** police officer

aggraver to exacerbate, aggravate

agir to act; **il s'agit de** it's a question, a matter of

agité *adj.* agitated; restless

agiter to shake, agitate

agrégation *f. exam for teaching posts in France*

agricole *adj.* agricultural

agriculteur/trice *m., f.* farmer, grower

ahurir to bewilder, confuse

aide *f.* help, assistance

aider to help

aigre *adj.* sour; bitter

aile *f.* wing; fin; **battement** (*m.*) **d'aile** flutter(ing) (of wings)

ailleurs *adv.* elsewhere; **d'ailleurs** *adv.* moreover; anyway

aimable *adj.* nice; likable, friendly

aimer to like; to love; **aimer mieux** to prefer

ainsi *conj.* thus, so, such as; **ainsi que** *conj.* as well as, in the same way as; **pour ainsi dire** so to speak

air *m.* air; look; tune; **au grand air** in the open, fresh air; **avoir l'air (de)** to seem, look (like); **en plein air** in the open air

aise *f.* ease, comfort; **à son (leur) aise** to be comfortable; to be well-off; **être à l'aise** to be at ease, relaxed; **être (se sentir) mal à l'aise** to be ill-at-ease, uncomfortable; **mettre à l'aise** to put at ease; **se mettre à l'aise** to make oneself at home; to relax

aisé *adj.* comfortable; well-off; easy, effortless

ajouter to add

alcool *m.* alcohol

alcoolisme *m.* alcoholism

alcôve *f., A.* bedroom; alcove

Algérie *f.* Algeria

aliment(s) *m.* food (*items*); nourishment

alimenter to feed; to supply

alla *p.s. of* **aller**

allé (*p.p. of* **aller**)

allée *f.* alley, narrow street

Allemagne *f.* Germany

allemand *adj.* German; *m.* German (*language*)

aller *irreg.* to go; **aller + *inf.*** to be going (*to do s.th.*); **allez-vous-en** go away; **se laisser aller** to let oneself go; **s'en aller** to go off, leave

allèrent *p.s. of* **aller**

allié(e) *m., f.* ally

allonger (nous allongeons) to lengthen, stretch; **s'allonger** to stretch out, lie down

allumer to light (*a fire*); to turn on (*lights*)

allusion *f.:* **faire allusion à** to allude to

alors *adv.* so; then, in that case; **alors que** *conj.* while, whereas

alouette *f.* lark, skylark

alpiniste *m., f.* mountaineer; *adj.* mountain-climbing

alterner to alternate

amabilité *f.* friendliness; kindness

amant(e) *m., f.* lover

amas *m.* mass; heap, pile

ambassadeur/drice *m., f.* ambassador

ambiance *f.* atmosphere, surroundings

ambitieux/euse *adj.* ambitious

âme *f.* soul; spirit

améliorer to make better, ameliorate

amener (j'amène) to bring (*a person*); to take

amer (amère) *adj.* bitter

américain *adj.* American

Amérique (*f.*) **du Nord** North America

amertume *f.* bitterness

ami(e) *m., f.* friend; **faux ami** *m.* false friend; false cognate

amitié *f.* friendship

amour *m.* love

amoureux/euse *adj.* loving, in love

amphithéâtre *m.* amphitheater; lecture hall

amputé *adj.* cut off

amusant *adj.* funny; amusing, fun

amuser to entertain, amuse; **s'amuser (à)** to have fun, have a good time (*doing s.th.*)

an *m.* year; **avoir... ans** to be . . . years old; **l'an dernier (passé)** last year; **par an** per year, each year

analyse *f.* analysis

analyser to analyze

analytique *adj.* analytic(al)

ancêtre *m., f.* ancestor

ancien(ne) *adj.* old, antique; former; ancient

âne *m.* donkey, ass

ange *m.* angel

angélus *m.* angelus-bell (*noon call to prayer*)

anglais *adj.* English

Angleterre *f.* England, Britain

anglophone *adj.* English-speaking

angoisse *f.* anguish, despair

animal (*m.*) **domestique** pet

animer to animate; to motivate

année *f.* year; **les années (cinquante, soixante)** the decade (era) of the (fifties, sixties)

annexé *adj.* annexed

annexion *f.* annexation

annoncer (nous annonçons) to announce, declare

antenne *f.* antenna; **à l'antenne** on the air

anticlérical *adj.* anticlerical, antireligious

antidépresseur *m.* antidepressant

août August

apaiser to calm, soothe

apercevoir (*like* **recevoir**) *irreg.* to see, perceive; **s'apercevoir (de, que)** to notice, become aware (of, that)

aperçu (*p.p. of* **apercevoir**) *adj.* noticed

aperçurent *p.s. of* **apercevoir**

aperçut *p.s. of* **apercevoir**

aplatir to flatten

apologue *m.* apologue, fable

apothicaire *m., A.* apothecary, pharmacist

apparaître (*like* **connaître**) *irreg.* to appear

apparence *f.* appearance

appartement *m.* apartment

appartenir (*like* **tenir**) (**à**) *irreg.* to belong (to)

appartenu (*p.p. of* **appartenir**)

appartinrent *p.s. of* **appartenir**

appartint *p.s. of* **appartenir**

apparu (*p.p. of* **apparaître**) *adj.* appeared

apparurent *p.s. of* **apparaître**

apparut *p.s. of* **apparaître**

appel *m.* call; **faire appel à** to call on, appeal to

appeler (j'appelle) to call; to name; **s'appeler** to be named, called

appendice *m.* appendage

applaudissement(s) *m.* applause

appliquer to apply; **s'appliquer à** to apply oneself to, work hard at; to be applied to

apporter to bring, carry; to furnish

apprécier to appreciate; to value

apprendre (*like* **prendre**) *irreg.* to learn; to teach; **apprendre à** to learn (how) to

s'apprêter à to get ready, prepare oneself to

apprirent *p.s. of* **apprendre**

appris (*p.p. of* **apprendre**) *adj.* learned

apprit *p.s. of* **apprendre**

approche *f.* advance, approach

approcher to approach; **s'approcher de** to approach, draw near

approfondir to deepen

approprié *adj.* appropriate, proper, suitable

approuver to approve

approximatif/ive *adj.* approximate

appui *m.* support, foothold

appuyer (j'appuie) to push, lean against; to press; to support

après *prep.* after; afterward; **après avoir (être)...** after having . . .; **d'après** *prep.* according to

après-demain *adv.* the day after tomorrow

après-midi *m.* (or *f.*) afternoon

apte (à) *adj.* fit, apt, suited (to)

arbitre *m.* referee; umpire

arborer to wear, sport

arbre *m.* tree

archange *m.* archangel

ardeur *f.* ardor, zealousness

argent *m.* money; silver; **argent de poche** allowance, pocket money

arme (*f.*) **à feu** firearm

armée *f.* army

armoire *f.* wardrobe; closet

armure *m.* (suit of) armor

arracher to pull, tear off, out

s'arranger (nous nous arrangeons) to manage, contrive; to settle

arrêt *m.* stop; stoppage; **sans arrêt(s)** unceasingly; nonstop

arrêter (de) to stop; to arrest; **s'arrêter (de)** to stop (oneself)

arrivée *f.* arrival

arriver to arrive, come; to happen; **il nous arrive de** + *inf.* ever so often, we...

arrondir to round off, out

arsenal *m.* arsenal; navy shipyard

art *m.* art; **édition** (*f.*) **d'art** collector's edition; **exposition** (*f.*) **d'art** art exhibit; **galerie** (*f.*) **d'art** art gallery; **œuvre** (*f.*) **d'art** work of art

arthrite *f.* arthritis

artichaut *m.* artichoke

articuler to articulate, pronounce

artifice: feu (*m. s.*) **d'artifice** fireworks

artisanal *adj.* artisan, small scale

artiste *m., f.* artist; *adj.* artistic

ascendants *m. pl.* ancestors; ancestry

assassinat *m.* assassination

assassiner to murder, assassinate

asseoir (*p.p.* **assis**) *irreg.* to seat; **s'asseoir** to sit down

assez *adv.* somewhat; rather, quite; **assez de** *adv.* enough; **en avoir assez** *fam.* to be fed up

assiette *f.* plate; bowl

s'assirent *p.s. of* **s'asseoir**

assis (*p.p. of* **asseoir**) *adj.* seated; **être assis(e)** to be sitting down, be seated

assistance *f.* audience

assister à to attend, go to (*concert, etc.*)

s'assit *p.s. of* **s'asseoir**

associer to associate; **s'associer avec** to be associated with

assumer to assume; to take on

assurance *f.* assurance; insurance; **assurance maladie** health insurance

assureur *m.* insurer

atelier *m.* workshop; (art) studio

attacher to attach; to link

attaque *f.* attack; **ligne** (*f.*) **d'attaque** line of attack

attaquer to attack; **s'attaquer à** to criticize; to tackle

atteignirent *p.s. of* **atteindre**

atteignit *p.s. of* **atteindre**

atteindre (*like* **craindre**) *irreg.* to attain, reach; to affect

atteint (*p.p. of* **atteindre**) *adj.* stricken; affected

attendre to wait for

s'attendrir to be softened; to be moved (to tears)

attente *f.* waiting; expectation

attentif/ive *adj.* attentive

attention *f.* attention; **faire attention à** to pay attention to, watch out for

atterré *adj.* crushed, stupefied

attester to attest, certify

attirail *m.* pomp, show

attirer to attract; to draw

attraper to catch

attribuer to attribute; to grant, give

au (aux) *contr.* **à + le (à + les)**

aube *f.* dawn

auberge *f.* inn; hotel

aubergine *f.* eggplant

aucun(e) (ne... aucun[e]) *adj., pron.* none; no one, not one, not any; anyone; any

auditeur/trice *m., f.* listener

auditif/ive *adj.* auditory

aujourd'hui *adv.* today; nowadays

auparavant *adv.* previously

auquel. *See* **lequel**

auréolé *adj.* haloed, with a halo

aussi *adv.* also; so; as; consequently; **aussi bien que** as well as; **aussi... que** as . . . as

aussitôt *conj.* immediately, at once, right then

autant *adv.* as much, so much, as many, so many; **autant (de)... que** as many (much) . . . as

auteur *m.* author; **auteure** *f.*, *Q.* woman writer

autobus (*fam.* **bus**) *m.* bus

automne *m.* autumn, fall

autoritaire *adj.* authoritarian

autoroute *f.* highway, freeway

autour de *prep.* around

autre *adj., pron.* other; another; *m., f.* the other; *pl.* the others, the rest; **autre part** somewhere else

autrefois *adv.* formerly, in the past

autrement *adv.* otherwise

Autriche *f.* Austria

autrui *pron.* others, other people

aux *contr.* **à + les**

auxquelles. *See* **lequel**

avaler to swallow

avancer (**nous avançons**) to advance; **s'avancer vers** to approach, come upon

avant *adv.* before (*in time*); *prep.* before, in advance of; *m.* front; **avant de + inf.** (*prep.*) before; **avant que + subj.** (*conj.*) before; **en avant** *adv.* ahead

avare *m., f.* miser

avec *prep.* with

avenir *m.* future

aventure *f.* adventure; **partir à l'aventure** to go roaming

aventurier/ière *m., f.* adventurer

aveuglément *adv.* blindly; recklessly

avion *m.* airplane

aviron *m.* oar, paddle

avis *m.* opinion; **à mon (ton, votre) avis** in my (your) opinion

s'aviver to liven up, revive

avoine *m.* oat(s)

avoir (*p.p.* **eu**) *irreg.* to have; **avoir à** to have to, be obliged to; **avoir affaire à** to deal with; **avoir... ans** to be . . . years old; **avoir beau +**

inf. to do (*s.th.*) in vain; **avoir besoin de** to need; **avoir chaud** to be warm, hot; **avoir de la chance** to be lucky; **avoir du mal à** to have trouble, difficulty (*doing s.th.*); **avoir envie de** to feel like; to want to; **avoir faim** to be hungry; **avoir froid** to be, feel cold; **avoir hâte (de)** to be in a hurry, be eager (to); **avoir honte (de)** to be ashamed (of); **avoir l'air (de)** to look (like); **avoir le droit de** to have the right to; **avoir le nez partout** to be very curious; **avoir le sens de l'humour** to have a sense of humor; **avoir le temps (de)** to have the time (to); **avoir l'habitude (de)** to have the custom, habit (of); **avoir lieu** to take place; **avoir mal (à)** to have a pain, ache; to hurt; **avoir peur (de)** to be afraid (of); **avoir pitié de** to have pity on; **avoir raison** to be right; **avoir recours à** to have recourse to; **avoir rendez-vous** to have a date, an appointment; **avoir soin de** to take care of; **avoir tort** to be wrong; **en avoir assez** *fam.* to be fed up with, sick of; **il y a** there is, there are; ago

avouer to confess, admit

azur *m., lit.* sky; blue

B

baccalauréat (*fam.* **bac**) *m.* baccalaureate (*French secondary school degree*)

bachot *m., fam.* baccalaureate

badaud(e) *m., f.* idler, rubberneck

bagages *m. pl.* luggage

bagarre *f., fam.* fight

bagout *m., fam.* glibness, eloquence

bague *f.* ring (*jewelry*)

baie *f.* bay

baigner to bathe

bain *m.* bath; swim; **prendre un bain** to take a bath; **salle** (*f.*) **de bains** bathroom

baiser to kiss; *m.* kiss

baisser to lower; to put down; **se baisser** to bend down, crouch down

balbutier to stammer, mumble

balcon *m.* balcony

balle *f.* (small) ball; tennis ball; bullet

ballon *m.* (soccer, basket-)ball; balloon

banc *m.* bench

bande *f.* group; gang; **bande (magnétique)** cassette tape; **bandes** (*pl.*) **dessinées** comics

banque *f.* bank

banquette *f.* seat, bench

baptême *m.* baptism

barbare *m., f.* barbarian

barbe *f.* beard

barbu *adj.* bearded

barque *f.* boat, fishing boat

barrer to cross, stripe

bas(se) *m.* lower part, bottom (edge); *m. pl.* stockings; *adj.* low; bottom; *adv.* low, softly; **à voix basse** in a low voice; **en bas de** at the foot of; **là-bas** *adv.* over there; **parler bas** to speak softly; **table** (*f.*) **basse** coffee table

Bas-Canada *m.* lower Canada

basé (sur) *adj.* based (on)

basket *m., fam.* basketball

bas-normand *adj.* from southern Normandy

Basse-Normandie *f.* southern region of Normandy

bataille *f.* battle; **champ** (*m.*) **de bataille** battlefield

bateau *m.* boat

batelier/ière *m., f.* boatman, -woman

batifoler *fam.* to frolic, fool around

bâtiment *m.* building

bâtir to build

bâtisseur/euse *m., f.* builder

bâton *m.* stick; hockey stick; pole

battement *m.* beat, beating; **battement d'aile** flutter(ing) (of wings)

battirent *p.s. of* **battre**

battit *p.s. of* **battre**

battre (*p.p.* **battu**) *irreg.* to beat; to thresh; **se battre** to fight

battu (*p.p. of* **battre**) *adj.* beaten

bavarder to chat; to talk

beau (bel, belle [beaux, belles]) *adj.* handsome; beautiful; **avoir beau** + *inf.* to do (*s.th.*) in vain; **faire beau (il fait beau)** to be good weather

beaucoup (de) *adv.* very much, a lot; much, many

beau-père *m.* father-in-law; stepfather

beaux-arts *m. pl.* fine arts

beaux-parents *m. pl.* in-laws

bégaiement *m.* stammering, stuttering

belge *adj.* Belgian

Belgique *f.* Belgium

belle-mère *f.* mother-in-law; stepmother

belle-sœur *f.* sister-in-law; stepsister

besoin *m.* need; **avoir besoin de** to need; **en un besoin** *fam.* if necessary; **si besoin est** if necessary, if need be

bêta *m., tr. fam.* silly, stupid person

bête *f.* animal, beast; *adj.* silly; stupid

bêtise *f.* foolishness; foolish thing

beurre *m.* butter

bien *adv.* well, good; quite; much; comfortable; *m.* good; *pl.* goods, belongings; **aller bien** to suit, fit; **aussi bien que** as well as; **bien des** many; **bien que** + *subj.* (*conj.*) although; **bien sûr** *interj.* of course; **eh bien** *interj.* well; **ou bien** or; **si bien que** so that; and so; **tant et si bien que** so much so that; **vouloir bien** to be willing

bienfaisant *adj.* beneficial, salutary

bientôt *adv.* soon

bière *f.* beer

bijou (*pl.* **bijoux**) *m.* jewel; piece of jewelry

bijoutier/ière *m., f.* jeweler

bile *f.* bile, gall; **échauffer la bile à** to anger, annoy

billet *m.* bill (*currency*); ticket

bimbeloterie *f. s.* knick-knacks, toys

biplan *m.* biplane

bis *interj.* encore

blanc(he) *adj.* white; *m.* blank

Blanche-Neige Snow White

blanchi *adj.* bleached, whitened; **blanchi(e) à la chaux** whitewashed

blé *m.* wheat; grain

blessé *adj.* wounded, injured

bleu *m.* bruise, contusion; *adj.* blue; **bleu marine** navy blue

blond(e) *m., f., adj.* blond

bobine *f.* reel

bœuf *m.* beef; ox

boire (*p.p.* **bu**) *irreg.* to drink

bois *m.* wood; forest, woods; **coureur** (*m.*) **des bois** *Q.* trapper, scout, tracker

boîte *f.* box; can; nightclub; *fam.* workplace; **boîte de conserve** can (*food*)

boiteux/euse *adj.* lame

bon(ne) *adj.* good; right, correct; **à la bonne heure** *fam.* good for you, that's great; **bon vivant** s.o. who enjoys life; **de bonne heure** early; **une bonne affaire** a bargain, a deal; **voir d'un bon œil** to approve of

bonbon *m.* (piece of) candy

bond *m.* jump, leap

bondir to leap, jump

bonheur *m.* happiness

bonhomme *m.* (little) fellow

bonjour *interj.* hello, good day

bonté *f.* goodness, kindness

bord *m.* board; edge; bank, shore; **au bord de** on the edge of; on the banks (shore) of; *hors-bord *m.* motorboat

bottine *f.* ankle boot

bouche *f.* mouth

bouchée *f.* mouthful

boucher/ère *m., f.* butcher

bouchon *m.* plug; stopper; cork

boucle *f.* curl; **boucle d'oreille** earring

bouder to pout, sulk

boue *f.* mud

bouffée *f.* puff, whiff

bouger (nous bougeons) to move

bouillant *adj.* boiling

bouillir to boil

boule *f.* ball; lump

boulette *f.* meatball

bouleverser to overwhelm; to upset

boulot *m., fam.* job; work; **métro-boulot-dodo** *fam.* the daily grind, the rat race

bourgeois *adj.* middle-class, bourgeois

bourgeoisie *f.* middle-class, bourgeoisie; **la *haute bourgeoisie** upper middle-class; **la petite bourgeoisie** lower middle-class

bourreau *m.* executioner

bout *m.* end; bit; morsel; **à bout de ressources** at the end of one's means; **au bout (de)** at the end (of); **du bout des lèvres** scornfully; **d'un bout à l'autre** from one end to the other; **savoir par quel bout commencer** to know how to begin (*s.th.*)

bouteille *f.* bottle

boutique *f.* shop, store; boutique

boutiquier/ière *m., f.* shopkeeper

bouton *m.* button

boxe *f.* boxing (*sport*)

branche *f.* branch; sector

bras *m.* arm; **en bras de chemise** in shirtsleeves

brasier *m.* fire of live coals

brave *adj.* brave; good, worthy

briller to shine, gleam

briser to break; to smash, crush

brodé *adj.* embroidered

brouhaha *m.* hubbub

bruit *m.* noise

brûlant *adj.* burning; urgent

brûler to burn (up)

brumeux/euse *adj.* foggy, misty

brun *adj.* brown; *m., f.* dark-haired, brunette

brusque *adj.* abrupt; blunt (*speech*); sudden

brutal *adj.* rough, ill-mannered

brute *f.* brute (*m. or f.*)

Bruxelles Brussels

bu (*p.p. of* **boire**)

buée *f.* vapor, steam

bureau *m.* desk; office

burent *p.s. of* **boire**

but *p.s. of* **boire**

but *m.* goal; objective; **sans but** aimlessly

C

ça *pron.* this, that; it; **(comment) ça va** how's it going

cabane *f.* hut, cabin

cabine *f.* cubicle; booth; cabin

cabinet *m.* closet; office

caché *adj.* hidden

cachot *m.* dungeon, prison cell

cadavre *m.* cadaver, corpse

cadeau *m.* present, gift; **faire (offrir) un cadeau à** to give a present to

cadencé *adj.* rhythmic

cadet(te) *adj., m., f.* youngest (*in the family*)

café *m.* café; (cup of) coffee

caféiné *adj.* caffeinated

caillou *m.* pebble, stone

caissier/ière *m., f.* cashier

calebasse *f.* calabash; gourd bowl

calmer to calm (down); **se calmer** to quiet down

calotte *f.* skullcap

camarade *m., f.* friend, companion; **camarade de classe** classmate, schoolmate

Cambodge *m.* Cambodia

camée *m.* cameo

campagnard *adj.* rural, country

campagne *f.* country(side); **à la campagne** in the country

camper to camp

canadien(ne) *adj.* Canadian; **Canadien(ne)** *m., f.* Canadian (*person*)

canaille *f.* rabble, riff-raff

canapé *m.* sofa, couch

candeur *f.* candor, artlessness

canot *m.* rowboat

canotier *m.* rower, oarsman

cantatrice *f.* singer

caoutchouc *m.* rubber

capable *adj.* capable, able; **être capable de** to be capable of

capacité *f.* ability; capacity

capiteux/euse *adj.* heady; sensuous

capter to capture

captivé *adj.* captivated

caquet *m., fam.* cackle, gossip

car *conj.* for, because

caractère *m.* character

caractériser to characterize

caractéristique *f.* characteristic, trait

carotte *f.* carrot

carrément *adv.* squarely, in a straightforward manner

carrière *f.* career; **faire carrière** to make one's career

carrosse *m., A.* coach, carriage

carte *f.* card(s); menu; map (*of region, country*); **carte postale** postcard

cas *m.* case; **en cas de** in case of, in the event of

casser to break

casserole *f.* saucepan

catalan *adj.* Catalan, from Catalonia

cauchemar *m.* nightmare

cause *f.* cause; **à cause de** because of

causé *adj.* caused

causer to chat, converse

cauteleux/euse *adj.* cunning, sly; wary

ce (c') *pron. neu.* it, this, that

ce (cet, cette, ces) *adj.* this, that

ceci *pron.* this, that

céder (je cède) to give in; to give up; to give away

ceinture *f.* belt

cela (ça) *pron. neu.* this, that

célèbre *adj.* famous

célébré *adj.* celebrated

célébrer to celebrate, observe

céleste *adj.* heavenly

celle(s) *pron., f. See* **celui**

celui (ceux, celle, celles) *pron.* the one, the ones, this one, that one, these, those; **celle-là est forte** *fam.* that's a good one

cent *adj.* one hundred

centre *m.* center

centre-ville *m.* downtown

cependant *conj.* yet, still, however, nevertheless

certain *adj.* sure; particular; certain; *pron., pl.* certain ones, some people

certes *interj.* yes, indeed

certitude *f.* certainty

ces *adj., m., f. pl. See* **ce**

cesse *f.* ceasing; **sans cesse** unceasingly

cesser (de) to stop, cease

cet *pron., m. s. See* **ce**

cette *pron., f. s. See* **ce**

ceux *pron., m. pl. See* **celui**

chacun(e) *pron., m., f.* each, everyone; each (one)

chair *f.* flesh; meat; **chair à saucisse** sausage meat

chaire *f.* pulpit, rostrum; throne

chaise *f.* chair

chaleur *f.* heat; warmth

chambre *f.* (bed)room; hotel room; **chambre à coucher** bedroom; **robe** *(f.)* **de chambre** bathrobe, dressing gown

champ *m.* field; **champ de bataille** battlefield; **champ de riz** rice paddy

champion(ne) *m., f.* champion

championnat *m.* tournament; championship

chance *f.* luck; possibility; opportunity; **avoir de la chance** to be lucky

chanceler (je chancèle) to totter, stumble

chandail *m.* sweater

changement *m.* change, alteration

changer (nous changeons) to change; to exchange *(currency)*; **changer de nom** to change one's name; **(se) changer en** to change into

chanson *f.* song

chant *m.* singing

chantant *adj.* melodious, tuneful

chanter to sing

chanteur/euse *m., f.* singer

chapeau *m.* hat

chapitre *m.* chapter; subject, topic

chaque *adj.* each, every

charge *f.* responsibility; load; fee; hoax

chargé (de) *adj.* heavy, loaded, busy (with)

se charger (nous nous chargeons) de to take on *(responsibility)*

charmant *adj.* charming

charrette *f.* cart

chasse *f.* hunting; **partir (aller) à la chasse** to go hunting

chasser to hunt; to chase away, out

chat(te) *m., f.* cat

château *m.* castle, chateau

chaud *adj.* warm; hot; **avoir chaud** to be warm, hot

chaumière *f.* thatched cottage

chaussure *f.* shoe; **chaussures à talons** high-heeled shoes

chauve *adj.* bald, bald-headed

chaux *f.* lime; whitewash; **blanchi(e) à la chaux** whitewashed

chef *m.* leader; head; chef, head cook; **chef d'équipe** group leader

chef-d'œuvre *(pl.* **chefs-d'œuvre)** *m.* masterpiece

chemin *m.* way; road; path; **chemin de fer** railroad

cheminée *f.* fireplace; hearth; chimney

chemise *f.* shirt; **en bras de chemise** in shirtsleeves

cher (chère) *adj.* expensive; dear, precious

chercher to look for; to pick up; **aller chercher** to (go) pick up, get; **chercher à** to try to; **chercher querelle à** to try to pick a quarrel with

chéri(e) *adj.* dear, darling

cheval *m.* horse

chevalier *m.* knight

cheveu *(pl.* **cheveux)** *m.* hair

cheville *f.* ankle

chez *prep.* at the home (establishment) of

chicanier/ière *adj.* quibbling, haggling

chien(ne) *m., f.* dog

chinois *adj.* Chinese; **Chinois(e)** *m., f.* Chinese *(person)*

choir: se laisser choir to drop, flop, sink

choisir (de) to choose (to)

choix *m.* choice

chômage *m.* unemployment; **être au chômage** to be unemployed

chose *f.* thing; **autre chose** something else; **quelque chose (de)** something (+ *adj.*)

chou *(pl.* **choux)** *m.* cabbage

chouette *adj. inv., fam.* super, neat

chronique *f.* chronicle; news

chuchoter to whisper

chute *f.* fall; descent

ci: comme ci, comme ça so-so
ci-dessous *adv.* below
ci-dessus *adv.* above, previously
cidre *m.* (apple) cider
ciel *m.* sky, heaven
ciné-club *m.* film club
cinéma (*fam.* **ciné**) *m.* movies, cinema; movie theater; **salle** (*f.*) **de cinéma** movie theater; **vedette** (*f.*) **de cinéma** movie star
cinématographique *adj.* (*referring to*) film
cinquante *adj.* fifty
cinquième *adj.* fifth
circonstance *f.* circumstance; occurrence
circuler to circulate; to travel
ciselé *adj.* chiseled; cut
citation *f.* quotation, quote
cité *f.* (walled) city (*area within city*)
citer to cite, quote; to list
citoyen(ne) *m., f.* citizen
civil *adj.* civil; civilian, non-military; **guerre** (*f.*) **civile** civil war
civiliser to civilize
clair *adj.* light, bright; clear; evident
clarté *f.* light; brightness
classe *f.* class; classroom; **camarade** (*m., f.*) **de classe** classmate; **faire la (une) classe** to teach the (a) class; **première (deuxième) classe** first (second) class; **salle** (*f.*) **de classe** classroom
clé *f.* key; **mot-clé** *m.* key word
client(e) *m., f.* customer, client
clocher *m.* bell-tower
clocheton *m.* bell-turret; pinnacle
cloison *f.* partition; dividing wall
clos *adj.* enclosed, closed

clouer to nail
cocher to check off (*list*)
cochon *m.* pig; **pâté** (*m.*) **de cochon** pork pâté
cœur *m.* heart; **au cœur de** at the heart, center of; **cela me soulève le cœur** that makes me sick, nauseated; **de cœur** great-hearted, big-hearted; **savoir par cœur** to know by heart
coffre *m.* chest; trunk
cogner to knock, hammer
coin *m.* corner; patch, nook
col *m.* collar; **col de lapin** rabbit (fur) collar
colère *f.* anger; **mettre en colère** to anger (*s.o.*); **se mettre en colère** to get angry
collaborateur/trice *m., f.* collaborator
collaborer to collaborate
collation *f.* light meal, snack
colle *f.* glue
collectif/ive *adj.* collective
collège *m.* junior high; vocational school (*in France*)
collègue *m., f.* colleague, co-worker
coller to stick on, attach
colline *f.* hill
colon *m.* colonist
coloniser to colonize
colonne *f.* column
colorer to color
colza *m.* colza, rapeseed
combattirent *p.s. of* **combattre**
combattit *p.s. of* **combattre**
combattre (*like* **battre**) *irreg.* to fight
combattu (*p.p. of* **combattre**)
combien (de) *adv.* how much; how many
comédie *f.* comedy; theater
commande *f.* order; **formule** (*f.*) **de commande** order blank

commandement *m.* leadership; command
commander to order; to give orders
comme *adv.* as, like, how; since
commencer (nous commençons) (à) to begin (to); to start; **savoir par quel bout commencer** to know how to get going
comment *adv.* how; **comment?** what? how?
commentaire *m.* commentary, remark
commenter to comment (on)
commerçant(e) *m., f.* shopkeeper, storeowner
commerce *m.* business; shop
commis (*p.p. of* **commettre**) *m.* clerk; store clerk
commode *adj.* convenient; comfortable
commun *adj.* ordinary, common, shared; **en commun** in common
communier avec to commune with
communiquer to communicate
compagnie *f.* company; **en compagnie de** in the company of
compagnon (compagne) *m., f.* companion
comparer to compare
complet/ète *adj.* complete; whole; filled
compléter (je complète) to complete, finish
comportement *m.* behavior
comporter to include; **se comporter** to behave; to conduct oneself
composé *adj.* composed; **passé** (*m.*) **composé** *Gram.* present perfect
composer to compose
compréhensif/ive *adj.* understanding

comprendre (*like* **prendre**) *irreg.* to understand; to comprise, include

comprirent *p.s. of* **comprendre**

compris (*p.p. of* **comprendre**) *adj.* included; **y compris** *prep.* including

comprit *p.s. of* **comprendre**

compromettre (*like* **mettre**) *irreg.* to compromise

compromirent *p.s. of* **compromettre**

compromis (*p.p. of* **compromettre**) *m.* compromise; **passer un compromis** to make a compromise

compromit *p.s. of* **compromettre**

compte *m.* account; **à votre (son) compte** about you (him/her); **pour son propre compte** for his/her own part; **se rendre compte de/que** to realize (that)

compter (sur) to plan (on), intend; to count; to include

comptine *f.* nursery rhyme

comptoir *m.* counter; bar (*in café*)

comte (comtesse) *m., f.* count, countess

conception *f.* idea, notion

concerner to concern; to interest; **en ce qui concerne** with regard to, concerning

concevoir (*like* **recevoir**) *irreg.* to conceive

conclave *m.* conclave; (private) meeting

conclu (*p.p. of* **conclure**)

conclure (*p.p.* **conclu**) *irreg.* to conclude

conclurent *p.s. of* **conclure**

conclut *p.s. of* **conclure**

concours *m.* competition; competitive exam

conçu (*p.p. of* **concevoir**) *adj.* conceived, designed

conçurent *p.s. of* **concevoir**

conçut *p.s. of* **concevoir**

condamner to convict, condemn

condescendance *f.* condescension

condition *f.* condition; situation; social class

conducteur/trice *m., f.* driver

conduire (*p.p.* **conduit**) *irreg.* to drive; to take; to conduct; **permis** (*m.*) **de conduire** driver's license

conduisirent *p.s. of* **conduire**

conduisit *p.s. of* **conduire**

conduit (*p.p. of* **conduire**) *adj.* guided, led

confédéré *adj.* confederate

conférence *f.* lecture, talk

conférencier/ière *m., f.* lecturer, speaker

confiner to border upon; to confine

confins *m. pl.* confines, borders

confire (*p.p.* **confit**) to preserve (*fruit, etc.*)

confirmatif/ive *adj.* confirmative, corroborative

confirmer to strengthen, confirm

confiscable *adj.* liable to seizure or confiscation

confiserie *f.* confectionery; candy maker

confiseur/euse *m., f.* confectioner, candy maker

confisquer to confiscate

confit (*p.p. of* **confire**) *m.* conserve; *adj.* crystallized; preserved (*foods*); **marrons** (*m. pl.*) **confits** candied chestnuts

confiture *f.* jam, preserves

conflagration *f.* blaze

conflit *m.* conflict

se confondre to mingle

se conformer à to conform to, comply with

confort *m.* comfort; amenities

se confronter to confront (one another)

confus *adj.* confused; mingled

confusément *adv.* confusedly

conjuguer *Gram.* to conjugate

connaissance *f.* knowledge; acquaintance; consciousness; **faire la connaissance de** to get acquainted with; **perdre connaissance** to faint

connaisseur/euse *m., f.* expert; connoisseur

connaître (*p.p.* **connu**) *irreg.* to know; to be familiar with; **s'y connaître en** to know all about; to know one's way around

connu (*p.p. of* **connaître**) *adj.* known; famous

connurent *p.s. of* **connaître**

connut *p.s. of* **connaître**

se consacrer à to devote oneself to

consciemment *adv.* consciously

conscience *f.* conscience; consciousness; **prise** (*f.*) **de conscience** awareness, becoming aware

conscient (de) *adj.* conscious (of)

conscrit(e) *m., f.* draftee

conseil *m.* (piece of) advice; council; **demander conseil à** to ask advice of; **donner des conseils** to give advice

conseiller (de) to advise (to)

conseiller/ère *m., f.* counselor; councilor

consenti (*p.p. of* **consentir**)

consentir (*like* **dormir**) *irreg.* to agree

consentirent *p.s. of* **consentir**

consentit *p.s. of* **consentir**

conséquent: par conséquent *conj.* therefore, accordingly

conservateur/trice *m., f., adj.* conservative (*politically*)

conserve: boîte (*f.*) **de conserve** can (*of food*)

conserver to conserve, preserve

considérer (je considère) to consider

consoler to console

constatation *f.* observation; verification, proof

constater to note, remark

consterné *adj.* dismayed, alarmed

constituer to constitute

construire (*like* **conduire**) *irreg.* to construct, build

construisirent *p.s. of* **construire**

construisit *p.s. of* **construire**

construit (*p.p. of* **construire**) *adj.* constructed, built

consultation *f.* consulting; doctor's visit

consulter to consult

contact *m.* contact; **entrer en contact avec** to come into contact with

conte *m.* tale, story; **conte de fée(s)** fairy tale

contempler to contemplate, meditate upon

contemporain(e) *m., f., adj.* contemporary

contenir (*like* **tenir**) *irreg.* to contain

content *adj.* happy, pleased; **être content(e) de** + *inf.* to be happy about; **être content(e) que** + *subj.* to be happy that

contenu (*p.p. of* **contenir**) *m.* contents; *adj.* contained, included

conteur/euse *m., f.* storyteller

continrent *p.s. of* **contenir**

contint *p.s. of* **contenir**

continuer (à, de) to continue

contraignirent *p.s. of* **contraindre**

contraignit *p.s. of* **contraindre**

contraindre (*like* **craindre**) **à** to constrain to, force to

contraint (*p.p. of* **contraindre**) *adj.* forced

contrainte *f.* constraint

contraire *adj.* opposite; *m.* opposite; **au contraire de** contrary to, opposed to

contrairement à *prep.* as opposed to

contrariété *f.* vexation, annoyance

contrat *m.* contract

contre *prep.* against; contrasted with; **par contre** on the other hand

contrit *adj.* contrite, penitent

contrôle *m.* control, overseeing

contrôler to inspect, monitor; to control

convaincre (*like* **vaincre**) **(de)** *irreg.* to convince (*s.o. to do s.th.*)

convaincu (*p.p. of* **convaincre**) *adj.* convinced

convainquirent *p.s. of* **convaincre**

convainquit *p.s. of* **convaincre**

convenir (*like* **venir**) *irreg.* to fit; to be suitable; to admit; **il est convenu que** it's agreed that

convenu (*p.p. of* **convenir**) *adj.* agreed (upon)

convinrent *p.s. of* **convenir**

convint *p.s. of* **convenir**

convulsif/ive *adj.* convulsive

copain (copine) *m., f., fam.* friend, pal

copeaux *m. pl.* wood chips, shavings

copie *f.* copy; imitation

copier to copy

coq *m.* rooster

coquille *f.* shell

corne *f.* horn (*animal*)

corniche *f.* cornice; ledge

cornichon *m.* pickle

corps *m.* body

correspondance *f.* correspondence; connection

correspondant(e) *m., f.* correspondent; pen pal; *adj.* corresponding

correspondre to correspond

corriger (nous corrigeons) to correct

corroboratif/ive *adj.* corroborating

corvée *f.* unpleasant task; burden

costume *m.* (man's) suit; costume

côte *f.* coast; rib; rib steak; side

côté *m.* side; **à côté (de)** *prep.* by, near, next to; at one's side; **de côté** on the side; **de l'autre côté (de)** from, on the other side (of); **de votre (son) côté** from your (his/her) point of view; **du côté de** on the side of, pro

coteau *m.* hillside, slope

côtelette *f.* cutlet, (*lamb, pork*) chop

cou *m.* neck

couchant: soleil (*m.*) **couchant** setting sun

couché *adj.* lying down, lying in bed

coucher to put to bed; **chambre** (*f.*) **à coucher** bedroom; **coucher avec** to sleep with; **coucher** (*m.*) **du soleil** sunset; **se coucher** to go to bed

coudre (*p.p.* **cousu**) *irreg.* to sew

coulée *f.* flow; stroke

couler to flow, run; to lead; to spend

couleur *f.* color

couloir *m.* corridor, hall(way)

coup *m.* blow; coup; (gun)shot; influence; **coup de pied** kick; **coup de pinceau** brushstroke; **coup de tonnerre** thunderclap; **donner un coup de sifflet** to blow the whistle; **tenir le coup** to hold on, endure; **tout à coup** *adv.* suddenly; **tout d'un coup** *adv.* at once, all at once

couper to cut; to divide

cour *f.* (royal) court; yard; barnyard

courageux/euse *adj.* courageous

courant *adj.* general, everyday; flowing; *m.* current; **se mettre au courant** to become informed

courbe *f.* curve

courbé *adj.* curved; leaning (over)

coureur/euse *m., f.* runner; **coureur** (*m.*) **de bois** trapper; scout

courir (*p.p.* **couru**) *irreg.* to run; **courir le monde** to travel widely

couronne *f.* crown

cours *m.* course; class; exchange rate; price; **au cours de** *prep.* during

course *f.* race; errand

court *adj.* short

courtisan *m.* courtier

couru (*p.p. of* **courir**)

coururent *p.s. of* **courir**

courut *p.s. of* **courir**

couscous *m.* couscous (*North African cracked wheat dish*)

cousirent *p.s. of* **coudre**

cousit *p.s. of* **coudre**

cousu (*p.p. of* **coudre**)

couteau *m.* knife

coutelier/ière *m., f.* cutler, knife maker

coûter to cost; **coûte que coûte** no matter what

coûteux/euse *adj.* costly, expensive

coutume *f.* custom

couture *f.* sewing; clothing design

couvert (de) (*p.p. of* **couvrir**) *adj.* covered (with); cloudy

couverture *f.* cover

couvrir (*like* **ouvrir**) *irreg.* to cover

couvrirent *p.s. of* **couvrir**

couvrit *p.s. of* **couvrir**

cracher to spit

craie *f.* chalk

craignirent *p.s. of* **craindre**

craignis *p.s. of* **craindre**

craindre (*p.p.* **craint**) *irreg.* to fear

craint (*p.p. of* **craindre**)

crainte *f.* fear

cramponné *adj.* attached

Crassane: poire (*f.*) **de Crassane** soft winter pear

cravate *f.* (neck)tie

crayon *m.* pencil

créateur/trice *m., f.* creator; *adj.* creative

crédule *adj.* credulous, naïve

crédulité *f.* credulousness, gullibility

créer to create

crème *f.* cream

crépuscule *m.* dusk, twilight

crescendo *adv.* with a rising voice

crête *f.* cock's comb; crest

creux (creuse) *adj.* hollow

crevé *adj., fam.,* dead; dead-tired

crève-cœur *m.* heartbreaking disappointment

crever (je crève) *fam.* to die; to burst

cri *m.* shout, cry

criaillement *m.* shouting, bawling

crier to cry out; to shout

crise *f.* crisis; **crise de rire** fit of laughter

crispation *f.* wincing, twitching

critique *f.* criticism; critique; *m., f.* critic; *adj.* critical

critiquer to criticize

croc *m.* hook

croire (*p.p.* **cru**) **(à)** *irreg.* to believe (in); **croire que** to believe that

croiser to cross

croître (*p.p.* **crû**) *irreg.* to grow, increase

croix *f.* cross

croquer *fam.* to eat, munch

cru *adj.* raw

cru (*p.p. of* **croire**)

crû (*p.p. of* **croître**)

crudité *f.* raw vegetable; *pl.* plate of raw vegetables

crurent *p.s. of* **croire**

crûrent *p.s. of* **croître**

crut *p.s. of* **croire**

crût *p.s. of* **croître**

cuir *m.* leather

cuire (*p.p.* **cuit**) *irreg.* to cook; to bake; **faire cuire** to cook (*s.th.*)

cuisine *f.* cooking; food, cuisine; kitchen

cuisirent *p.s. of* **cuire**

cuisit *p.s. of* **cuire**

cuisse *f.* thigh; leg

cuit (*p.p. of* **cuire**) *adj.* cooked

cultiver to cultivate; to farm

culture *f.* education; culture; agriculture

curieux/euse *adj.* curious

cyclisme *m.* cycling

cylindrique *adj.* cylindrical

D

dame *f.* lady, woman

dangereux/euse *adj.* dangerous

dans *prep.* within, in

dater de to date from

davantage *adv.* more

de (d') *prep.* of, from, about

débarquement *m.* debarkation

se débarrasser de to get rid of

débat *m.* debate

déboucher to uncork; to open

debout *adv.* standing; up, awake; **tenir debout** *fam.* to hold up, hold water (*argument*)

débrancher to unplug

début *m.* beginning; **au début (de)** in, at the beginning (of)

décaféiné *adj.* decaffeinated

déception *f.* disappointment

déchiré *adj.* torn; divided

déchirer to tear (up); to divide

décider (de) to decide (to); **se décider (à)** to make up one's mind (to)

décision *f.* decision; **prendre une décision** to make a decision

déclarer to declare; to name

se décomposer to decompose

décoré (de) *adj.* decorated (with)

découcher to sleep away (*from home*)

découdre (*like* **coudre**) to unstitch

découler to follow, result from

découpage *m.* cutting up; carving

découper to cut up; to carve

découplé *adj.* well-built, strapping

découpler to uncouple, unleash

découpoir *m.* cutter, shears

découpure *f.* cutting-out, pinking

découvert (*p.p. of* **découvrir**) *adj.* discovered

découverte *f.* discovery

découvrir (*like* **ouvrir**) *irreg.* to discover, learn

découvrirent *p.s. of* **découvrir**

découvrit *p.s. of* **découvrir**

décrire (*like* **écrire**) *irreg.* to describe

décrit (*p.p. of* **décrire**) *adj.* described

décrivirent *p.s. of* **décrire**

décrivit *p.s. of* **décrire**

déçu *adj.* disappointed

dédain *m.* disdain, scorn

dedans *prep., adv.* within, inside

dédommager (**nous dédommageons**) to compensate, make amends

déesse *f.* goddess

défaillant *adj.* failing, weakening

défaut *m.* fault, flaw

défendre to defend; to forbid; **se défendre** to fight back

défense *f.* defense; prohibition

défiance *f.* distrust, suspicion

défier to challenge, defy

défilement *m.* unwinding

défiler to parade (by)

définir to define

définitif/ive *adj.* definitive; **en définitive** finally

définitivement *adv.* definitively; permanently

déformer to deform, warp

dégoûter to disgust

dehors *adv.* outdoors; outside

déjà *adv.* already

déjeuner to have lunch; *m.* lunch

delà: au delà de *prep.* beyond

délicat *adj.* delicate; sensitive

délicatesse *f.* tactfulness

délice *m.* delight

délicieux/euse *adj.* delicious

délivrer to set free, deliver

demain *adv.* tomorrow

demande *f.* request; application

demander to ask (for), request; **se demander** to wonder

démesuré *adj.* huge, beyond measure

demeure *f., lit.* home, dwelling (place)

demeurer to stay, remain

demi *m., adj.* half; **il est minuit et demi** it's twelve-thirty A.M.

démodé *adj.* out of style, old-fashioned

démolir to demolish, destroy

démon *m.* devil, demon

démonstration *f.* (mathematical) proof

démontrer to demonstrate

dent *f.* tooth; **dent de lait** baby tooth, milk tooth

dentelle *f.* lace

départ *m.* departure; **point (*m.*) de départ** starting point

département *m.* department; district

dépasser to go beyond; to pass, surpass

dépecer (**je dépèce, nous dépeçons**) to cut up; to carve

se dépêcher to hurry

dépendre (de) to depend (on)

dépit *m.* spite; scorn; **en dépit de** in spite of

se déplacer (**nous nous déplaçons**) to move around

déplaisir *m.* displeasure

déplorer to regret deeply

se déployer (**il se déploie**) to unfurl, spread (out)

depuis (que) *prep.* since, for

déranger (**nous dérangeons**) to bother, disturb

dérive: à la dérive adrift

dernier/ière *adj.* last; most recent; past; *m., f.* the latter; **en dernier** *adv.* last; **l'an dernier (l'année dernière)** last year

dérougir *Q.* to stop; to let up

derrière *prep.* behind; *m.* back, rear

des *contr. of* **de** + **les**

dès *prep.* from (then on); **dès que** *conj.* as soon as

désaffecté *adj.* unused, abandoned

désagréable *adj.* disagreeable, unpleasant

désarçonné *adj.* dumbfounded, staggered

désastre *m.* disaster

descendant(e) *m., f.* descendant

descendre to go down; to get off; to take down

désert *adj.* desert, deserted; *m.* desert; wilderness

déserter to desert

désespéré *adj.* desperate

désespoir *m.* hopelessness, despair

désinvolture *f.* ease, easy manner

désir *m.* desire

désirer to desire

désolé *adj.* sorry; grieved

désoler to distress, devastate

désordre *m.* disorder; confusion

désorienté *adj.* disoriented

désormais *adv.* henceforth

dessin *m.* drawing

dessiné: bandes (*f. pl.*) **dessinées** comics

dessiner to draw; to design

dessous *adv.* under, underneath; **ci-dessous** *adv.* below

dessus *adv.* above; over; on; **au-dessus de** *prep.* above; **ci-dessus** *adv.* above; **par-dessus** over, on top of

destin *m.* fate

destinataire *m., f.* recipient

destiné (à) *adj.* aimed (at)

détacher to detach; to articulate; **se détacher de** to separate

se détendre to relax

déterminé *adj.* determined

déterrer to unearth, bring to light

détester to detest, hate

détresse *f.* distress

détruire (*like* **conduire**) *irreg.* to destroy

détruisirent *p.s. of* **détruire**

détruisit *p.s. of* **détruire**

détruit (*p.p. of* **détruire**) *adj.* destroyed

deuil *m.* mourning

deux *adj.* two

deuxième *adj.* second

deuxièmement *adv.* second

devant *prep.* before, in front of; *m.* front

développé *adj.* developed; industrialized; **sous-développé** underdeveloped

développement *m.* development

développer to spread out; to develop

devenir (*like* **venir**) *irreg.* to become

devenu (*p.p. of* **devenir**)

deviner to guess

devinrent *p.s. of* **devenir**

devint *p.s. of* **devenir**

devoir (*p.p.* **dû**) *irreg.* to owe; to have to, be obliged to; *m.* duty; *m. pl.* homework

dévorer to devour

dévouement *m.* devotion

se dévouer to devote oneself

diable *m.* devil

diagnostic *m.* diagnosis

dictature *f.* dictatorship

dicter to dictate

dictionnaire *m.* dictionary

dieu *m.* god

différemment *adv.* differently

difficile *adj.* difficult

diffusé *adj.* broadcast

diffusion *f.* broadcasting

digérer (**je digère**) to digest

digne *adj.* worthy; deserving

dimension *f.:* **à quatre dimensions** four-dimensional

diminuer to lessen, diminish

dinde *f.* turkey

dîner to dine, have dinner; *m.* dinner

dire (*p.p.* **dit**) *irreg.* to say, tell; **c'est-à-dire** that is to say, namely; **pour ainsi dire** so to speak; **vouloir dire** to mean, signify

direct *adj.* direct, straight; **en direct** live (*broadcasting*)

dirent *p.s. of* **dire**

diriger (**nous dirigeons**) to direct; to control; **se diriger vers** to go toward

discours *m.* discourse; speech

discret/ète *adj.* discreet; unobtrusive

discuter (de) to discuss

disparaître (*like* **connaître**) *irreg.* to disappear

disparu (*p.p. of* **disparaître**) *adj.* missing; dead

disparurent *p.s. of* **disparaître**

disparut *p.s. of* **disparaître**

disponibilité *f.* availability

dispute *f.* quarrel

se disputer (avec) to quarrel (with)

disque *m.* disk

dissimuler to hide

distance *f.:* **garder ses distances** to keep one's distance

distinguer to distinguish

se distraire to enjoy, amuse oneself

dit (*p.p. of* **dire**) *adj.* called; so-called; *p.s. of* **dire**

divan *m.* sofa, couch, divan

divers *adj.* changing; varied, diverse

divertir to amuse, divert

diviniser to deify

diviser to divide

dix *adj.* ten

docteur *m.* doctor, Dr. (*title*)

doctorat *m.* doctoral degree, Ph.D.

dodo *fam.* sleep; **faire dodo** *fam.* to go to sleep; **métro-boulot-dodo** *fam.* the rat race, the daily grind

doigt *m.* finger

domaine *m.* domain; specialty

domestique: animal (*m.*) **domestique** pet

dominateur/trice *m., f.* ruler, dominator

dominé *adj.* dominated, ruled

dommage *m.* pity; too bad; **c'est dommage** it's too bad, what a pity

donc *conj.* then; therefore

donner to give; to supply; **donner envie de** to make one want to; **donner un coup de sifflet** to blow the whistle; **s'en donner carrément** to go for it

dont *pron.* whose, of whom, of which

doré *adj.* golden; gilt

dormir (*p.p.* **dormi**) *irreg.* to sleep

dormirent *p.s. of* **dormir**

dormit *p.s. of* **dormir**

dos *m.* back; **au dos de** on the back of

dossier *m.* back (*of a chair*)

doucement *adv.* gently; slowly

douceur *f.* gentleness; sweetness

doué *adj.* talented, gifted

douleur *f.* pain; distress

douloureux/euse *adj.* painful

doute *m.* doubt; **sans doute** probably, no doubt

douter (de) to doubt; **se douter de/que** to suspect (that)

douteux/euse *adj.* uncertain; dubious

doux (douce) *adj.* sweet; pleasant; gentle

douze *adj.* twelve

dramaturge *m., f.* playwright

drame *m.* drama

drapeau *m.* flag

dressé *adj.* set up, standing up

drogue *f.* drug

droit *m.* right; **avoir le droit de** to be allowed to

droit(e) *adj.* right; straight; *adv.* straight on; *f.* right; **à droite (de)** *prep.* on, to the right (of)

drôle *adj.* funny, odd

du *contr. of* **de** + **le**

dû (due) (*p.p. of* **devoir**) *adj.* due, owing to

duc *m.* duke

duper to dupe, fool, trick

dur *adj., adv.* hard; difficult; **travailler dur** to work hard

durant *prep.* during

durée *f.* duration, length

durent *p.s. of* **devoir**

durer to last, continue

dut *p.s. of* **devoir**

E

eau *f.* water; **poule** (*f.*) **d'eau** moorhen, water-hen

eau-de-vie (*pl.* **eaux-de-vie**) *f.* brandy; **eau-de-vie de pommes** apple brandy

ébréché *adj.* chipped, notched

écarlate *adj.* scarlet

échanger (nous échangeons) to exchange

échapper à to escape; **s'échapper de** to escape from

écharpe *f.* scarf

échauffer to warm; **échauffer la bile à** *fam.* to anger, make angry

échelle *f.* scale; ladder

s'échelonner to space out, spread out

échouer (à) to fail

éclaboussure *f.* spatter; stain, blot

éclairer *adj.* to light, illuminate

éclat *m.* outburst, blaze, display; **éclat de rire** burst of laughter

éclater to explode, burst out

école *f.* school

écolier/ière *m., f.* primary school student

économe *adj.* thrifty, economical

économique *adj.* economic; financial

écossais *adj.* Scottish; (Scotch) plaid

s'écouler to pass, elapse (*time*)

écouter to listen to

écran *m.* screen; **grand écran** *fam.* movies, movie industry

écrasant *adj.* crushing, overwhelming

écraser to crush; to brush away

s'écrier to cry out, exclaim

écrire (*p.p.* **écrit**) (**à**) *irreg.* to write (to)

écrit (*p.p. of* **écrire**) *adj.* written

écriture *f.* writing; handwriting

écrivain *m.* writer; **écrivaine** *f., Q.* woman writer

écrivirent *p.s. of* **écrire**

écrivit *p.s. of* **écrire**

écume *f.* foam, froth

éditeur/trice *m., f.* editor; publisher

édition (*f.*) **d'art** collector's edition

éducation *f.* upbringing; education

effacer (nous effaçons) to erase; **s'effacer** to fade, disappear

effet *m.* effect; **en effet** as a matter of fact, indeed

s'effondrer to collapse

s'efforcer (nous nous efforçons) to make an effort

égal *adj.* equal; all the same

également *adv.* equally; likewise, also

égard *m.* consideration; **à l'égard de** with respect to

église *f.* (Catholic) church

égoïste *m., f., adj.* selfish (person)

Egypte *f.* Egypt

égyptien(ne) *adj.* Egyptian

eh *interj.* hey; **eh bien** *interj.* well; well then

élan *m.* energy; momentum

s'élancer (nous nous élançons) to dash, leap

élargir to widen, broaden

élastique *adj.* elastic; *m.* rubber band

électro-acoustique *f.* electronic communications

élève *m., f.* pupil, student

élevé *adj.* raised; brought up; **bien élevé(e)** well brought up, well-educated

élever (j'élève) to raise; **s'élever** to raise; to rise (up)

elle *pron., f. s.* she; her; **elle-même** *pron., f. s.* herself; **elles** *pron., f. pl.* they; them

éloigné (de) *adj.* distant, remote (from)

éloigner to remove to a distance; **s'éloigner de** to move away from

élu *adj.* elected, chosen

emballage *m.* wrapping, packaging

embarras *m.* obstacle; embarrassment

embarrassé *adj.* embarrassed

embéguiné (de) *adj.* infatuated (with)

embêté *adj., fam.* annoyed, bothered

embouchure *f.* mouth (of river)

embranchement *m.* branch, branch road

embrassade *f.* hug

embrasser to kiss; to embrace; **s'embrasser** to embrace or kiss each other

s'embrouiller to get muddled, confused

émerveillé *adj.* amazed, wonder-struck

émettre (*like* **mettre**) *irreg.* to emit

émigrer to emigrate

émirent *p.s. of* **émettre**

émis (*p.p. of* **émettre**) *adj.* emitted

émission *f.* television show, program

émit *p.s. of* **émettre**

emmêlement *m.* tangle, mixing-up

emmener (j'emmène) to take away, along

émouvant *adj.* moving, touching

empêcher (de) to prevent (*s.o. from doing s.th.*)

emplacement *m.* place, location

emplir to fill (up)

emploi *m.* job; employment; use

employé(e) *m., f.* employee; **employé(e) de banque** bank teller

employer (j'emploie) to use; to employ

empocher to pocket (*money*)

empoisonner to poison

emporter to take (*s.th. somewhere*)

s'empourprer to blush, turn crimson

emprisonnement *m.* imprisonment

ému *adj.* moved, touched (*emotionally*)

en *prep.* in; to; within; into; at; like; in the form of; by; *pron.* of him, of her, of it, of them; from him, by him, etc.; some of it; any; **en vouloir à** to hold s.th. against (*s.o.*)

s'encombrer de to burden, saddle oneself with

encore *adv.* still, yet; again; even; more; **encore que** even though; **ne... pas encore** not yet

encourager (nous encourageons) (à) to encourage (to)

endiablé *adj.* reckless; wild, frenzied

endormi (*p.p. of* **endormir**) *adj.* asleep; sleepy

s'endormir (*like* **dormir**) *irreg.* to fall asleep

s'endormirent *p.s. of* **s'endormir**

s'endormit *p.s. of* **s'endormir**

endosser to put on (*clothing*)

endroit *m.* place, location

enfance *f.* childhood

enfant *m., f.* child; **petit-enfant** *m.* grandchild

enfantin *adj.* childish; juvenile

enfer *m.* hell

enfermer to lock up; **s'enfermer** to shut oneself up, lock oneself in

enfilé (dans) *adj.* slipped (in) (*sleeves*)

enfin *adv.* finally, at last

enflammer to inflame; to stir up

enfoncer (nous enfonçons) to push in; **s'enfoncer (dans)** to go deep, penetrate (into)

enfui (*p.p. of* **enfuir**)

s'enfuir (*like* **fuir**) *irreg.* to run away, escape

s'enfuirent *p.s. of* **s'enfuir**

s'enfuit *p.s. of* **s'enfuir**

engagement *m.* commitment

engager (nous engageons) to hire; to encourage

engloutir to swallow up, devour

enguirlander to garland, decorate

énigmatique *adj.* enigmatic, mysterious

énigme *f.* riddle, enigma

enivrer to inebriate, make drunk; **s'enivrer (de)** to get drunk (on)

enjamber to step over, stride over

enlever (j'enlève) to remove; to take off or away

ennemi(e) *m., f.* enemy

ennuyé *adj.* annoyed; bored

ennuyer (j'ennuie) to bother; to bore; **s'ennuyer (à mourir)** to be bored (to death)

ennuyeux/euse *adj.* boring; annoying

énorme *adj.* huge, enormous

enquête *f.* inquiry; investigation

enregistré *adj.* recorded

enregistrement *m.* recording

enregistrer to record (*on tape*)

enrichir to enrich

enseignement *m.* teaching; education

enseigner (à) to teach (how to)

ensemble *adv.* together; *m.* ensemble; whole

ensevelir to (en)shroud; to bury

ensuite *adv.* then, next

entendre to hear; to understand; **entendre parler de** to hear (speak) of

entendu *adj.* heard; agreed; understood; **c'est entendu** it's settled

enterrer to bury

entier/ière *adj.* entire, whole, complete; **en entier** entirely

entièrement *adv.* entirely

entourer (de) to surround (with)

entrailles *f. pl.* entrails, bowels

entraînant *adj.* stirring, catchy

entraîner to carry along; to drag

entre *prep.* between, among

entrée *f.* entrance, entry

entreprise *f.* business, company

entrer (dans) to enter

entretenir (*like* **tenir**) *irreg.* to maintain

entretenu (*p.p. of* **entretenir**) *adj.* maintained

entretien *m.* maintenance; upkeep

entretinrent *p.s. of* **entretenir**

entretint *p.s. of* **entretenir**

envelopper to wrap, envelop

envers *prep.* to; toward; in respect to

envie *f.* desire; **avoir envie de** to want; to feel like; **donner envie de** to make one want to

environ *adv.* about, approximately

environnement *m.* environment; milieu

envisager (nous envisageons) to envision

envoyer (j'envoie) to send

épais(se) *adj.* thick

épaisseur *f.* thickness

s'épanouir to bloom, blossom

épargné *adj.* spared; exempt

épaule *f.* shoulder; **hausser les épaules** to shrug one's shoulders

épave *f.* wreck; reject

épée *f.* sword

épeler (j'épelle) to spell

éperdu *adj.* bewildered; boundless

épice *f.* spice; **pain** (*m.*) **d'épice** gingerbread

épier to spy on

éploré *adj.* tearful, weeping

époque *f.* period (*of history*), era, time

épouser to marry

époux (épouse) *m., f.* spouse; husband, wife; *m. pl.* married couple

éprouver to feel, experience (*sensation, pain*)

épuisé *adj.* exhausted

équilibre *m.* equilibrium, balance; **perdre l'équilibre** to lose one's balance

équipe *f.* team; working group; **chef** (*m.*) **d'équipe** team leader

équipier/ière *m., f.* team member

érable *m.* maple; **feuille** (*f.*) **d'érable** maple leaf

errer to wander, roam

erreur *f.* error; mistake

escalier *m.* stairs, staircase

escarpé *adj.* steep; abrupt

esclave *m., f.* slave

espace *m.* (outer) space

espèce *f.* species; kind

espérance *f.* hope

espérer (j'espère) to hope (to)

espiègle *adj.* mischievous

espion(ne) *m., f.* spy

espoir *m.* hope

esprit *m.* mind; spirit

esquisse *f.* sketch; draft

essai *m.* essay; attempt

essayer (j'essaie) (de) to try (*to do s.th.*)

essentiellement *adv.* essentially

essuyer (j'essuie) to wipe off; to dry; **s'essuyer** to dry oneself off

esthète *m., f.* aesthete

estimer to consider; to believe

estomac *m.* stomach; **avoir mal à l'estomac** to have a stomachache

estropié *adj.* crippled, lame

et *conj.* and

établi *adj.* accepted; established

établir to establish, set up; **s'établir** to settle; to set up

établissement *m.* settlement; institution

étalé *adj.* spread out

étape *f.* phase, stage; stopping place

état *m.* state; shape; **état de choses** situation; **Etats-Unis** *m. pl.* United States

été (*p.p. of* **être**)

été *m.* summer; **job** (*m.*) **d'été** summer job

s'éteignirent *p.s. of* **s'éteindre**

s'éteignit *p.s. of* **s'éteindre**

s'éteindre (*like* **craindre**) *irreg.* to turn off/out, go off/out; to die

éteint (*p.p. of* **éteindre**) *adj.* extinguished; dead

étendre to stretch, extend; to spread (out); **s'étendre** to stretch (out)

ethnie *f.* ethnic group

étincelant *adj.* sparkling, glistening

étinceler (j'étincèle) to sparkle, glitter

étoile *f.* star

étonnant *adj.* astonishing, surprising

s'étonner de to be surprised, astonished at

étouffer to smother, stifle

étrange *adj.* strange

étranger/ère *adj.* foreign; strange; *m., f.* stranger; foreigner

étrangeté *f.* strangeness, oddness

étranglement *m.* constriction; strangulation

étrangler to strangle

être (*p.p.* **été**) *irreg.* to be; *m.* being; **étant donné** given; **être à** to belong to; **être**

assis(e) to be seated; **être d'accord** to agree; **être en train de** to be in the process of; **être** (*m.*) **humain** human being; **être obligé(e) de** to have to; **être prêt(e) à** to be ready to; **peut-être** *adv.* perhaps, maybe

étroit *adj.* narrow, tight

étude *f.* study; *pl.* studies; **faire des études** to study

étudiant(e) *m., f.* student

étudier to study

eu (*p.p. of* **avoir**)

eunuque *m.* eunuch

eurent *p.s. of* **avoir**

euro *m.* Euro (*European currency*)

européen(ne) *adj.* European; **Européen(ne)** *m., f.* European (*person*)

eut *p.s. of* **avoir**

eux *pron., m. pl.* them; **eux-mêmes** *pron., m. pl.* themselves

évasion *f.* escape

événement *m.* event

éventail *m.* fan; **en éventail** fanned out, fan-shaped

évidemment *adv.* obviously, evidently

évidence *f.* evidence; **de toute évidence** obviously

évident *adj.* obvious, clear

éviter to avoid

évoquer to evoke, call to mind

exactement *adv.* exactly

exagérer (j'exagère) to exaggerate

exaltant *adj.* exciting, thrilling

exalté *adj.* impassioned, excited

exalter to excite, fire up

examen (*fam.* **exam**) *m.* test, exam; examination; **passer un examen** to take an exam; **réussir à un examen** to pass an exam

examiner to examine; to study

s'exaspérer (je m'exaspère) to lose all patience

excuser to excuse; **s'excuser (de)** to excuse oneself (for)

exemple *m.* example; **par exemple** for example

exercer (nous exerçons) to exercise; to practice

exercice *m.* exercise; military exercises

exigeant *adj.* demanding

exiger (nous exigeons) to require, demand

exister to exist

expédier to send, ship

explication *f.* explanation

expliquer to explain

explorateur/trice *m., f.* explorer

exposition *f.* exhibition; show

exprimer to express

exquis *adj.* exquisite

extase *f.* ecstasy; **rester en extase** to remain entranced

extrait *m.* excerpt; extract

extraordinaire *adj.* extraordinary, remarkable

extrêmement *adv.* extremely

F

fabriquer to manufacture, make

face: en face (de) opposite, facing, across from; **face à** in the face of; **face-à-face** face to face; **faire face à** to confront

facette *f.* facet

fâché *adj.* angry; annoyed

se fâcher (contre) to get angry (with)

facile *adj.* easy

facilité *f.* aptitude, talent; ease

façon *f.* way, manner, fashion; **à votre façon** in your own way; **de façon (logique)** in a (logical) way

facteur/trice *m., f.* letter carrier

faculté *f.* (university) division

faible *adj.* weak; small

faiblesse *f.* weakness

faïence *f.* earthenware, ceramic

faim *f.* hunger; **avoir faim** to be hungry

faire (*p.p.* **fait**) to do; to make; to form; to be; **faire allusion à** to allude to; **faire appel à** to appeal to, call upon; **faire attention (à)** to be careful (of); to watch out (for); **faire beau (il fait beau)** it's nice out (good weather); **faire carrière** to make one's career; **faire cuire** to cook (*s.th.*); **faire des études** to study; **faire dodo** *tr. fam.* to go to sleep; **faire du piano** to play (study) the piano; **faire face (à)** to face, confront; **faire la (une) classe** to teach the class; **faire la loi (à)** to lay down the law; to dictate; **faire mieux (de)** to do better; **faire part (de)** to inform; **faire partie (de)** to belong to; **faire peur (à)** to scare, frighten; **faire preuve de** to give proof of; to show; **faire sa toilette** to wash up, get ready; **faire signe** to gesture; to contact; **faire son boulot** *fam.* to do one's work; **faire un bond** to leap, spring; **faire un cadeau à** to give a gift to; **faire un reportage** to write a (newspaper) report; **faire un voyage** to take a trip; **faire venir** to send for

faiseur/euse *m., f., fam.* bluffer, humbug

fait (*p.p.* of **faire**) *m.* fact; *adj.* made; **tout à fait** *adv.* completely, entirely

falaise *f.* cliff

falloir (*p.p.* **fallu**) *irreg.* to be necessary, have to; to be lacking

fallu (*p.p.* of **falloir**)

fallut *p.s.* of **falloir**

fameux/euse *adj.* famous

familial *adj.* (*related to*) family

familier/ière *adj.* familiar

famille *f.* family

fané *adj.* wilted

fantaisiste *adj.* fanciful

fardeau *m.* burden

farouche *adj.* fierce, wild

fascinant *adj.* fascinating

fatigué (de) *adj.* tired (of)

faute *f.* fault, mistake; **il n'y a pas de ma faute** it's not my fault; **se sentir en faute** to feel guilty

fauteuil *m.* armchair, easy chair

faux (fausse) *adj.* false; **faux ami** *m.* false friend (*word mistaken for a cognate*)

favoriser to favor

fécond *adj.* fertile; prolific

fée *f.* fairy; **conte** (*m.*) **de fée(s)** fairy tale

féliciter to congratulate

femme *f.* woman; wife; **femme d'affaires** businesswoman

fendre to cleave; **à fendre l'âme** pitiful(ly)

fenêtre *f.* window

fer *m.* iron; **chemin** (*m.*) **de fer** railroad

ferme *adj.* firm

fermer to close; **se fermer** to close; to be closed

fermier/ière *m., f.* farmer

féroce *adj.* ferocious

feston *m.* festoon; scallop

fête *f.* holiday; celebration, party

fétiche *m.* fetish; mascot

feu *m.* fire; **arme** (*f.*) **à feu** firearm; **feu d'artifice** fireworks

feuille *f.* leaf; sheet; **feuille d'érable** maple leaf; **feuilles détachées** loose leaves (*paper*)

feuilleter (je feuillette) to leaf through

février February

fictif/ive *adj.* fictitious

fidèle *adj.* faithful

fier (fière) *adj.* proud

se fier (à) to trust

fierté *f.* pride

fièvre *f.* fever

figure *f.* face; figure

figuré *adj.* shown, represented

figurer to appear

file *f.* line; lane

filer to fly; to speed along

filet *m.* fillet

filière *f.* (academic) major; career path

fille *f.* girl; daughter; **jeune fille** girl; young woman; **petite fille** little girl

fillette *f.* little girl

fils *m.* son; **fils unique** only son

fin *f.* end; purpose; *adj.* delicate; fine

finesse *f.* fineness; delicacy

finir (de) to finish

firent *p.s.* of **faire**

fit *p.s.* of **faire**

fixe *adj.* fixed

fixer to stare

flanc *m.* flank; **se battre les flancs** to rack one's brains

flanelle *f.* flannel

flâner to stroll

flaque *f.* puddle

flatter to flatter, compliment

flèche *f.* arrow

fleur *f.* flower

fleurir to flower; to flourish

fleuriste *m., f.* florist

fleuve *m.* river (*to the sea*)

flocon *m.* flake

flot *m.* crowd; stream; (ocean) wave

flotter to float

foi *f.* faith; *interj.* **ma foi** my word

foie *m.* liver; **avoir mal au foie** to have indigestion; **pâté** (*m.*) **de foie gras** goose liver pâté

fois *f.* time, occasion; times (*arithmetic*); **à la fois** at the same time; **la première (dernière) fois** the first (last) time; **(pour) une fois** (for) once

folie *f.* madness

fonction *f.* function; job

fonctionnement *m.* working order, functioning

fond *m.* background; end; bottom; **au fond** basically; **au fond (de)** (at) the back, the bottom (of)

fondamental *adj.* basic

fondateur/trice *m., f.* founder

fonder to found, establish

fondre to melt

football (*fam.* **foot**) *m.* soccer; **football américain** football

force *f.* strength, force; **de toutes ses forces** with all his/her might

forcément *adv.* necessarily

forêt *f.* forest

forfaiture *f.* felony; betrayal

formation *f.* education, training

forme *f.* form; shape; figure; **en forme de** in the form of; **sous la forme de** in the form of

former to form, shape; to train

formidable *adj.* formidable; wonderful

formule *f.* slogan; form (*to fill out*)

fort *adj.* strong; heavy; loud; *adv.* very; strongly; loudly; **celle-là est forte** *fam.* that's a good one

fortement *adv.* strongly

forteresse *f.* fortress

fortune *f.* fortune; luck

fossé *m.* ditch; gap

fou (fol, folle) *adj.* crazy, mad; wild; **herbes** (*f. pl.*) **folles** wild grasses

foule *f.* crowd

four *m.* oven; **petit four** petit four (*pastry*)

fournir to supply

fraîcheur *f.* freshness; scent; bloom

frais *m. pl.* fees; expense(s); **à grands frais** expensively

frais (fraîche) *adj.* cool; fresh

fraise *f.* strawberry

franchement *adv.* frankly

franchir to cross

franco-allemand *adj.* French-German

francophone *m., f., adj.* French; French-speaking (*person*)

frange *f.* fringe

frapper to strike

frayeur *f.* fear, terror

frêle *adj.* frail; fragile

frémissant *adj.* trembling

frère *m.* brother

friandise *f.* delicacy; gourmet treat

frisson *m.* shiver

froid *adj.* cold; *m.* cold (*weather, food*); **avoir froid** to be cold; **il fait froid** it's cold (out)

froisser to crumple, wrinkle

frôler to brush against; to just miss

fromage *m.* cheese

froncer (nous fronçons) to wrinkle; **froncer le sourcil** to knit one's brow

front *m.* forehead

frontière *f.* frontier; border

fronton *m.* (ornamental) front, façade

frotté *adj.* rubbed; polished

fructueux/euse *adj.* fruitful

fui (*p.p. of* **fuir**)

fuir (*p.p.* **fui**) *irreg.* to flee

fuirent *p.s. of* **fuir**

fuit *p.s. of* **fuir**

fumage *m.* smoking (*foods, arable land*)

fumé *adj.* smoked

fumée *f.* smoke

fumer to smoke

furent *p.s. of* **être**

fureteur/euse *adj.* prying

furieux/euse *adj.* furious

fusée *f.* rocket; spaceship

fut *p.s. of* **être**

futur *m., adj.* future

G

gagner to win; to earn; to reach

gai *adj.* gay, cheerful

gaîté *f.* gaiety; cheerfulness

galant *adj.* gallant; attentive

galanterie *f.* gallantry, politeness

galerie *f.* gallery

galette *f.* pancake; tart, pie

galon *m.* braid; stripe

galoper to gallop

gamin *adj.* youthful, childlike

gant *m.* glove

garçon *m.* boy; **un garçon manqué** a tomboy

garde *f.* watch; *m., f.* guard; **prendre garde (à)** to watch out (for)

garder to keep, retain; **garder ses distances** to keep one's distance

gare *f.* station; train station

gargouille *f.* gargoyle

gâteau *m.* cake

gâter to spoil

gauche: à gauche (de) on the, to the left (of)

gauchement *adv.* awkwardly

géant *adj.* giant

gelée *f.* aspic

gémir to moan, groan

gendarme *m.* gendarme (*French state police*)

gêne *f.* embarrassment

gêné *adj.* embarrassed; uncomfortable

général *m., adj.* general; **en général** in general

généreux/euse *adj.* generous

générique *m.* credits, credit titles (*movies*)

génie *m.* genius

genou (*pl.* **genoux**) *m.* knee

genre *m.* kind, type, sort

gens *m. pl.* people; **jeunes gens** young men; young people

gentil(le) *adj.* nice, pleasant; kind

gentilhomme *m.* gentleman

gentiment *adv.* nicely, prettily

geste *m.* gesture; movement

gifle *f.* slap

gigot *m.* leg of lamb

glace *f.* ice; mirror; *****hockey (*m.*) **sur glace** ice hockey

glaive *m., A.* sword, blade; **porte-glaive** *m.* sword carrier

glauque *adj.* glaucous; sea-green

glisser to slide; to slip; to give discreetly; **se glisser** to glide, creep

gloire *f.* glory, fame

gommé *adj.* gummed; **ruban (*m.*) gommé** tape

gonflé *adj.* swollen; inflated

goulot *m.* bottle neck

gourde *f.* gourd; winter squash; **se sentir gourde** *fam.* to feel foolish

gourmand *adj.* gluttonous, greedy

goût *m.* taste; interest; **prendre goût à** to develop a taste for

goûter *m.* snack; afternoon tea

goutte *f.* drop; **ne voir goutte** not to see a thing

gouttelette *f.* droplet

gouvernail *m.* rudder, helm

gouvernement *m.* government

gouverner to rule; to govern

gouverneur *m.* governor

grâce *f.* grace; **grâce à** *prep.* thanks to

gracieux/euse *adj.* graceful, pleasing

gradin *m.* terrace; bleacher(s)

grain *m.* grain; dash, touch

graine *f.* seed; *fam.* tiny thing

grammaire *f.* grammar; grammar book

grand *adj.* great; large, tall; big; **au grand air** outdoors; **grand écran** *m., fam.* movies, cinema; **grand ouvert** wide-open; **grande personne** *f.* adult, grown-up

Grande-Bretagne *f.* Great Britain

grandir to grow (up)

grand-mère *f.* grandmother

grand-père *m.* grandfather

grands-parents *m. pl.* grandparents

granit *m.* granite

gras(se) *adj.* fat; oily; fertile; **pâté (*m.*) de foie gras** goose liver pâté

se gratter to scratch (oneself)

grave *adj.* serious, grave

grec(que) *adj.* Greek; **Grec(que)** *m., f.* Greek (*person*); *m.* Greek (*language*)

grêle *adj.* slender, thin

grenade *f.* pomegranate

griffe *f.* claw (*animal*)

griffer to scratch; **se faire griffer** to get scratched

grincement *m.* grinding, scratching

gris *adj.* gray

gros(se) *adj.* big; fat; thick; **gros titres** *m. pl.* (news) headlines

grossi *adj.* enlarged

grossier/ière *adj.* vulgar, coarse

grossir to get fat(ter), gain weight

grotte *f.* cave, grotto

groupe *m.* group

se grouper to form a group

guère *adv.:* **ne... guère** scarcely, hardly

guérilla *f.* band (or group) of guerrillas

guérir to cure

guerre *f.* war; **Première (Deuxième) Guerre mondiale** First (Second) World War

guerrier/ière *m., f.* warrior

guetter to watch (out) for

gueuler *fam.* to bawl, shout

gueux (gueuse) *m., f.* beggar, tramp

guide *m.* guide; Girl Scout; reins

guider to guide

guignol *m.* Punch and Judy (*puppet show*); **avoir l'air d'un guignol** to look ridiculous

guise: à votre guise as you please

H

habile *adj.* clever, skillful

s'habiller to get dressed

habit *m.* clothing, dress

habitant(e) *m., f.* inhabitant; resident

habitation *f.* lodging, housing; **Habitation à Loyer Modéré (H.L.M.)** *French public housing*

habiter to live; to inhabit

habitude *f.* habit; **avoir l'habitude de** to be accustomed to; **comme d'habitude** as usual; **d'habitude** *adv.* usually, habitually

habituel(le) *adj.* habitual, usual

s'habituer à to get used to, accustomed to

*****haï** (*p.p. of* **haïr**)

*****haine** *f.* hatred

*****haïr** (*p.p.* **haï**) *irreg.* to hate, detest

*****haïrent** *p.s. of* **haïr**

*****haït** *p.s. of* **haïr**

hallucinant *adj.* hallucinatory

*****hanneton** *m.* May bug

*****hareng** *m.* herring

harmonieux/euse *adj.* harmonious

*****hasard** *m.* chance, luck; **au *****hasard** *adv.* randomly

*****hâte** *f.* haste; **à la *****hâte** in haste; **avoir *****hâte (de)** to be in a hurry (to)

se *****hâter to hurry

*****hausser** to raise, lift; *****hausser les épaules** to shrug one's shoulders

*****haut** *adj.* high; tall; upper; *m.* top; height; **à voix *****haute** out loud; **du *****haut de** from the top of; **en *****haut (de)** upstairs, above, at the top of; **la *****haute bourgeoisie** the upper middle class

*****haut-parleur** *m.* loudspeaker

héberger (nous hébergeons) to shelter, harbor

*****hein** *interj.* eh, what

hélice *f.* propeller

herbe *f.* grass; **en herbe** budding; **herbes** (*pl.*) **folles** wild grasses

héritage *m.* inheritance; heritage

*****héros (héroïne)** *m., f.* hero, heroine

hésiter (à) to hesitate (to)

*****heu** *interj.* hem, um, er

heure *f.* hour; time; **à la bonne heure** fine, that's better; **à la même heure** at the same time; **de bonne heure** early; **il est cinq heures et demie** it's five-thirty; **tout à l'heure** in a short while; a short while ago

heureusement *adv.* fortunately, luckily

heureux/euse *adj.* happy; fortunate

hier *adv.* yesterday

histoire *f.* history; story

hiver *m.* winter

*****hockey** *m.:* *****hockey sur glace** ice hockey

hommage *m.* homage, respects

homme *m.* man; **homme d'affaires** businessman

honnête *adj.* honest

honneur *m.* honor

*****honte** *f.* shame; **avoir *****honte de** to be ashamed of

*****honteux/euse** *adj.* shameful; ashamed

hôpital *m.* hospital

*****hoquet** *m.* hiccup

horloge *f.* clock

horreur *f.* horror

*****hors** *prep.* outside of; *****hors-mariage** *adj.* extra-marital

*****hors-bord** *m.* speedboat

*****hors-d'œuvre** *m.* appetizer

hôte (hôtesse) *m., f.* host, hostess; **table** (*f.*) **d'hôte** family-style meal

hôtel *m.* hotel; **maître** (*m.*) **d'hôtel** maître d', head waiter

hôtesse *f.* hostess

*****houblon** *m. s.* hops (*plant*)

*****huis** (*m.*) **clos** in camera; in secret (*court*)

huissier *m.* bailiff; arbitrator

*****huit** *adj.* eight

humain *adj.* human; *m.* human being; **être** (*m.*) **humain** human being

s'humecter to become moist, damp

humeur *f.* disposition; mood; **être de mauvaise humeur** to be in a bad mood

humide *adj.* humid; damp

humilié *adj.* humiliated

humour *m.* humor; **avoir le sens de l'humour** to have a sense of humor

*****hurler** to howl, yell

*****hutte** *f.* hut, shanty

hygiène *f.* health; sanitation

hypocondrie *f.* hypochondria

hypocrite *adj.* hypocritical

hypothèque *f.* mortgage

I

ici *adv.* here

idéaliser to idealize

idéaliste *adj.* idealistic

idée *f.* idea

identifier to identify; **s'identifier à** to identify oneself with

idiot *adj.* idiotic, foolish

ignoble *adj.* vile, horrible

ignorant(e) *m., f., adj.* ignorant (*person*)

il *pron., m. s.* he; it; there; **ils** *pron., m. pl.* they; **il y a** there is/are; ago

illimité *adj.* unlimited

illumination *f.* inspiration

illustrer to illustrate

ils *pron., m. pl.* they

image *f.* picture; image

imaginer to imagine

imiter to imitate

immédiatement *adv.* immediately

immeuble *m.* (apartment, office) building

immobilisé *adj.* immobilized

imparfait *m., Gram.* imperfect (tense)

impliquer to imply

implorer to beg, implore

importation *f.* importing, importation

importer to be important; to matter; **n'importe quel(le)** any, no matter which

imposant *adj.* imposing

imposer to impose; to require

impressionner to impress

imprévu *adj.* unforeseeable

impuissance *f.* helplessness; weakness

impuissant *adj.* impotent, powerless

impuni *adj.* unpunished

inachevé *adj.* unfinished, incomplete

inattendu *adj.* unexpected

inaugural *adj.* opening

incidence *f.* incidence; repercussion

inciter to incite

s'incliner to bow; to yield to

inclus *adj.* included

inconnu *adj.* unknown

inconsciemment *adv.* unconsciously

inconscient *adj.* unconscious

inconvénient *m.* disadvantage

incroyable *adj.* unbelievable, incredible

indélébile *adj.* indelible

Inde(s) *f.* India; the East Indies

indien(ne) *adj.* Indian; **Indien(ne)** *m., f.* Indian (*person*)

indigne *adj.* shameful; dishonorable

s'indigner to get angry

indiquer to show, point out

indiscret/ète *adj.* indiscreet

individu *m.* individual, person

s'industrialiser to become industrialized

industriel(le) *m., f.* industrialist; *adj.* industrial

inégal *adj.* unequal

inestimable *adj.* priceless, invaluable

infaillible *adj.* infallible, unerring

inférieur *adj.* inferior; lower

infini *adj.* infinite

infliger (nous infligeons) to inflict

influencer (nous influençons) to influence

informations *f. pl.* information, data

informer to inform

infraction *f.* offense, violation

inhabité *adj.* uninhabited

inhabituel(le) *adj.* unusual

ininterrompu *adj.* uninterrupted

initialement *adv.* initially

injuste *adj.* unjust, unfair

innombrable *adj.* innumerable

inquiet/ète *adj.* worried

inquiétant *adj.* worrisome, upsetting

s'inquiéter (je m'inquiète) de to worry about

inquiétude *f.* worry

inscription *f.* matriculation; registration

insensé *adj.* mad, crazy

insensible *adj.* insensitive; numb

insensiblement *adv.* imperceptibly

insister to insist

insondable *adj.* unfathomable, bottomless

inspecteur/trice *m., f.* inspector

inspirer to inspire; **s'inspirer de** to take inspiration from

s'installer (dans) to settle down, settle in

instantanément *adv.* instantaneously

institut *m.* institute; school

instituteur/trice *m., f.* elementary school teacher

instruit *adj.* learned, educated

insulté *adj.* insulted

insupportable *adj.* unbearable

intégrer (j'intègre) to integrate

intellectuel(le) *adj.* intellectual; *m., f.* intellectual (*person*)

interdire (*like* **dire**, *exc.* **vous interdisez**) **(de)** *irreg.* to forbid (to)

interdirent *p.s. of* **interdire**

interdit (*p.p. of* **interdire**) *adj.* forbidden, prohibited; *p.s. of* **interdire**

intéressant *adj.* interesting

intéresser to interest; **s'intéresser à** to be interested in

intérêt *m.* interest, concern

intérieur *m.* interior; **à l'intérieur de** inside, within

intermédiaire *m., f.* intermediary

interprète *m., f.* interpreter

interpréter (j'interprète) to interpret

interrogation: point (*m.*) **d'interrogation** question mark

interroger (nous interrogeons) to question, interrogate

interrompirent *p.s. of* **interrompre**

interrompit *p.s. of* **interrompre**

interrompre (*like* **rompre**) *irreg.* to interrupt

interrompu (*p.p. of* **interrompre**) *adj.* interrupted

intervenir (*like* **venir**) *irreg.* to intervene; to become involved in

intervenu (*p.p. of* **intervenir**)

intervinrent *p.s. of* **intervenir**

intervint *p.s. of* **intervenir**

intitulé *adj.* (en)titled

intrigue *f.* plot; conspiracy

inutile *adj.* useless

inventer to invent

invité(e) *m., f.* guest

inviter to invite

invraisemblablement *adv.* improbably

irlandais *adj.* Irish

irréel(le) *adj.* unreal

isolé *adj.* isolated; detached

ivre *adj.* drunk, intoxicated, elated

ivresse *f.* drunkenness, intoxication; elation

J

jabot *m.* shirt-frill, ruffle

jaillir to shoot forth

jamais (ne... jamais) *adv.* never, ever

jambe *f.* leg

jardin *m.* garden

jatte *f.* bowl, basin

jaune *adj.* yellow

javelot *m.* javelin

je (j') *pron., s.* I

jeter (je jette) to throw (away); **se jeter** to throw, fling oneself

jeu (*pl.* **jeux**) *m.* game; **en jeu** at issue, at stake

jeudi *m.* Thursday

jeun: à jeun fasting, without eating

jeune *adj.* young; *m. pl.* young people, youth; **jeune fille** *f.* girl, young woman; **jeune homme** *m.* young man; **jeune ménage** young couple; **jeunes gens** *m. pl.* young men; young people

jeunesse *f.* youth

job *m.* job; **job d'été** summer job

joie *f.* joy; **joie de vivre** zest for life

joli(e) *adj.* pretty

joue *f.* cheek

jouer to play; **jouer à la poupée** to play with dolls; **jouer au ballon** to play ball; **jouer au *hockey** to play hockey; **jouer de** to play (*a musical instrument*); **jouer un rôle** to play a role; **se jouer** to trifle, make fun

jouet *m.* toy

joueur/euse *m., f.* player

jouir de to enjoy

jour *m.* day; **au jour dit** on the prescribed day; **au jour le jour** day by day; **de nos jours** these days, currently; **il y a huit jours** a week ago; **le jour suivant** the following day; **percé(e) à jour** open-work; **tous les jours** every day; **voir le jour** to be born

journal (*pl.* **journaux**) *m.* newspaper

journaliste *m., f.* reporter; journalist

journée *f.* (whole) day; **toute la journée** all day long

joyeusement *adv.* joyously

juge *m.* judge

juger (nous jugeons) to judge

juillet July

juin June

jumeau (jumelle) *m., f.* twin

jupe *f.* skirt; **jupe écossaise** plaid skirt

jurer to swear; to promise solemnly

jusqu'à (jusqu'en) *prep.* until, up to; **jusqu'au bout** until the end; **jusqu'ici (jusques ici)** up to here, up to now

juste *adj.* just; right; fair; *adv.* just

justement *adv.* exactly, precisely

justice: poursuivre en justice to sue; to prosecute

justifier to justify

K

karaté *m.* karate

karatéka *m., f.* practitioner of karate

L

la (l') *art., f. s.* the; *pron., f. s.* it, her

là *adv.* there; **là-bas** *adv.* over there; **oh, là, là** *interj.* darn; good heavens

labour *m.* plowing; *pl.* plowed land

labourage *m.* plowing

lac *m.* lake

lacer (nous laçons) to lace (*shoes*)

lâche *adj.* cowardly

lâcher to let go, release

lâcheté *f.* cowardice

laid *adj.* ugly

laisser to let, allow; to leave (behind); **se laisser choir** to fall down, let oneself go; **se laisser tirer** to let oneself be pulled (along)

lait *m.* milk; **dent** (*f.*) **de lait** baby tooth, milk tooth

se lamenter to lament, complain

lancement *m.* throwing; publicity campaign

lancer (nous lançons) to throw, toss; to drop

langage *m.* language; jargon

langue *f.* language; tongue; **langue maternelle** native language

lapin *m.* rabbit

laquelle. See **lequel**

large *adj.* wide; *m.* open sea; **au large de** off (*at sea*); **au sens large du terme** in the broad(est) sense of the term

largement *adv.* largely; widely

larme *f.* teardrop, tear

las(se) *adj.* tired, weary

laurier *m.* laurel

lavement *m.* enema

laver to wash; to clean; **se laver** to wash (oneself)

le (l') *art., m. s.* the; *pron., m. s.* it, him

leçon *f.* lesson

lecteur/trice *m., f.* reader

lecture *f.* reading

légende *f.* legend; caption

léger (légère) *adj.* light, lightweight; **à la légère** lightly, rashly

légume *m.* vegetable; legume

le lendemain *m.* the next day, following day

lent *adj.* slow

lequel (laquelle, lesquels, lesquelles) *pron.* which one, who, whom, which

les *art., pl., m., f.* the; *pron., pl., m., f.* them

lettre *f.* letter; *pl.* literature; humanities; **à la lettre** to the letter, literally; **dame (f.) de lettres** literary woman, writer; **papier (m.) à lettres** stationery

leur *adj., m., f.* their; *pron., m., f.* to them; **le/la/les leur(s)** *pron.* theirs

levant: jour (m.) levant dawn, rising sun

lever (je lève) to raise, lift; *m.* rising; **lever du soleil** sunrise; **se lever** to get up; to get out of bed

lèvres *f. pl.* lips

levure *f.* yeast

liaison *f.* liaison; love affair; **agent (m.) de liaison** liaison officer

liberté *f.* freedom

librairie *f.* bookstore

libre *adj.* free; available; vacant

lien *m.* tie; link

lier to bind; to link; **se lier d'amitié avec** to form a friendship with

lieu *m.* place; **au lieu de** *prep.* instead of; **avoir lieu** to take place

ligne *f.* line; figure

limitation *f.* restriction; **limitation de vitesse** speed limit

limité *adj.* limited

lin *m.* flax; linseed

linge *m.* underwear and socks; clothing

lire (p.p. lu) *irreg.* to read

lister to list

lit *m.* bed; **chambre (f.) à deux lits** double room

litière *f., A.* litter, palanquin

litre *m.* liter

livre *m.* book

se livrer (à) to surrender, give oneself up (to)

locataire *m., f.* renter, tenant

logé *adj.* located

logement *m.* lodging(s), place of residence

loger (nous logeons) to lodge; to quarter

logique *adj.* logical

loi *f.* law; **faire la loi** to lay down the law, dictate

loin (de) *adv., prep.* far (from); **au loin** in the distance; **de loin en loin** now and then

lointain *adj.* distant

loisirs *m. pl.* leisure-time activities

Londres London

long(ue) *adj.* long; slow; **le long du/de la** *prep.* the length of; along

longtemps *adv.* long; (for) a long time; **il y a longtemps** a long time ago

longuement *adv.* for a long time, lengthily

longueur *f.* length

lors de *prep.* at the time of

lorsque *conj.* when

louche *f.* ladle

loup (louve) *m., f.* wolf

lourd *adj.* heavy

lourdement *adv.* heavily

loyer *m.* rent (*payment*); **Habitation (f.) à Loyer Modéré (H.L.M.)** *French public housing*

lu (p.p. of lire) *adj.* read

luciole *f.* firefly

lui *pron., m., f.* he; it; to him; to her; to it; **lui-même** *pron., m. s.* himself

lumière *f.* light; **mettre en lumière** to bring s.th. to light

lundi *m.* Monday

lune *f.* moon; **lune de miel** honeymoon

lunettes *f. pl.* (eye)glasses

lurent *p.s. of* **lire**

lut *p.s. of* **lire**

lutte *f.* struggle, battle; wrestling

lutter to fight; to struggle

lycée *m.* French secondary school

M

ma *poss. adj., f.s.* my

mâcher to chew

mâchoire *f.* jaw

madame (Mme) (*pl.* **mesdames**) *f.* Madam, Mrs., Ms.

mademoiselle (Mlle) (*pl.* **mesdemoiselles**) *f.* Miss, Ms.

magasin *m.* store, shop

magnétique: bande (f.) magnétique cassette tape

magnifique *adj.* magnificent

Mahométan(e) *m., f.* Mohammedan

mai May

maigre *adj.* thin; skinny

main *f.* hand; **à deux mains** in both hands

maintenant *adv.* now

maire *m.* mayor

mairie *f.* town or city hall

mais *conj.* but; *interj.* why

maison *f.* house, home; family; company; **à la maison** at home

maître (maîtresse) *m., f.* master, mistress; primary school teacher; **maître d'hôtel** maître d' (*restaurant*)

se maîtriser to control oneself

majestueux/euse *adj.* majestic

mal *adv.* badly; *m.* evil; pain, illness (*pl.* **maux**); **avoir du mal à** to have trouble, difficulty; **avoir mal (à)** to have a pain, ache (in); to hurt; **avoir mal à la tête** to have a headache; **être mal à l'aise** to be ill at ease; **faire du mal à** to harm, hurt; **mal aimé(e)** unloved, ignored; **se sentir mal** to feel ill; **s'y prendre mal** to go about s.th. badly

malade *adj.* sick, ill; *m., f.* sick person, patient; **rendre malade** to make (*s.o.*) sick; **tomber malade** to get sick

maladie *f.* illness, disease; **assurance** (*f.*) **maladie** health insurance

maladroit *adj.* clumsy

malaise *m.* indisposition, discomfort

malavisé(e) *m., f.* unwise, blundering person

malgré *prep.* in spite of

malheur *m.* misfortune, calamity

malheureusement *adv.* unfortunately; sadly

malheureux/euse *m., f.* unfortunate (*person*); *adj.* unhappy; miserable

malicieux/euse *adj.* malicious

malin *m.* evil one, devil; **malin (maligne)** *adj.* sly, clever

malle *f.* trunk (*luggage*)

maltraiter to mistreat

maman *f., fam.* mom, mommy

manche *f.* sleeve

manger (nous mangeons) to eat; **salle** (*f.*) **à manger** dining room

mangeur/euse *m., f.* eater, devourer

manière *f.* manner, way; **à la manière de** like, in an imitation of; **de manière +** *adj.* in a . . . way

manifeste *m.* manifesto, proclamation

manifester to show, display; **se manifester** to appear

manoir *m.* country house

manqué: un garçon manqué a tomboy

manquer (de) to miss; to fail; to lack; to be lacking

manteau *m.* coat, overcoat

manufacturier/ière *m., f.* manufacturer

marchand(e) *m., f.* merchant, shopkeeper; **jouer à la marchande** to play store; **marchand(e) de vin** wine merchant

marche *f.* walking; (*stair*) step

marcher to walk; to work, go (*device*); **marcher au pas** to march (in step)

marcheur/euse *m., f.* walker

mardi *m.* Tuesday

mare *f.* pool, pond

mari *m.* husband

mariage *m.* marriage; wedding

marié(e) *m., f.* groom, bride; *adj.* married; **nouveaux mariés** *m. pl.* newlyweds

se marier (avec) to get married, marry (*s.o.*)

marin *adj.* ocean, maritime, of the sea; **sous-marin** *adj.* undersea, submarine

marine *f.* navy; **bleu** (*m.*) **marine** navy blue

marquant *adj.* outstanding, prominent

marque *f.* mark; trade name, brand

marquer to mark; to indicate

marron *m.* chestnut

martyrisé *adj.* martyred

masque *m.* mask

massacrer to murder; to massacre

masse *f.* mass, quantity

massif *m.* massif, mountain range

mastiquer to masticate, chew

match *m.* game; **match de *hockey** hockey match

matérialiste *adj.* materialistic

matériel(le) *adj.* material; **biens** (*m. pl.*) **matériels** material goods, wealth

maternel(le) *adj.* maternal; **langue** (*f.*) **maternelle** native language

mathématiques (*fam.* **maths**) *f. pl.* mathematics

matière *f.* academic subject; matter

matin *m.* morning; **le lendemain matin** the next morning

maudire (*like* **dire**) *irreg.* to curse

maudirent *p.s. of* **maudire**

maudit (*p.p. of* **maudire**) *adj.* cursed; *p.s. of* **maudire**

mauvais *adj.* bad; wrong; **être de mauvaise humeur** to be in a bad mood

mauviette *f.* lark (*bird*)

me (m') *pron.* me; to me

méchanceté *f.* spitefulness

méchant *adj.* bad; wicked

méconnaître (*like* **connaître**) to be unaware of; not to know

méconnu (*p.p. of* **méconnaître**) *adj.* ignored; unknown

méconnurent *p.s. of* **méconnaître**

méconnut *p.s. of* **méconnaître**

mécontent *adj.* dissatisfied; unhappy

médecin *m.* doctor, physician

médecine *f.* medicine (*study, profession*); *A.* medication

médias *m. pl.* media

médical *adj.* medical; **soins** (*m. pl.*) **médicaux** medical care

médicament *m.* medication; drug

meilleur *adj.* better; **le/la meilleur(e)** the best

mélancolie *f.* sadness, depression

mélancoliquement *adv.* sadly

mélanger (**nous mélangeons**) to mix; to mingle

mélasse *f.* molasses

se mêler de to meddle in, get involved in

mélodieux/euse *adj.* melodious

membre *m.* member; limb, leg

même *adj.* same; itself; very; *adv.* even; **au même moment** at the same time; **elle-même** (**lui-même,** etc.) herself (himself, etc.); **en même temps** at the same time; **même si** even if; **quand même** anyway; **tout de même** all the same, for all that

mémoire *f.* memory; *pl.* memoirs

menacé *adj.* threatened

ménage *m.* household; **jeune ménage** young married couple

ménager/ère *adj.* household

mendier to beg

mener (**je mène**) to take; to lead; **mener rondement (les affaires)** to hustle (one's business) along

mensonge *m.* lie

menteur/euse *m., f.* liar

menti (*p.p. of* **mentir**)

mentionner to mention

mentir (*like* **partir**) *irreg.* to lie, tell a lie

mentirent *p.s. of* **mentir**

mentit *p.s. of* **mentir**

menu *m.* menu; fixed price menu

mépris *m.* scorn

mépriser to despise, scorn

mer *f.* sea, ocean; **au bord de la mer** at the seashore

merci *interj.* thank you

mercredi *m.* Wednesday

mère *f.* mother; **belle-mère** mother-in-law; stepmother; **reine-mère** queen mother

méridional(e) *m., f.* southerner; *adj.* southern

mériter to deserve

merveilleux/euse *adj.* marvelous

mes *poss. adj., m., f., pl.* my

messager/ère *m., f.* messenger

mesure *f.* measure; extent; **dans quelle mesure** to what extent

méthodique *adj.* methodical

métier *m.* job; trade; profession; **avoir du métier** to be skilled

mètre *m.* meter

métro *m.* subway (train, system); **métro-boulot-dodo** *fam.* the rat race, the daily grind

mettre (*p.p.* **mis**) *irreg.* to place; to put on; to turn on; to take (*time*); **se mettre à** to begin to (*do s.th.*); **se mettre à l'abri** to take shelter; **mettre à l'aise** to make (*s.o.*) comfortable; **se mettre à l'aise** to get comfortable; **se mettre à l'œuvre** to get to work; **mettre en colère** to anger (*s.o.*); **se mettre en colère** to get angry; **mettre en lumière** to shed light on; **mettre en morceaux** to reduce to bits; **mettre en question** to question, query (*s.th.*)

Mexicain(e) *m., f.* Mexican (*person*)

Mexique *m.* Mexico

micro *m., fam.* microphone

midi noon; **après-midi** *m.* (or *f.*) afternoon

miel *m.* honey; **lune** (*f.*) **de miel** honeymoon

mien(ne)(s) (le/la/les) *m., f., pron.* mine

mieux *adv.* better, better off; **aimer mieux** to prefer; **mieux, le mieux** better, the best; **faire mieux de** to do better to; **il vaut mieux** + *inf.* it's better to

milieu *m.* environment; milieu; **au milieu de** in the middle of

mille *adj.* thousand

mince *adj.* thin; slender

mine *f.* appearance, look

minet *m., fam.* cat

ministre *m.* minister (*government*)

minuscule *adj.* tiny

mirent *p.s. of* **mettre**

miroir *m.* mirror

mis (*p.p. of* **mettre**) *adj.* put

mise *f.* putting, placing; **mise en route** getting started

misérable *m., f., adj.* poor, wretched (*person*)

mit *p.s. of* **mettre**

mite *f.* mite; clothes-moth

mocassins *m. pl.* loafers (*shoes*)

mode *f.* fashion, style; **à la mode** in style

modèle *m.* model; pattern

modéré *adj.* moderate; **Habitation** (*f.*) **à Loyer Modéré (H.L.M.)** *French public housing*

modifier to change, modify

moelle *f.* (bone) marrow

mœurs *f. pl.* mores, morals, customs

moi *pron. s.* I, me

moindre *adj.* less, smaller; **le/la moindre** the least

moins (de) *adv.* less; fewer; minus; **au moins** at least; **le moins** the least; **plus ou moins** more or less

mois *m.* month; **au mois de** in the month of

moisson *f.* harvest

moitié *f.* half; **à moitié** half(way)

moment *m.* moment; **à ce moment(-là)** at that moment; **au moment de** at the time of; **au moment où** when; **en ce moment** now, currently

momerie *f.* masquerade; affectation

mon (ma, mes) *poss. adj.* my

monde *m.* world; people; company; (high) society; **courir le monde** to travel widely; **le Nouveau Monde** the New World; **tiers-monde** *m.* Third World, developing world; **tout le monde** everybody, everyone

mondial *adj.* world; worldwide; **Deuxième (Première) Guerre** (*f.*) **mondiale** Second (First) World War

monnaie *f.* change; currency (*units*)

monotone *adj.* monotonous

monseigneur *m.* your grace; my lord

monsieur (M.) (*pl.* **messieurs**) *m.* Mister; gentleman; Sir

monstre *m.* monster

monstrueusement *adv.* monstrously

monstrueux/euse *adj.* monstrous; huge

mont *m.* hill; mountain

montagne *f.* mountain

monté *adj.* presented (*play*)

montée *f.* rise, ascent; going up

monter (dans) to go up; to climb (into); **monter en barque** to get into a boat

montrer to show; **se montrer** to show oneself; to appear (in public)

se moquer de to make fun of; to mock; **je me moque bien** I couldn't care less

moqueur/euse *adj.* derisive, mocking

moral *adj.* moral; psychological

morceau *m.* piece; **mettre en morceaux** to reduce to bits

mordant *adj.* mordant, biting

morne *adj.* mournful, sad

mort *f.* death

mort(e) *m., f.* dead person; (*p.p. of* **mourir**) *adj.* dead; **nature** (*f.*) **morte** still-life (*painting*)

mot *m.* word; **gros mot** swear word; **mot-clé** *m.* key word

moteur *m.* motor; **moteur de recherche** search engine

motif *m.* motive, incentive

motivé *adj.* motivated

motte: vol (*m.*) **en rase-mottes** hedge-hopping (*aviation*)

mouchoir *m.* handkerchief; tissue

mouiller to dampen; to wet

moulure *f.* profile; molding

mourant *adj.* dying; feeble; **jour** (*m.*) **mourant** setting sun

mourir (*p.p.* **mort**) *irreg.* to die

moururent *p.s. of* **mourir**

mourut *p.s. of* **mourir**

mousquetaire *m.* musketeer

mousseline *f.* chiffon; veil (*textile*)

mousseux/euse *adj.* foamy, bubbly

mouvant *adj.* moving, unstable

moyen *m.* mean(s); way; **moyen(ne)** *adj.* average; medium; **de taille moyenne** of medium height; **Moyen-Orient** *m.* Middle East; **poids** (*m. pl.*) **moyens** middle-weight (*boxing*)

muet(te) *adj.* mute; silent

multiplier to multiply

mur *m.* wall

mûr *adj.* mature; ripe

murmurer to murmur, whisper

musée *m.* museum

musicien(ne) *m., f.* musician

musique *f.* music; **jouer de la musique (classique)** to play (classical) music

mutuellement *adv.* mutually

mystère *m.* mystery

N

naïf (naïve) *adj.* naïve; simple

nain(e) *m., f.* dwarf

naissance *f.* birth

naissant *adj.* nascent, incipient

naître (*p.p.* **né**) *irreg.* to be born

nappe *f.* sheet; cloth

naquirent *p.s. of* **naître**

naquit *p.s. of* **naître**

narcisse *m.* narcissus; daffodil

narine *f.* nostril

narrateur/trice *m., f.* narrator

natte *f.* braid (*of hair*)

nature *f.* nature; **nature morte** still life (*painting*)

naturel(le) *adj.* natural; **avec naturel** naturally, in a natural manner

nausée *f.* nausea

navet *m.* turnip

naviguer to navigate; to sail

ne (n') *adv.* no; not; **ne... aucun(e)** none, not one; **ne... jamais** never, not ever; **ne... ni... ni** neither . . . nor; **ne... nulle part** nowhere; **ne... pas** no; not; **ne... pas du tout** not at all; **ne... pas encore** not yet; **ne... personne** no one; **ne... plus** no more, no longer; **ne... point** not at all; **ne... que** only; **ne... rien** nothing; **n'est-ce pas?** isn't it (so)? isn't that right?

né(e) (*p.p. of* **naître**) *adj.* born

nécessaire *adj.* necessary

nécessité *f.* need

négatif/ive *adj.* negative

négliger (nous négligeons) de to neglect to

nègre *m.* Negro; *adj.* Negro, black

neige *f.* snow; **Blanche-Neige** Snow White; **planche** (*f.*) **à neige** snowboard

nerf *m.* nerve

nerveux/euse *adj.* nervous

net(te) *adj.* neat, clear; clean

neuf *adj.* nine

neuf (neuve) *adj.* new, brand-new

nez *m.* nose; **avoir le nez partout** to be very curious

ni neither; nor; **ne... ni... ni** neither . . . nor

nid *m.* nest

nier to deny

nigaud(e) *m., f.* simpleton, fool

niveau *m.* level

noble *m.* noble(man); *adj.* noble

noblesse *f.* nobility

noce *f.* wedding, marriage; **voyage** (*m.*) **de noces** honeymoon trip

Noël Christmas; **Père** (*m.*) **Noël** Father Christmas, Santa Claus

noir *m., adj.* black

noiraud *adj.* dark, swarthy

nom *m.* name; noun

nombre *m.* number; quantity

nombreux/euse *adj.* numerous

nommer to name; to appoint; **se nommer** to be named

non *interj.* no; not; **non plus** neither, not . . . either

nord *m.* north; **Amérique** (*f.*) **du Nord** North America; **nord-est** *m.* north-east

normalement *adv.* ordinarily

normand *adj.* Norman, from Normandy; **Normand(e)** *m., f.* Norman, person from Normandy; **bas-normand** *adj.* from the south of Normandy; **Basse-Normand(e)** *m., f.* person from the south of Normandy

Normandie *f.* Normandy; **Basse-Normandie** *f.* southern region of Normandy

nos *poss. adj., m., f., pl.* our; **de nos jours** these days, currently

noter to notice; to note (down)

notre *poss. adj., m., f., s.* our

nôtre(s) (le/la/les) *poss. pron., m., f.* ours; our own (*people*)

nourrir to feed, nourish

nourriture *f.* food

nous *pron., pl.* we; us

nouveau (nouvel, nouvelle [nouveaux, nouvelles]) *adj.* new; **de nouveau** (once) again; **le Nouveau-Monde** the New World; **nouveaux mariés** *m. pl.* newlyweds

nouvelle *f.* short story; *pl.* news, current events

noyer to drown; **se noyer** to be drowned, drown

noyer *m.* walnut tree

nu *adj.* naked; bare; **pieds** (*m. pl.*) **nus** barefoot; **tout(e) nu(e)** completely naked

nuage *m.* cloud

nui (*p.p. of* **nuire**)

nuire (*p.p.* **nui**) **à** *irreg.* to harm

nuisirent *p.s. of* **nuire**

nuisit *p.s. of* **nuire**

nuit *f.* night

nul(le) *adj., pron.* no, not any; null; **ne... nulle part** *adv.* nowhere

numéro *m.* number

numéroter to number

nuque *f.* nape, back of the neck

O

obéir (à) to obey

obéissance *f.* obedience

objectif *m.* goal, objective

objet *m.* objective; object

obligatoire *adj.* obligatory

obligé *adj.* obliged, required; **être obligé(e) de** to be obliged to

obliger (nous obligeons) (à) to oblige (to); to compel (to)

oblitéré *adj.* obliterated

obscur *adj.* dark; obscure

obscurité *f.* darkness; obscurity

observateur/trice *m., f.* observer

observer to observe

s'obstiner (à) to persist (in); to dig in one's heels

obtenir (*like* **tenir**) *irreg.* to obtain, get

obtenu (*p.p. of* **obtenir**) *adj.* gotten, obtained

obtinrent *p.s. of* **obtenir**

obtint *p.s. of* **obtenir**

occasion *f.* opportunity; **d'occasion** used, second-hand

occidental *adj.* western, occidental

occupé *adj.* occupied; held; busy

occuper to occupy; **s'occuper de** to look after, be interested in

octaédrique *adj.* octahedral

octobre October

octroi *m.* grant(ing)

octroyer (**j'octroie**) to give, grant

odeur *f.* odor, smell

odieux/euse *adj.* odious, hateful

œil (*pl.* **yeux**) *m.* eye; look; **voir d'un bon œil** to look favorably upon

œuf *m.* egg

œuvre *f.* work; artistic work; *m.* (life's) work; **chef-d'œuvre** (*pl.* **chefs-d'œuvre**) *m.* masterpiece; ***hors-d'œuvre** (*pl.* **des *hors-d'œuvre**) *m.* hors-d'oeuvre, appetizer; **œuvre d'art** work of art

offert (*p.p. of* **offrir**) *adj.* offered

offre *f.* offer

offrir (*like* **ouvrir**) *irreg.* to offer

offrirent *p.s. of* **offrir**

offrit *p.s. of* **offrir**

oignon *m.* onion

oiseau *m.* bird

ombre *f.* shadow, shade; darkness

on *pron.* one, they, we, people

oncle *m.* uncle

onde *f.* (ocean) wave

onduler to ripple

ongle *m.* (finger) nail

onze *adj.* eleven

opérateur/trice *m., f.* operator

opposé *adj.* opposing; opposite

opposer to oppose

optique *f.* optic, point of view

or *m.* gold; *conj.* now; well

orange *adj. inv.* orange

ordinaire *adj.* ordinary, regular; **d'ordinaire** ordinarily

ordinateur *m.* computer

ordonnance *f.* prescription (*medication*)

ordonner to order, command, prescribe

ordre *m.* order; command

oreille *f.* ear; **boucle** (*f.*) **d'oreille** earring

organiser to organize

organisme *m.* club; association

orgueil *f.* pride; arrogance

orient *m.* Orient, East; **Moyen-Orient** Middle East

origine *f.* origin; **pays** (*m.*) **d'origine** native country

orner to decorate

os *m.* bone

oser to dare

ôter to take off

ou *conj.* or; either; **ou bien** or else

où *adv.* where; *pron.* where, in which, when

ouais *interj., fam.* yes (**oui**)

oublier (de) to forget (to)

ouest *m.* west

oui *interj.* yes; **mais oui** (but) of course

ourlet *m.* hem; edge; **donner de l'ourlet** to lengthen the hem

ours *m.* bear; **ours en peluche** teddy bear

outil *m.* tool

ouvert (*p.p. of* **ouvrir**) *adj.* open; frank

ouverture *f.* opening

ouvrage *m.* (piece of) work; literary work

ouvreur/euse *m., f.* usher (*theater, movies*)

ouvrier/ière *m., f.* (blue-collar) worker

ouvrir (*p.p.* **ouvert**) *irreg.* to open; **s'ouvrir** to open (up)

ouvrirent *p.s. of* **ouvrir**

ouvrit *p.s. of* **ouvrir**

P

page (*f.*) **d'accueil** home page

paillasson *m.* doormat

pain *m.* bread; **avoir du pain sur la planche** to have plenty of work to do; **pain d'épice** gingerbread; **petit pain** (dinner) roll

paix *f.* peace

palais *m.* palace

pâleur *f.* pallor, paleness

pâlir to grow pale

panier *m.* basket

pantalon *m.* (pair of) pants

pantoufle *f.* slipper (*shoe*)

papa *m., fam.* dad, daddy

papier *m.* paper; **feuille** (*f.*) **de papier** sheet of paper; **papier à lettres** letter paper, stationery

Pâques *m.* Easter

paquet *m.* package

par *prep.* by, through; per; **par an** per year; **par cœur** by heart; **par conséquent** thus, consequently; **par contre** on the other hand; **par exemple** for example; **par la suite** later; **par moitié** in half, by halves; **par rapport à** with regard to, in relation to; **par terre** on the ground

paradis *m.* paradise

paraître (*like* **connaître**) *irreg.* to appear

parapluie *m.* umbrella

parbleu *interj.* heavens

parce que *conj.* because

parcourir (*like* **courir**) *irreg.* to travel through, traverse

parcouru (*p.p. of* **parcourir**) *adj.* covered

parcoururent *p.s. of* **parcourir**

parcourut *p.s. of* **parcourir**

par-dessus *prep., adv.* over (the top of)

pardessus *m.* overcoat

pardon *n., m.* pardon, forgiveness

pardonner to excuse, pardon

pareil(le) (à) *adj.* like; similar (to)

parent(e) *m., f.* parent; relative; *m. pl.* parents; **beaux-parents** *m. pl.* mother- and father-in-law; **grands-parents** *m. pl.* grandparents

paresse *f.* laziness, idleness

paresseux/euse *adj.* lazy

parfait *adj.* perfect

parfois *adv.* sometimes

parfum *m.* perfume; odor; flavor

parfumé *adj.* perfumed; sweet-smelling

parisien(ne) *adj.* Parisian; **Parisien(ne)** *m., f.* Parisian (*person*)

parler (à, de) to speak (to, of); to talk (to, about); **entendre parler de** to hear (speak) of

parleur: *haut-parleur *m.* speaker, loudspeaker

parmi *prep.* among

parodique *adj.* satirizing, ridiculing

paroi *f.* wall

parole *f.* word; **porte-parole** *m.* spokesperson; **prendre la parole** to take the floor

parquet *m.* (wood) floor

part *f.* share, portion; role; **autre part** somewhere else, elsewhere; **faire part** to inform; **ne... nulle part** nowhere

partage *m.* division, sharing

partager (nous partageons) to share

partenaire *m., f.* partner

parti (*p.p. of* **partir**)

participer à to participate in

particularisme *m.* local character, identity

particulier/ière *adj.* particular, special; **en particulier** *adv.* particularly

particulièrement *adv.* particularly

partie *f.* part; game, (sports) match; outing; **faire partie de** to be part of, belong to

partir (*like* **dormir**) **(à, de)** *irreg.* to leave (for, from); **à partir de** *prep.* starting from

partirent *p.s. of* **partir**

partit *p.s. of* **partir**

partout *adv.* everywhere; **avoir le nez partout** to be curious, a busybody

paru (*p.p. of* **paraître**); *adj.* appeared, published

parure *f.* necklace

parurent *p.s. of* **paraître**

parut *p.s. of* **paraître**

parvenir (*like* **venir**) **à** *irreg.* to attain; to succeed in

parvenu (*p.p. of* **parvenir**)

parvinrent *p.s. of* **parvenir**

parvint *p.s. of* **parvenir**

pas (ne... pas) not; **ne... pas encore** not yet; **pas du tout** not at all

passage *m.* passage; passing

passager/ère *m., f.* passenger

passant(e) *m., f.* passerby

passé *m.* past; *adj.* spent; past, last; **passé composé** *Gram.* present perfect

passer *intrans.* to pass; to stop by; *trans.* to pass; to cross; to spend (time); to move on to; **se passer** to happen, take place; to go

passionné(e) *m., f.* enthusiast, fan; *adj.* passionate, intense

passionner to excite, interest passionately

pasteurisé *adj.* pasteurized

pâté *m.* liver paste, pâté; **pâté de foie gras** goose liver pâté

paterne *adj.* benevolent, kind

pâtes *f. pl.* pasta

pathétique *m.* pathos, sad situation

patienter to wait (patiently)

patin *m.* skate, ice-skate

patinoire *f.* ice-skating rink

pâtissier/ière *m., f.* pastry shop owner; pastry chef

patrie *f.* homeland, native land

patrimoine *m.* patrimony, inheritance

patron(ne) *m., f.* patron; boss, employer

pâturage *m.* grazing; pasture

paume *f.* palm (*of hand*)

paupière *f.* eyelid

pauvre *adj.* poor; unfortunate

pavé *m.* slab, chunk

pavement *m.* ornamental tiling

pavillon *m.* lodge, pavilion

payer (je paie) to pay, pay for

pays *m.* country, nation

paysage *m.* landscape, scenery

paysan(ne) *m., f., adj.* peasant

peau *f.* skin; hide; **Peau-Rouge** *m.* (*pl.* **Peaux-Rouges**) American Indian ("Redskin")

pêche *f.* fishing

pêcher to fish

pêcheur/euse *m., f.* fisherman, -woman

se peigner to comb one's hair

peignirent *p.s. of* **peindre**

peignit *p.s. of* **peindre**

peindre (*like* **craindre**) *irreg.* to paint

peine *f.* bother; emotional pain; **à peine** hardly; **se donner la peine de** to go to the trouble of; **valoir la peine** to be worth the trouble

peiner to grieve, upset

peint (*p.p. of* **peindre**) *adj.* painted

peintre *m.* painter

peinture *f.* paint; painting

peluche *f.* plush; **ours** (*m.*) **en peluche** teddy bear

(se) pencher to bend (down), lean over; **se pencher sur** to concentrate on

pendant *prep.* during; **pendant les vacances** during vacation; **pendant que** *conj.* while

pendre to hang

pendu *adj.* hanging, hung

pénétrer (**je pénètre**) to penetrate, reach

pénible *adj.* difficult; painful

pensée *f.* thought

penser to think; to reflect; to expect, intend; **penser à** to think of, about; **penser de** to think of, have an opinion about

pente *f.* slope

percé *adj.* pierced; **percé(e) à jour** open-work

percevoir (*like* **recevoir**) *irreg.* to perceive

perçu (*p.p. of* **percevoir**) *adj.* perceived

perçurent *p.s. of* **percevoir**

perçut *p.s. of* **percevoir**

perdre to lose; to waste; **se perdre** to get lost, lose oneself

perdu (*pp. of* **perdre**) *adj.* lost; wasted; anonymous; remote

père *m.* father; reverend (*Catholic*); **beau-père** father-in-law; stepfather; **grand-père** grandfather; **père Noël** Santa Claus

perfectionner to perfect

perfide *adj.* perfidious, false-hearted

péril *m.* danger, peril

période *f.* period (*of time*)

périphrase *f.* circumlocution, periphrasis

périr to perish

permettre (*like* **mettre**) (**à**) *irreg.* to permit, allow, let; **se permettre** to permit oneself; to afford

permirent *p.s. of* **permettre**

permis (*p.p. of* **permettre**) *adj.* permitted; **permis** (*m.*) **de conduire** driver's license

permit *p.s. of* **permettre**

se perpétuer to perpetuate, continue

personnage *m.* (fictional) character

personnalité *f.* personality

personne *f.* person; *pl.* people; **grande personne** adult, grown-up; **ne... personne** nobody, no one

personnifier to personify

perte *f.* loss

pervenche *f.* periwinkle (*flower*)

pesant *adj.* heavy, burdensome

peser (**je pèse**) (**sur**) to weigh (heavily on)

peste *f.* nuisance; plague

pétanque *f.* bocce ball, bowls (*in So. France*)

petit *adj.* small, little; short; very young; *m. pl.* young ones; little ones; **la petite bourgeoisie** the lower middle class; **petit à petit**

little by little; **petite fille** *f.* little girl; **petit pain** *m.* dinner roll

petit-enfant *m.* grandchild

petit-four *m.* (*individual*) pastry, petit four

pétri de *adj.* filled, steeped with

pétrifié *adj.* petrified, frightened

peu *adv.* little; few; not very; hardly; **à peu près** *adv.* nearly; approximately; **peu à peu** little by little; **quelque peu** to a slight extent; **un peu (de)** a little

peuple *m.* nation; people (*of a country*)

peupler to populate

peur *f.* fear; **avoir peur (de)** to be afraid (of); **faire peur à** to scare, frighten

peureux/euse *adj.* fearful, timid

peut-être *adv.* perhaps, maybe

pharmacie *f.* pharmacy, drugstore

pharmacien(ne) *m., f.* pharmacist

phénomène *m.* phenomenon

philosophe *m., f.* philosopher; **en philosophe** philosophically

photographe *m., f.* photographer

photographie (*fam.* **photo**) *f.* photo(graph); photography

phrase *f.* sentence

physique *adj.* physical

piano *m.* piano; **faire du piano** to play the piano

piastre *f., fam.* piaster; Canadian dollar

pic *m.* pick; peak

pièce *f.* piece; room (*of a house*); coin; each; **pièce de théâtre** (*theatrical*) play

pied *m.* foot; **à pied** on foot; **coup** (*m.*) **de pied** kick; **pieds nus** barefoot; **sur la pointe des pieds** on tiptoe; **sur pied** on one's feet, standing

pierre *f.* stone

piétiner to mark time; to make no progress

piétonnier/ière *adj.* pedestrian, reserved for pedestrians

pigeon(ne) *m., f.* pigeon

pilier *m.* pillar

pin *m.* pine tree

pince *f.* pleat; dart (*in garment*)

pinceau *m.* paintbrush

pincer (nous pinçons) to pinch; to purse one's lips

pionnier/ière *m., f.* pioneer

pipi: faire pipi *tr. fam.* to pee

pique-nique *m.*: **faire un pique-nique** to go on a picnic

pire *adj.* worse

pis *adv.* worse; **tant pis** too bad

pitié *f.* pity; **avoir pitié de** to have pity on

placard *m.* cupboard, cabinet

place *f.* place; position; (public) square; seat; **à la place de** instead of; **se mettre à la place de** to imagine oneself in the place of; **prendre (sa) place** to take (one's) place; **sur place** in the field; in the same place

placer (nous plaçons) to place; to situate

plafond *m.* ceiling

plage *f.* beach

plaignirent *p.s. of* **plaindre**

plaignit *p.s. of* **plaindre**

plaindre (*like* **craindre**) *irreg.* to pity, sympathize; **se plaindre de** to complain of, about

plaine *f.* plain(s)

plaint (*p.p. of* **plaindre**)

plaintif/ive *adj.* plaintive

plaire (*p.p.* **plu**) **à** *irreg.* to please; **s'il te (vous) plaît** *interj.* please

plaisant *adj.* ridiculous; presumptuous

plaisir *m.* pleasure

plan *m.* plan; level; **premier plan** foreground (*painting*); **sur le plan (personnel)** on a (personal) level

planche *f.* board; **avoir du pain sur la planche** to have plenty of work to do; **planche à neige** snowboard

plancher *m.* floor (*wooden*)

planter to plant; to set, situate

plat *adj.* flat; *m.* dish; course (*meal*)

plâtre *m.* plaster; cast

plein (de) *adj.* full (of); **en plein** fully, precisely; in the middle of; **en plein air** outdoors; **en pleine campagne** in the middle of nowhere

pleurer to cry, weep

pleureur/euse *m., f.* weeper; mourner

pli *m.* pleat; fold

plissé *adj.* pleated; creased

plongeon *m.* diving (*sport*)

plonger (nous plongeons) to dive; to dip, immerse

plongeur/euse *m., f.* diver

plu (*p.p. of* **plaire**)

pluie *f.* rain

plume *f.* feather; pen

plupart: la plupart (de) *f.* most, the majority (of)

plurent *p.s. of* **plaire**

plus (de) *adv.* more; more . . . than . . . (-er); plus; **au plus vite** as quickly as possible; **de plus** in addition; **je n'en peux plus** I can't go on any longer; **le/la/les plus** + *adj.* or *adv.* the most; **ne... plus** no longer, not anymore; **non plus** neither, not . . . either; **plus... que** more . . . than; **plus tard** later

plusieurs (de) *adj., pron.* several (of)

plut *p.s. of* **plaire**

plutôt *adv.* instead; rather; on the whole

poche *f.* pocket; **argent** (*m.*) **de poche** pocket money, allowance

poème *m.* poem

poésie *f.* poetry

poète *m.* poet

poétique *adj.* poetic, poetry

poids *m.* weight; **poids moyen** middleweight (*boxing*)

poing *m.* fist

point *m.* point; dot; period (*punctuation*); **à quel point** up to what point; **ne... point** not at all; **point d'appui** fulcrum, support; **point de départ** starting point; **point de vue** point of view; **point d'interrogation** question mark

pointe *f.* point; **sur la pointe des pieds** on tiptoe

pointu *adj.* pointed, pointy; shrill

poire *f.* pear; **poire de Crassane** soft winter pear

pois *m. pl.* peas

poisson *m.* fish

poitrine *f.* chest; lungs

police *f.* police; **agent** (*m.*) **de police** police officer

poliment *adv.* politely

polir to polish; to make perfect

politique *f.* politics; policy; *adj.* political

Polonais(e) *m., f.* Polish (*person*)

polygame *adj.* polygamous

pomme *f.* apple

pondéré *adj.* well-balanced, level-headed

pont *m.* bridge

populaire *adj.* popular; common; of the people

porte *f.* door

porté *adj.* worn; carried; supported; inclined, disposed

portée *f.* reach, grasp; **à portée de** within reach

porte-glaive *m., A.* sword-carrier

porte-parole *m.* spokesperson; mouthpiece

porter to wear; to carry; **je ne m'en porte pas plus mal** I'm none the worse for it; **se porter bien (mal)** to be well (ill)

portier *m.* porter, night porter

portière *f.* (car, train) door

posé (*pp. of* **poser**) *adj.* asked; posed; resting; poised

poser to put (down); to state; to pose; to ask; **poser une question** to ask a question

positif/ive *adj.* positive

posséder (je possède) to possess

possible *adj.* possible; **autant de... que possible** as many/much . . . as possible

postal *adj.* postal, post; **carte** (*f.*) **postale** postcard

poste *m.* position; employment; *f.* postal service, post office

pot *m.* pot; jar; **pot de confiture** jar of jam

poubelle *f.* garbage can

pouce *m.* thumb

poudrier *m.* compact (*for make-up*)

poule *f.* hen; **poule d'eau** moorhen, water-hen

poulet *m.* chicken

poupée *f.* doll; **jouer à la poupée** to play dolls

pour *prep.* for; in order to; **pour que** *conj.* so that, in order that

pourboire *m.* tip, gratuity

pourpre *m.* crimson; purple

pourquoi *adv., conj.* why

pourrir to rot, decay

poursuite *f.* pursuit

poursuivi (*p.p. of* **poursuivre**) *adj.* pursued

poursuivirent *p.s. of* **poursuivre**

poursuivit *p.s. of* **poursuivre**

poursuivre (*like* **suivre**) *irreg.* to pursue

pourtant *adv.* however, yet, still, nevertheless

pousser to push; to encourage; to emit; to grow; **pousser un cri** to utter a cry; **pousser un soupir** to sigh, heave a sigh

poussin *m.* (*baby*) chick

pouvoir (*p.p.* **pu**) *irreg.* to be able; *m.* power, strength; **je n'en peux plus** I can't go on any longer

pratique *adj.* practical

pratiquer to practice; to do (*a sport*)

pré *m.* meadow; field; **pré-salé** salt meadow

précaution *f.* foresight

précédent *adj.* preceding

précieux/euse *adj.* precious

précipitamment *adv.* quickly

se précipiter to hurry, rush over; to hurl oneself

précis *adj.* precise, fixed, exact

précisément *adv.* precisely, exactly

préciser to state precisely; to specify

prédire (*like* **dire,** *exc.* **vous prédisez**) *irreg.* to predict, foretell

prédirent *p.s. of* **prédire**

prédit (*p.p. of* **prédire**) *adj.* predicted, foretold; *p.s. of* **prédire**

préférer (je préfère) to prefer, like better

préjugé *m.* prejudice

premier/ière *adj.* first; **la première fois** the first time; **première classe** first class; **premier plan** foreground (*painting*)

prendre (*p.p.* **pris**) *irreg.* to take; to have (to eat); **prendre à la légère** to take lightly; **prendre à la lettre** to take literally; **prendre au sérieux** to take seriously; **prendre de l'élan** to gather momentum; **prendre des risques** to take risks; **prendre du temps** to take time; **prendre garde (à)** to watch out (for); **prendre goût à** to take a liking to; **prendre la parole** to take the floor; **prendre la retraite** to retire (*from work*); **prendre le train** to take the train; **prendre soin de** to take care of; **prendre un bain** to take a bath; **prendre un café** to have a cup of coffee; **prendre une décision** to make a decision; **savoir comment s'y prendre** to know what to do, how to go about it

préparer to prepare; **se préparer (à)** to prepare oneself, get ready (for)

près (de) *adv.* near, close to; **à peu près** around, approximately; **de près** closely

prescrire (*like* **écrire**) *irreg.* to prescribe

prescrit (*p.p. of* **prescrire**); *adj.* prescribed

prescrivirent *p.s. of* **prescrire**

prescrivit *p.s. of* **prescrire**

présence *f.* presence; **en présence de** in the presence of

présenter to present; to introduce

préserver to preserve, conserve

presque *adv.* almost, nearly

prestement *adv.* quickly; sharply

prestigieux/euse *adj.* prestigious

prêt *adj.* ready; **être prêt(e) à, pour** to be ready to

prétendre to claim, maintain

prétexte *m.* pretext; **sous le prétexte de** under the pretext of

prêtre *m.* priest

preuve *f.* proof; **faire preuve de** to prove

prévenir (*like* **venir**) *irreg.* to warn, inform

prévenu (*p.p. of* **prévenir**) *adj.* warned

prévinrent *p.s. of* **prévenir**

prévint *p.s. of* **prévenir**

prévirent *p.s. of* **prévoir**

prévit *p.s. of* **prévoir**

prévoir (*like* **voir**) *irreg.* to foresee, anticipate

prévu (*p.p. of* **prévoir**) *adj.* expected

prier to pray; to beg, entreat; to ask (*s.o.*); **je vous (t')en prie** please; you're welcome

prière *f.* prayer

prince (princesse) *m., f.* prince, princess

principe *m.* principle

printanier/ière *adj.* spring

printemps *m.* spring; **au printemps** in the spring

prirent *p.s. of* **prendre**

pris (*p.p. of* **prendre**) *adj.* occupied; **prise** *f.* taking; **prise de conscience** realization; awakening

prisonnier/ière *m., f.* prisoner

prit *p.s. of* **prendre**

privé de *adj.* deprived of

priver to deprive

prix *m.* price; prize

prochain *adj.* next

proche (de) *adj., adv.* near, close

procurer to furnish; to obtain

produire (*like* **conduire**) *irreg.* to produce, make; **se produire** to occur, happen, arise

produisirent *p.s. of* **produire**

produisit *p.s. of* **produire**

produit (*p.p. of* **produire**) *m.* product; *adj.* produced

profane *m., f.* layperson, uninitiated

professeur (*fam.* **prof**) *m.* professor; teacher

profiter de to take advantage of, profit from

profond *adj.* deep

profondément *adv.* deeply

programmation *f.* programming

programme *m.* program; plan

progrès *m.* progress

proie *f.* prey

prolonger (nous prolongeons) to prolong, extend; **se prolonger** to go on and on; to continue

promener (je promène) to take out (walking); **se promener** to go for a walk, drive, ride

promeneur/euse *m., f.* stroller, walker

promettre (*like* **mettre**) **(de)** *irreg.* to promise (to)

promirent *p.s. of* **promettre**

promis (*p.p. of* **promettre**) *adj.* promised

promit *p.s. of* **promettre**

prononcer (nous prononçons) to pronounce

propos *m.* talk; *pl.* utterance, words; **à propos de** *prep.* with respect to

proposer to propose, suggest

propre *adj.* own; proper; clean; **pour son propre compte** on one's own account

proscrit(e) *m., f.* criminal

prosterné *adj.* bowing low

prostitué(e) *m., f.* prostitute

protecteur/trice *m., f.* protector; *adj.* protecting; protective

protéger (je protège, nous protégeons) to protect; **se protéger de** to protect oneself from

protester to protest; to declare

prouver to prove

provision *f.* supply; *pl.* groceries

provoquer to provoke, incite

Prusse *f.* Prussia

Prussien(ne) *m., f.* Prussian

psychologique *adj.* psychological

psychologue *m., f.* psychologist

pu (*p.p. of* **pouvoir**)

public (publique) *m.* public; audience; *adj.* public

publicité (*fam.* **pub**) *f.* commercial; ad; advertising

publier to publish

puer *fam.* to stink

puis *adv.* then, next; besides; *variant of* **peux (pouvoir)**

puisque *conj.* since, as, seeing that

puissant *adj.* powerful, strong

pulsation *f.* beating; beat

puncheur *m.* puncher (*boxing*)

punir to punish

punition *f.* punishment

pupitre *m.* student desk; desk chair

pur *adj.* pure
purent *p.s. of* **pouvoir**
pureté *f.* purity
put *p.s. of* **pouvoir**
pyjama *m. s.* pajamas

Q

quai *m.* quay; (station) platform
qualifier to qualify
qualité *f.* (good) quality; characteristic
quand *adv., conj.* when
quant à *prep.* as for
quarante *adj.* forty
quartier *m.* neighborhood, quarter
quatorze *adj.* fourteen
quatrième *adj.* fourth
que (qu') *adv.* how; why; how much; *conj.* that; than; *pron.* whom; that; which; what; **ne… que** *adv.* only; **parce que** because; **qu'est-ce que** what? (*object*); **qu'est-ce qui** what? (*subject*)
québécois *adj.* Quebecois; **Québécois(e)** *m., f.* Quebecois
quel(le)(s) *interr. adj.* what, which; what a
quelconque *adj. indéfini* any, whatever, some
quelque(s) *adj.* some, any; a few; somewhat; **quelque chose** *pron.* something; **quelque chose d'important** something important
quelquefois *adv.* sometimes
quelques *adj.* some, a few; **quelques-uns (-unes)** *pron., m., f.* some, a few
quelqu'un *pron., neu.* someone, somebody
querelle *f.* quarrel; **chercher querelle (à)** to try to pick a quarrel (with)

question *f.* question; **poser des questions (à)** to ask questions (of); **(re)mettre en question** to call into question, query; **trancher la question** to settle the question
questionneur/euse *m., f.* questioner
qui *pron.* who, whom; **qu'est-ce qui** what? (*subject*); **qui est-ce que** who? (*object*); **qui est-ce qui** who? (*subject*)
quigne *f., fam.* fig; bread crust
quincaillier/ière *m., f.* hardware merchant
quinze *adj.* fifteen
quittance *f.* receipt
quitter to leave (*s.o. or someplace*)
quoi (à quoi, de quoi) *pron.* which; what; **en quoi** in what way
quoique *conj.* although
quotidien(ne) *adj.* daily, everyday; *m.* daily newspaper

R

rabaisser to lower, reduce
rabaska *m., Q.* canoeing
rabbin (femme rabbin) *m., f.* rabbi
rabot *m.* plane (*woodworking*)
se racheter (je me rachète) to atone, redeem oneself
racine *f.* root
raconter to tell, relate, narrate
radicalement *adv.* radically
radieux/euse *adj.* radiant, dazzling
radiodiffusion *f.* radio broadcasting
radiophonique *adj.* radio
se rafraîchir to have some refreshment
raisin *m.* grape; bunch of grapes

raison *f.* reason; **avoir raison** to be right; **donner raison à quelqu'un** to admit s.o. is right
raisonnable *adj.* reasonable; rational
raisonnement *m.* reasoning, argument
raisonner to reason
raisonneur/euse *adj.* argumentative
ramasser to pick up; to collect
rame *f.* oar
rancune *f.* resentment; spite
randonnée *f.* hiking; orienteering
rang *m.* row, rank, line
rangé *adj.* tidy; dutiful
rapide *adj.* rapid, fast
rappel *m.* reminder
rappeler (je rappelle) to remind; to recall
rapport *m.* connection; *pl.* relationship; **par rapport à** concerning, regarding
rapporté *adj.* reported
se rapprocher (à) to approach, draw nearer (to)
rare *adj.* rare; infrequent
rase: vol (*m.*) **en rase-mottes** hedge-hopping (*aviation*)
raser to shave; to graze, brush; **se raser** to shave (*oneself*)
rasoir *m.* razor
rassembler to gather, assemble
rassurant *adj.* reassuring
rassurer to reassure
raté *adj.* failed; unsuccessful
rater to miss; to fail
rattraper to recapture, catch up with
rauque *adj.* hoarse
ravi *adj.* delighted
rayonner to radiate; to beam
réagir to react
réalisation *f.* execution; production

réaliser to realize; to produce, carry out

réaliste *adj.* realistic

réalité *f.* reality; **en réalité** in reality

recevoir (*p.p.* **reçu**) *irreg.* to receive; to entertain (*guests*)

réchauffer to warm up

recherche *f.* (*piece of*) research; search

recherché *adj.* sought after; studied, affected

récit *m.* account, story

récitant(e) *m., f.* narrator

réciter to recite

récolte *f.* harvest

recommander to recommend

recommencer (**nous recommençons**) to start again

récompense *f.* reward, recompense

reconnaissance *f.* gratitude; recognition

reconnaître (*like* **connaître**) *irreg.* to recognize

reconnu (*p.p. of* **reconnaître**) *adj.* recognized

reconnurent *p.s. of* **reconnaître**

reconnut *p.s. of* **reconnaître**

reconquête *f.* reconquest

recopier to recopy, copy

recours *m.* recourse; **avoir recours à** to have recourse to

se récrier to cry out, answer back

récrire (*like* **écrire**) *irreg.* to rewrite

récrit (*p.p. of* **récrire**) *adj.* rewritten

récrivirent (*p.p. of* **récrire**)

récrivit *p.s. of* **récrire**

reçu (*p.p. of* **recevoir**) *adj.* received

recueil *m.* collection, anthology

recul *m.* perspective, distance

reculer to back up

reçurent *p.s. of* **recevoir**

reçut *p.s. of* **recevoir**

recycler to recycle; **se recycler** to take up a new career

rédaction *f.* (*piece of*) writing, draft

redevenir (*like* **venir**) *irreg.* to become (once) again

redevenu (*p.p. of* **redevenir**)

redevinrent *p.s. of* **redevenir**

redevint *p.s. of* **redevenir**

redingote *f., A.* frock-coat

redistribuer to redistribute

redouter to fear, dread

réel(le) *m.* (the) real; *adj.* real, actual

réellement *adv.* really

référence *f.:* **faire référence à** to refer to

se refermer to shut, close again

réfléchi *adj.* reflective, thoughtful

réfléchir (à) to reflect; to think (about)

reflet *m.* reflection

refléter (**je reflète**) to reflect (*mirror*)

refrain *m.* chorus; refrain

refroidir to cool off

refuser (de) to refuse (to)

regard *m.* glance; gaze, look

regarder to look at; to watch

régime *m.* régime, government rule

règle *f.* rule

règne *m.* reign

régner (**je règne**) to reign

regretter to regret, be sorry; to miss

se regrouper to regroup; to contain

régularité *f.* regularity; steadiness

régulier/ière *adj.* regular

reine *f.* queen

réintégrer (**je réintègre**) to re-incorporate

rejoignirent *p.s. of* **rejoindre**

rejoignit *p.s. of* **rejoindre**

rejoindre (*like* **craindre**) *irreg.* to (re)join; to reach

rejoint (*p.p. of* **rejoindre**) *adj.* rejoined

rejouer to replay

relater to relate, recount

relation *f.* relation; relationship

relever (**je relève**) to point out; **se relever** to get up

relié *adj.* linked; bound (*book*)

relief *m.* relief, raised surface (*art*)

relier to tie together, link

religieuse *f.* nun

religieux/euse *adj.* religious

relire (*like* **lire**) *irreg.* to reread

relu (*p.p. of* **relire**) *adj.* reread

relurent *p.s. of* **relire**

relut *p.s. of* **relire**

remâcher *fam.* to go over (and over) in one's mind

remarquer to remark; to notice; **se faire remarquer** to attract attention

rembarrer to rebut (*argument*)

remède *m.* remedy; treatment

remerciement *m.* thanks

remercier (de) to thank (for)

remettre (*like* **mettre**) *irreg.* to put back; **remettre en question** to call into question

remirent *p.s. of* **remettre**

remis (*p.p. of* **remettre**) *adj.* recovered, calmed

remit *p.s. of* **remettre**

remonter to bring up; to wind up

remords *m. s.* remorse, guilt

remplacer (**nous remplaçons**) to replace

remplir to fill; to fulfill

remuer to move (about); to stir

rencontre *f.* meeting, encounter

rencontrer to meet, encounter; **se rencontrer** to meet each other

rendez-vous *m.* appointment; date; **avoir rendez-vous avec** to have an appointment with

rendre to give (back), return (*s.th.*); to render, make (+ *adj.*); **je le lui ai bien rendu** I really got even with him/her; **rendre hommage à** to render homage to; **rendre malade** to make (*s.o.*) sick; **rendre visite à** to visit (*s.o.*); **se rendre (à, dans)** to go to; **se rendre compte de/que** to realize (that)

renfermé *adj.* closed, uncommunicative

renflé *adj.* bulging

renier to renounce

renifler to sniffle, snivel

renommée *f.* renown, reputation

renoncer (nous renonçons) à to give up

renouveler (je renouvelle) to renovate; to renew; **se renouveler** to recur, happen again

renouvellement *m.* renewal; transformation

renseignement *m.* (*piece of*) information

rentré (dans) *adj.* tucked (in), drawn (in)

rentrée (des classes) *f.* beginning of the school year

rentrer to return (*to a place*); to go home; *trans.* to put away, take in

renvoyer to kick out; to fire

se repaître (*like* **connaître**) **de** to feast on, feed on

(se) répandre to spread (out); to scatter

réparer to repair

reparti (*p.p. of* **repartir**)

repartir (*like* **partir**) *irreg.* to start up (again)

repartirent *p.s. of* **repartir**

repartit *p.s. of* **repartir**

repas *m.* meal

repérage *m.* seeking (*a location*)

repérer (je repère) to spot, locate

répéter (je répète) to repeat

réplique *f.* reply; lines (*in a play*)

répliquer to reply, respond

répondeur (*m.*) **téléphonique** answering machine

répondre (à) to answer, respond

réponse *f.* answer, response

reportage *m.* reporting; commentary

repos *m.* rest; relaxation

reposer (sur) to put down again; to rest; **se reposer** to rest

repousser to push back; to repulse

reprendre (*like* **prendre**) *irreg.* to take (up) again; to continue

représentation *f.* performance (*of a show*)

représenté *adj.* presented; represented

représenter to represent; **se représenter** to imagine

réprimé *adj.* repressed; put down

reprirent *p.s. of* **reprendre**

repris (*p.p. of* **reprendre**) *adj.* retaken; overtaken

reprise *f.* retake; round

reprit *p.s. of* **reprendre**

reprocher to reproach

reproduire (*like* **conduire**) *irreg.* to reproduce

reproduisirent *p.s. of* **reproduire**

reproduisit *p.s. of* **reproduire**

reproduit (*p.p. of* **reproduire**) *adj.* reproduced

repu (*p.p. of* **repaître**) *adj.* full, replete

république *f.* republic

répugner (à) to be repugnant (to)

se repurent *p.s. of* **se repaître**

se reput *p.s. of* **se repaître**

réserve *f.* reserve; *pl.* storage; **en réserve** in reserve

réserver to reserve; **se réserver** to reserve (*for oneself*)

résidence *f.* residence; apartment building

résider to reside

se résigner *adj.* to resign oneself

résistant(e) *m., f.* resistant; resistor

résister (à) to resist

résolu (*p.p. of* **résoudre**) *adj.* resolved; resolute

résolurent *p.s. of* **résoudre**

résolut *p.s. of* **résoudre**

résoudre (*p.p.* **résolu**) *irreg.* to solve, resolve

respecter to respect, have regard for

respectueusement *adv.* respectfully

responsabilité *f.* responsibility

ressembler à to resemble

ressenti (*p.p. of* **ressentir**) *adj.* felt

ressentir (*like* **partir**) *irreg.* to feel, sense

ressentirent *p.s. of* **ressentir**

ressentit *p.s. of* **ressentir**

ressort *m.* spring; foundation

ressources *f. pl.* resources; funds

le restant *m.* the rest, the remainder

reste *m.* rest, remainder; *pl.* remains; **de reste** in reserve; **du reste** besides

rester to stay, remain; to be remaining

restrictif/ive *adj.* restrictive

résultat *m.* result

résulter to result, follow

résumer to summarize

retard *m.* delay; **en retard** late

retenir (*like* **tenir**) *irreg.* to retain; to keep, hold; **se retenir** to restrain oneself

retenu (*p.p. of* **retenir**) *adj.* retained

retinrent *p.s. of* **retenir**

retint *p.s. of* **retenir**

(se) retirer to withdraw

retour *m.* return; **de retour** back (*from somewhere*); return

retourner to return; to go back; to turn over, around

retraite *f.* retirement; **à la retraite** in retirement; **prendre la (sa) retraite** to retire

retrouver to find (again); to regain; to meet (*by arrangement*); **se retrouver** to find oneself; to get together (again)

réuni *adj.* united; mixed, mingled

réussir (à) to succeed, be successful (in); to pass (*a test, a course*)

rêvasser to daydream

rêve *m.* dream; **un palais de rêve** a dream castle

revêche *adj.* harsh, rough

réveil *m.* waking, awakening

réveiller to wake, awaken (*s.o.*); **se réveiller** to wake up

révéler (je révèle) to reveal; **se révéler** to reveal oneself (itself)

revendiquer to claim, demand

revenir (*like* **venir**) *irreg.* to return; to come back (*someplace*)

revenu (*p.p. of* **revenir**) *m.* personal income; *adj.* returned

rêver (de, à) to dream (about, of)

révérer (je révère) to revere

rêverie *f.* reverie; musing

revêtir (*like* **vêtir**) to put on (*clothing again*)

revêtirent *p.s. of* **revêtir**

revêtit *p.s. of* **revêtir**

revêtu (*p.p. of* **revêtir**) **de** *adj.* dressed in; covered with

rêveur/euse *adj.* dreaming, dreamy

revinrent *p.s. of* **revenir**

revint *p.s. of* **revenir**

revirent *p.s. of* **revoir**

revit *p.s. of* **revoir**

revoir (*like* **voir**) *irreg.* to see (again)

révolte *f.* rebelliousness

révolté *adj.* rebellious

se révolter to revolt, rebel

revu (*p.p. of* **revoir**)

revue *f.* magazine; review; stage show

ri (*p.p. of* **rire**)

richesse *f.* wealth

ride *f.* wrinkle; ripple

rideau *m.* curtain

ridicule *m.* absurdity; *adj.* ridiculous

rien (ne… rien) *pron.* nothing; *m.* trifle, mere nothing

rigoler *fam.* to laugh; to have fun

rigolo(te) *adj., fam.* funny

rime *f.* rhyme

rire (*p.p.* **ri**) *irreg.* to laugh; *m.* laughter; **éclat** (*m.*) **de rire** burst of laughter

rirent *p.s. of* **rire**

risque *m.* risk; **prendre des risques** to take risks

risquer (de) to risk

rit *p.s. of* **rire**

rivage *m.* riverbank, shore

rivière *f.* river, tributary

riz *m.* rice

rizière *f.* rice plantation; rice paddy

robe *f.* dress; robe; **robe de chambre** bathrobe; dressing gown

rocher *m.* rock, crag

rocheux/euse *adj.* rocky; **(montagnes) Rocheuses** *f. pl.* Rockies

rognon *m.* kidney (of *animals*)

roi (reine) *m., f.* king, queen

rôle *m.* part, character, role; **jouer le rôle de** to play the part of

romain *adj.* Roman

roman *m.* novel

romancier/ière *m., f.* novelist

romanesque *adj.* romantic; novelistic

rompirent *p.s. of* **rompre**

rompit *p.s. of* **rompre**

rompre (*p.p.* **rompu**) *irreg.* to break

rompu (*p.p. of* **rompre**) *adj.* broken

rond *adj.* round; *m.* ring; slice

ronde *f.* round; round-hand (*writing*)

rondement *adv.* briskly; **mener rondement (les affaires)** to hustle (one's business) along

ronger (nous rongeons) to consume, torment; to gnaw

rose *adj., m.* pink; *f.* rose

roucouler to coo (*pigeon*)

rouge *adj., m.* red; **Peau-Rouge** *m.* (*pl.* **Peaux-Rouges**) American Indian ("Redskin")

rougir to blush, redden

rougissant *adj.* blushing; flushed

roulant *adj.* rolling; sliding

rouleau *m.* roll; silk fabric (*for painting*)

rouler to travel (along) (*by car, train*); to roll

route *f.* road, highway; **mise** (*f.*) **en route** starting-up

rouvert (*p.p. of* **rouvrir**) *adj.* reopened

se rouvrir (*like* **ouvrir**) to reopen

rouvrirent *p.s. of* **rouvrir**

rouvrit *p.s. of* **rouvrir**

royaume *m.* realm, kingdom

ruban *m.* ribbon; **ruban gommé** adhesive tape

rue *f.* street

ruisseau *m.* stream, brook

rusé *adj.* cunning, sly

russe *adj.* Russian

rythme *m.* rhythm

rythmique *adj.* rhythmic

S

sa *poss. adj., f. s.* his, her, its, one's

sable *m.* sand

sabre *m.* saber, sword

sac *m.* sack; bag; handbag

sacré *adj.* sacred

sacrifier to sacrifice

sage *adj.* wise

saignée *f.* bleeding; bloodletting

saigner to bleed

saint(e) *m., f.* saint; *adj.* holy

saisir to seize, grasp; to understand, hear; **se saisir de** to seize upon

saisissant *adj.* startling, striking

saison *f.* season

sale *adj.* dirty

salé *adj.* salted, salt; **pré-salé** *m.* salt-meadow (*sheep*)

salir to dirty, pollute

salive *f.* saliva

salle *f.* room; auditorium; **salle à manger** dining room; **salle de bains** bathroom; **salle de cinéma** movie

theater; **salle de classe** classroom; **salle du trône** throne room

salon *m.* exhibit; living room

salsifis *m. s.* salsify (*root vegetable*)

saluer to greet; to salute

salut *m.* salvation

sang *m.* blood

sans *prep.* without; **sans arrêt(s)** unceasingly; nonstop; **sans but** aimlessly; **sans cesse** unceasingly; **sans doute** doubtless, for sure; **sans trêve** unceasingly

santé *f.* health; well-being

saphir *m.* sapphire

sapin *m.* fir tree

satisfaire (*like* **faire**) *irreg.* to satisfy; to please

satisfaisant *adj.* satisfying

satisfait (*p.p. of* **satisfaire**) *adj.* satisfied; pleased

satisfirent *p.s. of* **satisfaire**

satisfit *p.s. of* **satisfaire**

saucisse *f.* sausage; **chair** (*f.*) **à saucisse** sausage meat

saucisson *m.* sausage, salami

sauf *prep.* except

sauter to jump; to skip

sauvage *adj.* wild; uncivilized

sauvagesse *f., A.* savage; *Q.* Indian

sauver to rescue, save; **se sauver** to run away; to clear out

savant *adj.* learned, scholarly

savoir (*p.p.* **su**) *irreg.* to know; to know how to; to find out; *m.* knowledge; **en savoir plus** to know more about it; **savoir comment s'y prendre** to know what to do; **savoir par cœur** to know by heart; **savoir par quel bout commencer** to know how to begin

savoir-vivre *m.* good manners

savon *m.* soap

savoureux/euse *adj.* tasty, delicious

scène *f.* stage; scenery; scene

schéma *m.* diagram, sketch

science *f.* science; knowledge

se (s') *pron.* oneself; himself; herself; itself; themselves; to oneself, etc.; each other

séance *f.* showing (*movies*)

sec (sèche) *adj.* dry; **à sec** broke (*without cash*)

sécession: guerre (*f.*) **de sécession** Civil War (*U.S.*)

sécher (je sèche) to dry; **sécher ses larmes** to dry one's tears

secouer to shake; to jolt

secourir (*like* **courir**) to help, aid

secours *m.* help; assistance

secouru (*p.p. of* **secourir**)

secoururent *p.s. of* **secourir**

secourut *p.s. of* **secourir**

secret/ète *m.* secret; *adj.* secret, private

sécurité *f.* security; safety

séduire (*like* **conduire**) *irreg.* to charm, win over; to seduce

séduisirent *p.s. of* **séduire**

séduisit *p.s. of* **séduire**

séduit (*p.p. of* **séduire**) *adj.* charmed, won over

sein *m.* breast

seize *adj.* sixteen

séjour *m.* stay, sojourn

selon *prep.* according to

semaine *f.* week

semblable (à) *adj.* like, similar, such

sembler to seem; to appear

semence *f.* seed

sénat *m.* senate

sénégalais *adj.* Senegalese

sens *m.* meaning; sense; way, direction; **au sens large** in the broad(er) sense; **avoir le**

sens de l'humour to have a sense of humor; **bon sens** good sense, common sense; **sens propre** literal meaning

sensibilité *f.* sensitivity

sensible (à) *adj.* sensitive (to); evident, discernable

sensuel(le) *adj.* sensual

sentence *f.* sentence (*punishment*)

senti (*p.p. of* **sentir**) *adj.* felt

sentier *m.* path

sentiment *m.* feeling

(se) sentir (*like* **partir**) *irreg.* to feel; to sense; to smell (of); **se sentir (bien, mal)** to feel (good, bad); **se sentir en faute** to feel guilty; **se sentir mal à l'aise** to feel uncomfortable

sentirent *p.s. of* **sentir**

sentit *p.s. of* **sentir**

séparer to separate

sept *adj.* seven

septième *adj.* seventh

sérénité *f.* serenity, calmness

série *f.* series

sérieux/euse *adj.* serious

serment *m.* vow; swearing

serpent *m.* snake

servi (*p.p. of* **servir**) *adj.* served

service *m.* favor; service; **service de table** dishes, tableware

serviette *f.* napkin; towel

servir (*like* **partir**) *irreg.* to serve; to wait on; to be useful; **servir à** to be of use in, be used for; **servir de** to serve as, take the place of; **se servir de** to use

servirent *p.s. of* **servir**

servit *p.s. of* **servir**

serviteur *m., A.* servant

ses *poss. adj. m., f., pl.* his; her; its; one's

set: twin-set *m.* matching sweater and cardigan

seuil *m.* threshold; limit

seul *adj., adv.* alone; single; only; **tout(e) seul(e)** all alone

seulement *adv.* only

sévère *adj.* severe; stern, harsh

sévir to rage

shoot *m., fam.* kick (*in soccer*)

si *adv.* so; so much; yes (*response to negative*); *conj.* if; whether; **même si** even if; **s'il vous (te) plaît** please

siècle *m.* century

sien(ne)(s) (le/la/les) *pron., m., f.* his/hers

siffler to whistle

sifflet *m.* whistle; **donner un coup de sifflet** to blow the whistle

signaler to point out

signe *m.* sign, gesture; **faire signe** to gesture; to beckon

signer to sign

signifier to mean

silencieux/euse *adj.* silent

sillage *m.* wake, wash (*of ship*)

sillonner to plough; to streak (across)

similitude *f.* resemblance, similarity

simplement *adv.* simply

singe *m.* monkey, ape

singulièrement *adv.* curiously; conspicuously

sinistre *adj.* sinister, ominous

sinon *conj.* otherwise

se situer to be situated, located

ski *m.* skiing; *pl.* skis

snob *adj., often inv.* snobbish

sobre *adj.* sober

société *f.* society; organization; company

sœur *f.* sister; **belle-sœur** sister-in-law; stepsister; **bonnes sœurs** *pl.* nuns

soi (soi-même) *pron., neu.* oneself

soie *f.* silk; **rouleau** (*m.*) **de soie** silk canvas (*for painting*)

soigner to take care of; to treat; **se soigner** to take care of oneself

soin *m.* care; concern; treatment; **avoir, prendre soin de** to take care of

soir *m.* evening

soirée *f.* party; evening

soit *subj. of* **être**; for instance; **soit… soit…** *conj.* either . . . or . . .

soixante *adj.* sixty

sol *m.* soil; ground; floor

soldat *m.* soldier

soleil *m.* sun; **coucher** (*m.*) **du soleil** sunset; **lever** (*m.*) **du soleil** sunrise; **soleil couchant** setting sun

solennel(le) *adj.* solemn

solitaire *adj.* solitary; single; alone

sombre *adj.* dark

sommeil *m.* sleep

sommet *m.* summit, top

son *poss. adj. m. s.* his, her, its; *m.* sound

sondage *m.* opinion poll

songe *m.* dream, daydream

songer (nous songeons) (à) to think, imagine; to dream

sonner to ring (a bell)

sonore *adj.* (pertaining to) sound; sonorous

sorte *f.* sort, kind; manner; **de sorte que** so that; **de toutes sortes** of all types

sorti (*p.p. of* **sortir**)

sortie *f.* exit; going out; evening out

sortilège *m.* witchcraft, spell

sortir (*like* **partir**) to leave; to take out; to go out

sortirent *p.s. of* **sortir**

sortit *p.s. of* **sortir**

sot(te) *adj.* stupid; silly; foolish

sottise *f.* stupidity, foolishness

sou *m.* cent; *pl., fam.* money

souche *f.* origin; tree stump

souci *m.* worry, care

se soucier (de) to worry (about)

soudain *adj.* sudden; *adv.* suddenly

souffert (*p.p. of* **souffrir**)

souffle *m.* wind; breath

souffler to blow

souffrir (*like* **ouvrir**) **(de)** *irreg.* to suffer (from)

souffrirent *p.s. of* **souffrir**

souffrit *p.s. of* **souffrir**

souhaitable *adj.* desirable

souhaiter to wish, desire

souiller to soil, dirty

soulagé *adj.* relieved, calmed

soulagement *m.* relief

soulager (nous soulageons) to relieve

soulever (je soulève) to raise, lift up; **cela me soulève le cœur** that makes me nauseated; **se soulever** to get up, rise

souligner to underline; to emphasize

se soumettre (*like* **mettre**) *irreg.* **à** to submit oneself to

soumirent *p.s. of* **soumettre**

soumis (*p.p. of* **soumettre**) *adj.* submissive, docile

soumit *p.s. of* **soumettre**

soupir *m.* sigh; **pousser un soupir** to heave, utter a sigh

soupirer to sigh

souplesse *f.* flexibility; suppleness

sourcil *m.* eyebrow; **froncer le sourcil** to knit one's brow

sourd *adj.* deaf; unresponsive; muffled, muted (*noise*)

sourdement *adv.* secretly, sotto voce

souri (*p.p. of* **sourire**)

sourire (*like* **rire**) *irreg.* to smile; *n. m.* smile

sourirent *p.s. of* **sourire**

sourit *p.s. of* **sourire**

sournois *adj.* sly, cunning

sous *prep.* under, beneath

sous-alimenté *adj.* undernourished

sous-développé *adj.* underdeveloped

sous-marin *adj.* underwater; *m.* submarine

soustrait *adj.* hidden, withdrawn

soutenir (*like* **tenir**) *irreg.* to support; to assert

soutenu (*p.p. of* **soutenir**) *adj.* supported

soutinrent *p.s. of* **soutenir**

soutint *p.s. of* **soutenir**

souvenir *m.* memory, recollection; souvenir

se souvenir (*like* **venir**) **de** *irreg.* to remember

souvent *adv.* often

souvenu (*p.p. of* **se souvenir**)

se souvinrent *p.s. of* **se souvenir**

se souvint *p.s. of* **se souvenir**

spécialité *f.* specialty (*cooking*)

spectacle *m.* show, performance

spectateur/trice *m., f.* spectator; *m. pl.* audience

spleen *m.* spleen, low spirits

sportif/ive *m., f.* athletic person; *adj.* athletic; sports-minded; sports

stade *m.* stadium

star *f.* (film) star

station *f.* (vacation) resort; station; **station de radiodiffusion** radio station

statut *m.* status

strophe *f.* stanza, verse

structuré *adj.* structured

stupéfait *adj.* stupefied, amazed

stupéfiant *adj.* astounding, amazing

stupeur *f.* stupor

su (*p.p. of* **savoir**)

subir to undergo; to endure

subitement *adv.* suddenly

subjuguer to subjugate

submergé *adj.* flooded, swamped

substituer to substitute

subvenir (*like* **venir**) **à** to supply, provide for

subvenu (*p.p. of* **subvenir**) *adj.* supported

subvinrent *p.s. of* **subvenir**

subvint *p.s. of* **subvenir**

succès *m.* success

succomber to succumb

sucré *adj.* sweet; sugared

sud *m.* south; **sud-est** *m.* southeast; **sud-ouest** *m.* southwest

suffoqué *adj.* suffocated

suggérer (je suggère) to suggest

se suicider to commit suicide

suif *f.* tallow; candle-grease

Suisse *f.* Switzerland

suite *f.* continuation; series; result; **à la suite de** following; **par la suite** later on, afterwards; **suite à** following upon; **tout de suite** immediately, right away

suivant *adj.* following; *prep.* according to

suivi (de) (*p.p. of* **suivre**) *adj.* followed (by)

suivirent *p.s. of* **suivre**

suivit *p.s. of* **suivre**

suivre (*p.p.* **suivi**) *irreg.* to follow

sujet *m.* subject; topic; **à ce sujet** about this; **à/sur son sujet** about it (her/him)

supérieur *adj.* superior; upper; advanced

supermarché *m.* supermarket

superstitieux/euse *adj.* superstitious

supplice *m.* torture; punishment

supplicié(e) *m., f.* torture victim

supportable *adj.* bearable, tolerable

supporter to bear, tolerate; to support, sustain

supposer to suppose; to imagine

sur *prep.* on; in; on top; out of; about

sûr *adj.* sure, certain; safe; **bien sûr** of course

suranné *adj.* outmoded, outdated

sûrement *adv.* surely, certainly

surent *p.s. of* **savoir**

sûreté *f.* safety; **en sûreté** safe

surgir to come into view, appear

surintendant *m.* superintendent (*finances*)

surmulet *m.* surmullet, goatfish

surprenant *adj.* surprising

surprendre (*like* **prendre**) *irreg.* to surprise

surprirent *p.s. of* **surprendre**

surpris *adj.* surprised; *p.s. of* **surprendre**

surprit *p.s. of* **surprendre**

surtout *adv.* especially; above all

surveiller to watch over, supervise

suspendu *adj.* suspended

sut *p.s. of* **savoir**

svelte *adj.* svelte, slender

syllabe *f.* syllable

symboliser to symbolize

synthèse *f.* synthesis

T

ta *poss. adj., f. s., fam.* your

tabac *m.* tobacco

table *f.* table; **service** (*m.*) **de table** dishes, tableware; **table basse** coffee table; **table d'hôte** communal table (*in restaurant*); fixed-price meal

tableau *m.* painting; chart

tablier *m.* apron, smock

tache *f.* spot; stain

tâche *f.* task; **prendre à tâche (de faire quelque chose)** to make it one's duty (to do s.th.)

tacher to spot, stain; to get a spot on

taille *f.* size; waist; build; **de taille moyenne** average height

se taire (*like* **plaire**) *irreg.* to be quiet

talentueux/euse *adj.* talented

talon *m.* heel; **chaussures** (*f. pl.*) **à talons** high-heeled shoes

tandis que *conj.* while; whereas

tant *adv.* so, so much; so many; **en tant que** as; insofar as; **tant de** so many, so much; **tant et si bien que** so much so that; **tant pis** too bad; **tant que** as long as

tantôt *adv.* soon, presently; **tantôt... tantôt...** sometimes . . . sometimes . . .

tapage *m.* uproar; din; row

taper to hit; to type; **se taper dans la main** to slap each other's hand

tapis *m.* rug

tard *adv.* late; **plus tard** later

tarder (à) to delay, put off

tarte *adj., fam.* stupid, ridiculous

tasse *f.* cup

tâtonnement *m.* groping; uncertainty

te (t') *pron.* you; to you; **s'il te plaît** *fam.* please

technicien(ne) *m., f.* technician

technique *f.* technique; *adj.* technical

teinter to tint, dye

tel(le) *adj.* such; **tel(le) que** such as, like

téléphoner (à) to phone, telephone

téléphonique *adj.* telephone; **répondeur** (*m.*) **téléphonique** answering machine

télévisé *adj.* televised, broadcast

télévision (*fam.* **télé**) *f.* television

tellement (de) *adv.* so; so much, so many

témérité *f.* temerity, boldness

témoignage *m.* evidence; testimony

témoin *m.* witness

tempérament *m.* personality, temperament

temps *m., Gram.* tense; time, era; weather; **avoir le temps de** to have time to; **de temps en temps** from time to time; **de tout temps** from time immemorial; **du temps de X** in X's day; **en même temps** at the same time; **perdre du temps** to waste time; **prendre le temps (de)** to take the time (to); **tout le temps** always, the whole time

tendance *f.* tendency; **avoir tendance à** to have a tendency to

tendre to offer, hand over; to stretch out

tendre *adj.* tender, sensitive; soft

tendresse *f.* tenderness

tendu *adj.* taut; fixed; stretched

tenez *interj.* look here

tenir (*p.p.* **tenu**) *irreg.* to hold; to keep; to keep up; **se tenir** to stay, remain; to be kept; **tenir debout** *fam.* to hold water, be believable; **tenir le coup** to hold on, endure; **tenir pour** to be on the side of

tenter to tempt; to try, attempt

tenu (*p.p. of* **tenir**) *adj.* held

tenue *f.* (elegant) outfit, uniform; **en grande tenue** in full dress

terme *m.* term; end; **au sens large du terme** in the broader sense of the term

terminer to end; to finish; **se terminer** to be finished; to end

terrasse *f.* terrace; patio

terrasser to overwhelm; to lay (*s.o.*) low

terre *f.* land; earth; ground; **à/par terre** on the ground; **sous terre** underground; **terre cultivée** ploughed land

terrible *adj.* terrible; *fam.* great, fantastic

terrine *f.* earthenware baking dish; pâté, terrine

tes *poss. adj. m., f., pl.* your

tête *f.* head; mind; *fam.* face; **avoir mal à la tête** to have a headache; **tête de mort** skull

tête-à-tête *m.* intimate conversation, tête-à-tête

texte *m.* text; passage

thé *m.* tea

théâtral *adj.* theatrical

théâtre *m.* theater; **pièce** (*f.*) **de théâtre** (*theatrical*) play

ticket *m.* ticket (*subway, movie*)

tien(ne)(s) (le/la/les) *m., f. pron., fam.* yours; *m. pl.* close friends, relatives

tiens! *interj.* well, how about that?

tiers *adj.* third; **tiers-monde** *m.* Third World; developing

timbale *f.* (*metal*) mug; pie-dish

tinrent *p.s. of* **tenir**

tint *p.s. of* **tenir**

tiré de *adj.* drawn, adapted from

tirer to pull (out); to draw; **se tirer** to pull oneself (out); **tirer des conclusions** to draw conclusions

titre *m.* title; degree; **gros titre** (*newspaper*) headline

toi *pron., fam.* you; **toi-même** yourself

toile *f.* canvas; painting

toilette *f.* grooming; **faire sa toilette** to wash up; to get ready

toit *m.* roof

toiture *f.* roofing, roof

tolérer (**je tolère**) to tolerate

tomate *f.* tomato; **sauce** (*f.*) **tomate** tomato sauce

tombant *adj.* falling; setting; **à la nuit tombante** at nightfall

tombe *f.* tomb, grave

tomber to fall; **tomber malade** to become ill

ton (ta, tes) *poss. adj., fam.* your

ton *m.* tone

tonnerre *m.* thunder; **coup** (*m.*) **de tonnerre** thunderclap

tordre to twist

tort *m.* wrong; **avoir tort** to be wrong

tortiller to twist, twirl

torturer to torture

tôt *adv.* early

toucher (**à**) to touch; to concern

toujours *adv.* always; still

tour *f.* tower; *m.* walk, ride; turn; tour; **à son (votre) tour** in his/her (your) turn

tourelle *f.* turret

touriste *m., f.* tourist

touristique *adj.* tourist

tourner (**à**) to turn, turn into; **se tourner vers** to turn toward; **tourner mal** to turn out badly

tournoyer (**je tournoie**) to whirl, twirl (around)

tousser to cough

toussotement *m.* cough

tout(e) (*pl.* **tous, toutes**) *adj., pron.* all; every; everything; each; any; **tout** *adv.* wholly, entirely, quite, very, all; **de tout temps** from time immemorial; **(ne...) pas du tout** not at all; **tous (toutes) les deux** both (of them); **tous les jours** every day; **tout à coup** suddenly; **tout à fait** completely, entirely; **tout à l'heure** in a while; a while ago; **tout au plus** at the very most; **tout de même** all the same, for all that; **tout de suite** immediately, right away; **tout d'un coup** at once, all at once; **toute la journée** all day long; **tout en +** *present participle* while . . . -ing; **tout en haut** way at the top; **toutes sortes de** all sorts, types of; **tout le monde** everybody, everyone; **tout le temps** all the time; **tout(e) nu(e)** completely naked; **une fois**

pour toutes once and for all

tout-petit (*pl.* **tout-petits**) *m.* toddler, tot

trace *f.* trace; impression; footprint

tracer (**nous traçons**) to draw; to trace out

traditionnel(le) *adj.* traditional

traducteur/trice *m., f.* translator

traduction *f.* translation

traduire (*like* **conduire**) *irreg.* to translate

traduisirent *p.s. of* **traduire**

traduisit *p.s. of* **traduire**

traduit (*p.p. of* **traduire**) *adj.* translated

trahison *f.* treason, betrayal

train *m.* train; pace, rate; **être en train de** to be in the process of

traîner to drag

train-train *m.* humdrum routine

trait *m.* trait, characteristic

traité *m.* treaty

traitement *m.* treatment

traiter (**de**) to treat; to be about; to call, name

trancher to settle; to decide (*a question*)

tranquille *adj.* quiet, calm

tranquillisant *m.* tranquilizer

transformer to transform; to change; **se transformer** to be transformed, changed

transitoire *adj.* transitory

transpercer (**nous transperçons**) to pierce; to transfix

traquenard *m.* trap; ambush

travail (*pl.* **travaux**) *m.* work; project; job; employment

travailler to work; **travailler dur** to work hard

travailleur/euse *m., f.* worker; *adj.* hardworking

travelling *m.* traveling platform; zoom (*movie-making*)

travers: à travers *prep.* through; **en travers** across

traverser to cross

trèfle *m.* trefoil, clover

treize *adj.* thirteen

tremblant *adj.* trembling

trembler to shake, tremble

trente *adj.* thirty

très *adv.* very; most; very much; **très bien** very well (good)

tressaillir to shudder

tresse *f.* braid; tress (*hair*)

trêve *f.* respite; **sans trêve** unceasingly

tribu *f.* tribe

tricorne *m.* tri-cornered hat

trier to sort; **trié sur le volet** *adj.* very select, hand-picked

tringle *f.* rod, bar

triomphalement *adv.* triumphantly

triomphant(e) *m., f.* triumphant (one); *adj.* triumphant

triomphe *m.* triumph

triste *adj.* sad

tristesse *f.* sadness

troisième *adj.* third

tromper to deceive

trompette *f.* trumpet

trône *m.* throne; **salle** (*f.*) **du trône** throne room

trop (de) *adv.* too much (of); too many (of)

trou *m.* hole; **faire un trou** *fam.* to stop eating to have a drink

troublant *adj.* troubling, disturbing

troublé *adj.* troubled, worried

troué *adj.* full of holes

trouver to find; to deem; to like; **se trouver** to be; to be located

tu *pron., fam. s.* you

tu (*p.p. of* **taire**)

tubercule *m.* tuber (*vegetable*)

tuer to kill

se turent *p.s. of* **se taire**

se tut *p.s. of* **se taire**

tutoyer (**je tutoie**) to address with **tu,** address familiarly

twin-set *m.* matching pullover sweater and cardigan

typique *adj.* typical

tyran *m.* tyrant

U

un (une) *art., pron.* a; *adj.* one; **l'un(e) l'autre** one another; **un(e) autre** another; **une fois** once

uni *adj.* plain (*fabric*); united; close; **Etats-Unis** *m. pl.* United States

unifié *adj.* unified, in agreement

unique *adj.* only, sole; **fils (fille) unique** only son, daughter

s'unir to unite, get together

univers *m.* universe

universel(le) *adj.* universal

universitaire *adj.* (*of or belonging to the*) university

usage *m.* use; usage

usine *f.* factory

utile *adj.* useful

utilisation *f.* utilization, use

utiliser to use, utilize

V

vacances *f. pl.* vacation; **pendant les vacances** during vacation

vagabond(e) *m., f.* vagabond, vagrant

vagabonder to wander, roam

vague *f.* (ocean) wave; fad

vaincre (*p.p.* **vaincu**) *irreg.* to vanquish, conquer

vaincu (*p.p. of* **vaincre**) *adj.* conquered

vainquirent *p.s. of* **vaincre**

vainquit *p.s. of* **vaincre**

valable *adj.* valid, good

valeur *f.* value; worth

vallée *f.* valley

vallon *m.* small valley, dell

valoir (*p.p.* **valu**) *irreg.* to be worth; to obtain, win; to cost; **il vaut mieux** + *inf.* it's better to; **valoir la peine** to be worth the trouble

valse *f.* waltz

valu (*p.p. of* **valoir**)

valurent *p.s. of* **valoir**

valut *p.s. of* **valoir**

vapeur *f.* steam

vaporeux/euse *adj.* hazy; flimsy

vaporiser to spray; to vaporize

vaste *adj.* vast; wide, broad

vécu (*p.p. of* **vivre**) *adj.* lived

vécurent *p.s. of* **vivre**

vécut *p.s. of* **vivre**

vedette *f.* star, celebrity (male or female)

veille *f.* the day (evening) before; eve

veiller to be watchful; to stand guard; **veiller à** to be responsible for; **veiller sur** to watch over

veine *f.* vein

vendange *f.* grape harvest

vendeur/euse *m., f.* sales clerk

vendredi *m.* Friday

se venger (nous nous vengeons) (de) to take revenge (for)

venin *m.* venom

venir (*p.p.* **venu**) *irreg.* to come; **en venir à** to reach the point of; **venir de** + *inf.* to have just (*done s.th.*)

vent *m.* wind

vente *f.* sale; selling

ventre *m.* abdomen, stomach; **avoir mal au ventre** to have a stomachache

venu (*p.p. of* **venir**) *adj.* arrived

verdure *f.* greenery, foliage

verger *m.* orchard

vérifier to verify

véritable *adj.* true; real

vérité *f.* truth

vermine *f.* vermin

verni *adj.* glazed; varnished

vernissage *m.* opening (*of an art show*)

verre *m.* glass

vers *prep.* around, about (*with time*); toward(s), to; about

vers *m.* line (*of poetry*)

version *f.* version; written homework

vert *adj.* green

vertige *m.* vertigo, dizziness

vertu *f.* virtue

veste *f.* jacket, suit coat

vêtement *m.* garment; *pl.* clothes, clothing

vêtu *adj.* dressed

veuf (veuve) *m., f.* widower, widow

viande *f.* meat

vibrer to vibrate

vicaire *m.* vicar, priest

vicomte *m.* viscount

victime *f.* victim (male or female)

victoire *f.* victory

victorieux/euse *adj.* victorious, triumphant

vide *adj.* empty; *m.* empty space; vacuum

(se) vider to empty, become empty

vie *f.* life

vieillesse *f.* old age

vieillir to grow old; to age

vierge *f.* virgin; Virgin Mary

vieux (vieil, vieille) *adj.* old

vif (vive) *adj.* lively, bright

vigoureux/euse *adj.* vigorous, strong

ville *f.* city; **centre-ville** *m.* downtown

villégiature *f.* stay (*in the country*)

vin *m.* wine; **marchand(e)** (*m., f.*) **de vin** wine merchant

vinaigre *m.* vinegar

vingt *adj.* twenty

vingtième *adj.* twentieth

vinrent *p.s. of* **venir**

vint *p.s. of* **venir**

violet(te) *adj.* purple, violet

virent *p.s. of* **voir**

virer to (make a) turn

visage *m.* face

visière *f.* visor; mask

visite *f.* visit; medical checkup; **rendre visite à** to visit (*people*)

visiter to visit (*a place*)

visiteur/euse *m., f.* visitor

vit *p.s. of* **voir**

vite *adv.* quickly, fast, rapidly

vitesse *f.* speed; **limitation** (*f.*) **de vitesse** speed limit

vitre *f.* pane of glass; car window

vitré *adj.* glassed-in; glass

vivant *adj.* living; alive; **bon vivant** *m.* bon vivant, who enjoys life

vive… ! *interj.* hurrah for . . . !

vivement *adv.* in a lively way

vivre (*p.p.* **vécu**) *irreg.* to live; **savoir-vivre** *m.* good manners

vocabulaire *m.* vocabulary

vœu (*pl.* **vœux**) vows

voie *f.* way, road; course; lane; railroad track; **en voie de** in the process of

voilà *prep.* there is/are; **vous (me,** etc.**) voilà** there you are (I am, etc.)

voile *m.* veil

voir (*p.p.* **vu**) *irreg.* to see

voire *adv.* even, indeed

voisin(e) *m., f.* neighbor

voiture *f.* car; carriage, coach

voix *f.* voice; vote; **à haute**

voix out loud; **à voix basse (haute)** in a low (high) voice

vol-au-vent *m.* vol-au-vent (*meat- or fish-filled pastry*)

voler to fly; to steal

volet *m.* (window) shutter; screen; **trié sur le volet** *adj.* very select, hand-picked

volonté *f.* will; willingness

vos *poss. adj., pl.* your

votre *poss. adj., m., f.* your

vôtre(s) (le/la/les) *pron., m., f.* yours; *pl.* your close friends, relatives

vouloir (*p.p.* **voulu**) *irreg.* to wish, want; to demand;

vouloir bien to be willing, glad to; **vouloir dire** to mean

voulu (*p.p. of* **vouloir**) *adj.* desired, wished

voulurent *p.s. of* **vouloir**

voulut *p.s. of* **vouloir**

vous *pron.* you; yourself; to you; **s'il vous plaît** please; **vous-même** *pron.* yourself

vouvoyer (je vouvoie) to use the **vous** form

voyage *m.* trip; **faire un voyage** to take a trip

voyager (nous voyageons) to travel

voyageur/euse *m., f.* traveler

voyons *interj.* let's see; come, come

vrai *adj.* true, real

vu (*p.p. of* **voir**) *adj.* seen

vue *f.* view; panorama; sight; **en vue de** in view of; **point** (*m.*) **de vue** point of view

W

wagon *m.* train car

Y

y *pron.* there; **il y a** there is (are); ago

yeux (*m. pl. of* **œil**) eyes

Credits

Photos

Page 2 Gustave Caillebotte, *Paris Street: Rainy Day*, 1876–77. Oil on canvas, 212.2 x 272.2 cm. Charles H. and Mary F. S. Worcester Collection, 1964.336. Photograph ©1994 The Art Institute of Chicago. All rights reserved; *6* © Lipnitzki/Collection Viollet, Paris; *12* © Owen Franken; *14* Pierre Auguste Renoir, *Young Girls at the Piano,* Musée d'Orsay, Paris. Photograph © Giraudon/Art Resource, N.Y.; *32* Hulton Getty/Liaison Agency; *43* Giraudon/Art Resource; *44* Stephane Cardinale/Corbis Sygma; *48* Giraudon/Art Resource; *51* © Collection Viollet, Paris; *52 Le blé en herbe*, 1953. Directed by Claude Autant-Lara. Photograph courtesy BFI Stills, Posters and Designs, London; *58* Martha Swope/Time Inc.; *62* Pierre Auguste Renoir, *The Luncheon of the Boating Party,* 1881. Oil on canvas, 129.5 x 172.7 cm. The Phillips Collection, Washington, D.C.; *68* Edouard Manet, *The Bar at the Folies Bergères,* 1881–82. Courtauld Institute of Art, London. Photograph © Bildarchiv Foto Marburg/Art Resource, N.Y.; *78* Burstein Collection/Corbis; *81* Nickolas Olivier/Corbis Sygma; *87* Corbis Bettmann; *90* Corbis; *96* Corbis; *98* © Gaillard/Jerrican, Paris; *100 (top)* Antoine Gros, *The Battle of Eylau,* 1808. The Louvre, Paris. © Giraudon/Art Resource, N.Y.; *100 (bottom)* Pablo Picasso, *Guernica,* 1937. The Prado, Madrid. © Giraudon/Art Resource, N.Y.; *101* © Collection Viollet, Paris; *110* Hulton Getty/Liaison Agency; *118* Raoul Dufy, *The Opera,* Paris, c. 1924. Watercolor and gouache on paper, 48.2 x 63.5 cm. The Phillips Collection, Washington D.C.; *124* Culver Pictures, Inc.; *131* Tabuteau/The Image Works; *136* Henri Rousseau, *The Football Players,* 1908. Oil on canvas, 100.5 x 80.3 cm. Solomon R. Guggenheim Museum, N.Y. Photograph © The Solomon R. Guggenheim Foundation, N.Y.; *137* © Lynn R. Johnson/Stock Boston; *140, 141, 142* Courtesy of the Hockey Hall of Fame, Toronto; *152* Papa Ibra Tall, *The Forest of Memories,* 1962. Courtesy of the National Archives, Washington, D.C.; *170* Honoré Daumier, French, 1808–1879. *Connoisseurs,* c. 1862–64. Crayon, charcoal, wash, and watercolor, 26.2 x 19.3 cm. The Cleveland Museum of Art, 2001, Dudley P. Allen Fund, 1927.208; *173 (top)* Louis Le Nain, *Peasant Family.* The Louvre, Paris. Photograph © Giraudon/Art Resource, N.Y.; *173 (bottom) The Presentation of the Virgin in the Temple.* Gospel Lectionary from the Abbey of St. Peter, Salzburg, c. 1050. The Pierpont Morgan Library, New York. Photograph © Art Resource, N.Y.; *174* René Magritte, *The Castle of the Pyrenees,* 1959, Oil on canvas, 200 x 145 cm. The Israel Museum, Jerusalem; *176* Paul Cézanne, *Still Life,* c. 1900. Oskar Reinhart Collection, Winterthur, Switzerland. Photograph © Bildarchiv Foto Marburg/Art Resource, N.Y.; *192* Bettmann/Corbis; *194* Sophie Bassouls/Corbis Sygma; *198* CP Picture Archive

Realia

Page 19, 20 © C. Charillon, Paris; *38* J. L. Charmet/Photo Researchers; *56* Reprinted with permission of Kent Homchick, University of Colorado, at Denver; *73* Bastien Lepage; *111 (top)* © Francis Apesteguy/Gamma-Liaison; *111 (bottom)* text: TV Magazine, photo: Kipa; *112 (clockwise from top)* text: TV Magazine, photo: Télérama, text: TV Magazine, photo: Tempsport; *117* La Vie/Helbé; *126* Reprinted with permission of Editions Grasset; *135* Première; *153* © Editions du Seuil; *168* Ognon Pictures; *183, 187, 188* Illustrations by Georges Lemoine. © Editions Gallimard

Literary excerpts

Page 5 «Deuxième conte pour enfants de moins de trois ans» from *Passé, présent, présent passé* by Eugène Ionesco. © 1968 Mercure de France; *11* «Chez la Fleuriste» from *Paroles* by Jacques Prévert. © Editions Gallimard; *18* «Louisette» from *Le petit Nicolas* by Jean Jacques Sempé and René Goscinny. © Editions de Noël, Paris; *53* From *Le blé en herbe* by Colette (Paris: Flammarion, 1969); *58* From *Antigone* by Jean Anouilh. © Editions de la Table Ronde, 1946; *104* «Les Oreilles de Midas» Jean Tardieu, *Théâtre III: Une soirée en Provence ou le mot et le cri.* © Editions Gallimard, 1975; *113* From *Les belles images* by Simone de Beauvoir. © Editions Gallimard; *131* From *Une vie pour deux* by Marie Cardinal (Paris: Editions Bernard Grasset); *141* «Une abominable feuille d'érable sur la glace» from *Les enfants du bonhomme dans la lune* by Roche Carrier, Editions Stanké, collection Le petit format du Québec, 1996; *157* From *La petite poule d'eau* by Gabrielle Roy. Copyright Fonds Gabrielle Roy; *165* «A mon mari» by Yambo Ouologuem from *Nouvelle somme de poésie du monde noir.* © 1996 Présence Africaine, Paris; *175* «La Naissance d'un maître» by André Maurois. © Héritiers André Maurois, Paris, France; *182* From *Comment Wang Fô fut sauvé* by Marguerite Yourcenar. © Editions Gallimard; *196* «Les petites gares» from *Poèmes pour la main gauche* by Anne Hérbert. Montréal, Editions du Boréal, 1997, p.31

About the Authors

Lucia F. Baker holds a Diplôme de Hautes Etudes from the Université de Grenoble and an M.A. from Middlebury College, and did graduate work at Radcliffe College and Yale University. She is retired from the University of Colorado (Boulder) where she taught French language courses and coordinated the Teaching Assistant Training Program, which includes methodology training and course supervision. Professor Baker received two Faculty Teaching Excellence awards and was honored by the Colorado Congress of Foreign Language Teachers for unusual service to the profession.

Ruth A. Bleuzé holds an M.A. in International Relations from the University of Pennsylvania and a Ph.D. in French from the University of Colorado (Boulder). She taught language, literature, history, and civilization at the University of Colorado (Boulder and Denver), Loretto Heights College, and Dartmouth College. She received a Graduate Student Teaching Excellence award and has been listed in *Who's Who in American Colleges and Universities*. Dr. Bleuzé is now director of training for Prudential Relocation Intercultural Services, a management consulting firm providing cross-cultural and language training.

Laura L. B. Border received her Ph.D. in French from the University of Colorado at Boulder, where she taught French language courses for many years. At Boulder she received the Graduate Student Teaching Excellence award. As an undergraduate at the Université de Bordeaux she studied French language, literature, and culture, and later taught English language and phonetics there. Dr. Border is now director of the Graduate Teacher Program at the Graduate School of the University of Colorado at Boulder.

Carmen Grace is the coordinator of *Collage, Cinquième édition*. She holds an M.A. in French from the University of Colorado at Boulder where she teaches literature, language, civilization, and methodology. At Boulder, she directed the first-year Teaching Assistant Program and now coordinates the Intermediate Language Program and supervises teaching certification candidates. Professor Grace has also taught English at the Université de Bordeaux. She has received a French Government Fellowship to the Sorbonne and the University of Colorado Teaching Excellence Award.

Janice Bertrand Owen received her Ph.D. in French Literature from the University of Colorado at Boulder. She teaches language and literature at the Boulder and Denver campuses. She has directed the University of Colorado Study Abroad Program in Chambéry, and has designed and taught an intensive course for secondary teachers of French in the Boulder Valley Schools.

Ann Williams-Gascon is professor of French at Metropolitan State College of Denver, where she teaches French language, literature, and culture. She regularly presents conference papers and writes on the teaching of culture. Dr. Williams-Gascon participated in the Summer Seminar on Contemporary French Culture sponsored by the French government; she received an Excellence in Teaching Award (Golden Key Honor Society) and the Young Educator Award (Colorado Congress of Foreign Language Teachers). Her Ph.D. is from Northwestern University, and she has a Diplôme d'Etudes Approfondies from the Université de Lyon II.